Ein Narr und sein Geld

DIE ODYSSEE EINES KLEINANLEGERS

John Rothchild

börsenbuch verlag

Titel der amerikanischen Originalausgabe:
A FOOL AND HIS MONEY
The Odyssey of an Average Investor
erschienen im Verlag Penguin Books, Ltd.

ISBN 3-922669-17-4
Originalausgabe: ISBN 0-1401-1989-2

CIP-Titelaufnahme der Deutschen Bibliothek

Für Chauncey, Berns und Sascha.

Danksagungen

Viele Menschen sind mir durch mein langwieriges Abenteuer hindurch so hilfreich zur Seite gestanden, daß ich ihnen durch ihre bloße Erwähnung an dieser Stelle in keinster Weise zufriedenstellend für alles danken kann. Mein Dank gebührt meiner Frau Susan, die sich wunderte, wo das Geld geblieben war; meinen Kindern, die entdeckten, daß meine Tagesstimmung mit dem Dow-Jones-Industrial-Index stieg oder fiel; meinem Schwager Steve Solomon, der mich immer noch anruft, wenn er einen guten Aktientip hat; Chris Harte, der seine Börsenbriefe mit mir teilt und Dan Okrent, mit dem ich meine Faszination für unglückselige Investitionen teile.

Einige andere haben für materielle Unterstützung, vor allem Unterkunft, gesorgt, wodurch mir zusätzliches Arbeitskapital zur Verfügung stand, das andernfalls für Hotelrechnungen ausgegeben worden wäre. Ich danke Pat Jaffe, David Oppenheim, Howard Senzel und Norina Reif, Taylor und Christy Branch sowie Beth Dunlop und den Büros der Florida International Realty für Computer- und Vervielfältigungsdienstleistungen.

Dafür, daß sie mich mit verschiedenen Marktexperten bekannt gemacht haben, bedanke ich mich bei John Lahr, Alfie Dancona, dem verstorbenen Jon Bradshaw, Sam Schulman, Scott Armstrong, Tom Herman vom *Wall Street Journal,* Jim Adams von der Zeitschrift *Forbes* und Robert Prechter Jr. Von den Profi-Investoren, die sich extra Zeit genommen und sich bemüht haben, mir zu zeigen, was sie den ganzen Tag so tun, danke ich Richard Bermont, Linda Garrett, Dick Davis, Chuck Epstein, Dan Gressel und Claudia Rosett, Martin Zweig, Steve Schulman, den Mitarbeiterstäben der Trainingszentren von Merrill Lynch und Prudential-Bache und allen anderen, deren Erwähnung im Text bereits meinen aufrichtigen Dank beinhaltet.

Für entscheidende geistige und emotionale Unterstützung schließlich danke ich Elizabeth Darhansoff, Abigail Thomas, meiner Herausgeberin Amanda Vaill und ihrer vortrefflichen Mitherausgeberin Lisa Kaufman.

INHALT

1

Einführung

Dieses Buch ist das Protokoll einer Geschäftsreise. Ich habe diese Reise im Namen aller Durchschnittsbürger unternommen, die das Gefühl haben, daß sie so gut wie nichts über die Finanzwelt wissen, jedoch etwas Geld übrig haben, das sie gerne investieren möchten. Wie oft hat man nicht schon vor sich hingemurmelt: „Wenn ich doch nur genügend Zeit hätte, um die Börse zu studieren, dann könnte ich reich werden.“ Wie oft hat man nicht schon von Freunden gehört: „Wie könnt ihr nur so dumm sein und für euer Geld arbeiten, wenn es an der Wall Street soviel zu gewinnen gibt.“

Während eines außergewöhnlichen Haussemarktes im Spätsommer 1985 beschloß ich, alles stehen- und liegenzulassen, um ein ganzes Jahr ausschließlich dem Studium des Investments und dabei besonders den Aktien zu widmen. Ich wollte dabei ganz am Anfang beginnen, um soviel wie möglich über das Geschäft und die Strategien der Gewinner herauszufinden. Während dieser Startphase würde ich mein Eigenkapital einfach dort investieren, wo es mir den größten Ertrag einbringen würde. Hätte ich dann die Gewinnstrategie entdeckt und übernommen, meinen Reingewinn vergrößert und finanzielle Unabhängigkeit erreicht, würde ich zu Ihnen zurückkehren und berichten, wie mir dies alles gelungen war.

Eine tatsächliche Aufrechnung von Gewinnen und Verlusten würde an dieser Stelle die Spannung verderben, aber ich kann Ihnen versichern, daß ich dieses Buches nicht schreibe, weil ich in Geldnöten bin. Ich kenne den weitverbreiteten Verdacht, daß Leute Investmentbücher schreiben, weil sie darauf angewiesen sind, mit den Tantiemen ihre eigenen unprofitablen Investitionen auszugleichen. Andernfalls würden sie sich schließlich auf einer Karibikinsel sonnen und nicht auf einen Bildschirm starren. In meinem Fall ist dieser Verdacht unbegründet. Vor kurzem erst habe ich entdeckt, daß es ein riesiges Vergnügen bereitet, auf einen Bildschirm zu starren, und daß dies jeglichem Karibikurlaub absolut vorzuziehen ist. Außerdem habe ich ein ausgeprägtes philanthropisches Interesse daran, meinen Kleinanlegerfreunden zu helfen, indem ich all mein erworbenes Wissen an sie weitergebe. Ich hoffe, Sie applaudieren den selbstlosen Anstrengungen, die ich Ihretwegen unternommen habe.

Vielleicht wundern Sie sich auch, welche Expertise mich dafür qualifizieren sollte, über finanzielle Angelegenheiten zu sprechen. Dieser Frage werde ich mich in einer Sekunde ausführlichst widmen. Ich hoffe, es klingt nicht wie Angeberei, aber die Tatsache, daß ich die Wall Street nicht kannte, hatte sich als kolossaler Vorteil entpuppt. Frei von der Bürde vorangegangener Erfahrungen und ohne durch wichtige Kontakte belastet zu sein, konnte ich so offensichtlich dämliche Fragen stellen wie zum Beispiel: „Was ist ein Schatzwechsel?" oder: „Warum steigen und fallen Aktien?" Ich sammelte Basiswissen, von dem wir Kleinanleger oft vorgeben, es bereits zu kennen, da es uns zu peinlich ist, unsere Unwissenheit einzugestehen.

Viele Experten garnieren ihre Bücher und Artikel mit spärlichen Tips und Regeln zum Geldanlegen. Ich dagegen werde Ihnen meine persönlichen Tips und Regeln so oft wie möglich anbieten. Da sie auf Erfahrungen, Aussagen von Sachverständigen und/oder unwiderlegbarer Logik basieren, können Sie absolutes Vertrauen in jeden einzelnen kleinen Hinweis setzen.

Während ich mich in dieses Abenteuer, das mich reich machen sollte, hineinstürzte, wurde mir bewußt, wieviel ich doch in den letzten Jahren über Geld nachgedacht habe. Die Geldgrübelei ist eine Erscheinung fortschreitenden Alters. Wenn sich die Taille ausdehnt und die Arterien verengen, wird die Liebeslust von der zwanghaften Besessenheit nach Fragen wie „Wo gehe ich essen?" und „Wie kann ich mehr aus meinem Geld machen?" verdrängt und zieht sich dankbar zurück. Die Häufigkeit der Gedanken hat dabei allerdings in keinem der Fälle einen offensichtlichen Zusammenhang mit dem praktischen Erfolg.

Genau genommen, ist die Geldgrübelei zum nationalen Zeitvertreib geworden. Ungeachtet dessen, wie viel oder wie wenig man haben mag, wird man beinahe dazu gezwungen, von morgens bis mitternachts über die eigenen Besitztümer nachzusinnen. Wenn ich mich als repräsentatives Beispiel betrachten kann, so wird der Durchschnittsbürger geradezu von seinen Möglichkeiten, die sich in Aktien, Obligationen, offenen Investmentfonds, Optionen, Warentermingeschäften, Sparbriefen, Ginnie Maes, oder dem zusätzlichen Gewinn, der sich aus dem Eigenheim herauspressen läßt, überschüttet.

Man kann nicht mehr an einem Zeitungsstand herumschmökern, ohne daß einem die Schlagzeilen von aktuellen Ausgaben der Zeitschriften *Money, Fortune, Forbes, Institutional Investor, Business Week, Barron's, Nation's Business, Future, Venture* oder *Personal Investing,* die neuesten Investitionsnachrichten anpreisen, ganz zu schweigen von *Wall Street Journal* und *Investor's Daily*. In der Tagespresse oder den Unterhaltungsmagazinen gibt es endlose Spezialrubriken zur Familienfinanzplanung oder zum Thema Altersvorsorge.

Man kann nicht mehr an den Radiofrequenzen herumdrehen, ohne in eine Diskussionsstunde zum Thema steuerfreie Kommunalobligationen hineinzugeraten. Man kann nicht mehr zum Briefkasten gehen, ohne darin Briefe zu finden, die einen dazu einladen, auf Eurodollar umzusteigen, von langen auf kurze Laufzeiten zu wechseln, Kommunalobligationen einzulösen und das Geld in australische Staatsanleihen zu investieren. Man kann den Telefonhörer nicht mehr abheben, ohne die Stimme eines Billigaktienbrokers, eines regulären Brokers oder eines Geldmanagers zu hören, der sich bekanntmachen und über wirtschaftliche Zielvorstellungen reden will.

Schaltet man das Fernsehgerät ein, bleibt man todsicher an einer der im Überfluß vorhandenen *Financial News Networks* (FNN)-Sendungen hängen. „Dollars and Sense", das von einem früheren Footballspieler moderiert wurde, mußte zwar abgesetzt werden, aber „Money Line", „Money Talk", „Your Money", „Nightly Business Report" und „Your Money Matters" machen das mehr als wieder gut. Louis Rukeyser von „Wall Street

Week“ ist auf diesem Fachgebiet zum Virgil des Durchschnittsbürgers avanciert. „Financial News Network“ bringt den ganzen Tag ausführliche Berichte zu den Börsennotierungen, die endlos am unteren Bildschirmrand vorüberziehen und Tausende, wenn nicht Millionen von Zuschauern hypnotisieren, während die Stimmen der Studiogäste sie dann überzeugen, Aktien zu kaufen oder abzustoßen.

Die Anlagemöglichkeiten haben sich vervielfacht und sind so kompliziert geworden, daß selbst der einfachste Lohnempfänger sich gezwungenermaßen eine Strategie überlegen muß. Jede Routineentscheidung im Haushaltsbudget erfordet die vollständige Ausarbeitung eines Komplotts, wie es der alte John D. Rockefeller schmiedete, um die Weltölproduktion und die amerikanischen Eisenbahnaktien zu kontrollieren.

Man kann kein Auto mehr kaufen, ohne sich den Kopf zu zerbrechen, ob man den reduzierten Kaufpreis oder den reduzierten Zinssatz akzeptieren, sich für eine Ratenzahlung entscheiden, das Auto mit einer günstigen Abschlagszahlung leasen oder nach einem Barzahlungsrabatt streben soll, der dann natürlich reinvestiert werden muß. Das gleiche gilt für die Anschaffung von Haushaltsgeräten und Möbeln. Man kann nicht mehr in einer Einkaufspassage umherlaufen, ohne die ganze Zeit gequält über die Hypothekenzinsen nachzudenken, da die aktuellen Zinssätze an jedem zweiten Ladenfenster kleben. Man kann nicht mehr am Flughafen herumlungern, ohne zu überlegen, ob die Altersvorsorge bei der Bank gut aufgehoben ist oder besser an eine Maklerfirma übergeben werden sollte. Man kann nicht mehr mit seinen Kindern herumtollen, ohne sich zu fragen, ob man für sie am besten ein separates Sparbuch anlegen, eine Ausbildungsversicherung oder eine höhere Lebensversicherung abschließen sollte.

Vielleicht liegt es ja an den überall und zu jeder Zeit präsenten Zeugnissen finanzieller Möglichkeiten, daß alle Gegenstände im und um das Haus herum, die Bewohner mit eingeschlossen, zu Investitionen geworden sind. Das wurde mir klar, als ich eine komplette persönliche Inventur durchführte, bevor ich mich auf mein Abenteuer einließ.

Was früher einmal Bekanntschaften, Verwandschaft, Kinder, Ehemänner und Ehefrauen waren, sind heute Investitionen. Vor ein paar Jahren – wobei ich mir nicht sicher bin, wann genau – fingen wir an, unsere Kinder als unsere „Investition in die Zukunft“ zu bezeichnen. Schon bald ertappten wir uns dabei, in ihre Ausbildung zu investieren, wo wir sie ursprünglich einfach auf die Schule schickten. Manche Menschen investieren in Beziehungen, anstatt Freunde zum Abendessen einzuladen. Meine Frau ist für mich eine stetige Investition und umgekehrt. Es ist auch möglich, in Haustiere zu investieren und die Nachkommen zu verkaufen, wobei ich mir sicher bin, daß ich selbst gegen Bezahlung niemanden dazu bewegen könnte, unsere Katzen aufzunehmen.

Seit kurzem beginne ich mir das zukünftige Leben als den Keogh-Plan vorzustellen und das Leben nach dem Tod als die von Steuern befreite IRA. Mein Auto betrachtete ich früher als Transportmittel, jetzt ist es ein abgeschriebener Besitz. Das Dach über unserem Kopf ist zu einem Sicherungsgeschäft gegen die Inflation geworden, das allerdings während eines deflationären Zyklusses so gut wie nutzlos ist. Mindestens einmal pro Woche debattieren wir, ob wir das Haus verkaufen oder behalten sollten, ob wir es jetzt refinanzieren oder auf niedrigere Zinsen hoffen sollten, ob wir es vermieten und dafür irgendeine neue Bleibe mit höherem Hypothekenzinsrabatt beziehen sollten.

Der Eßtisch ist ein festes Guthaben, das Porzellan darauf hat Sammlerwert. Clevere Anleger, wie ich jetzt leider erkennen muß, hätten sich von dem Porzellan in den frühen 80ern, als Sammlerwerte hoch im Kurs standen, getrennt und wären auf Pappteller umgestiegen. Die neuesten Hochrechnungen für Silber haben jegliche Verbundenheit mit unserem Familiensilber zerstört. Wir betrachten es nur noch als schmerzlichen Denkzettel für unsere verschenkte Chance, es bei $ 41 die Unze zu Geld zu machen. Das gleiche gilt für unseren silbernen Backgammonwürfel, den ich einem Safe anvertraut habe, obwohl er keinen Wert mehr besitzt, den man schützen müßte.

Der silberne Samowar ist korrodiert, doch wir behalten ihn trotz fehlender Anzeichen einer Inflation. Sein letztendlicher

Zweck könnte davon abhängen, ob die Federal Reserve fortfährt, den Diskontsatz zu senken. Wenn ich den Inhalt unserer Schränke mustere, sehe ich Dutzende von Beispielen für miserables Timing. Dinge, die entweder zu früh gekauft oder zu lange gehalten worden sind: der veraltete $ 2.000-Apple-Computer in der ersten Kategorie, die Art Deco-Wasserkrüge in der zweiten. Das alte Eisenbahnset und die Baseballkarten dagegen, die fälschlicherweise vor langer Zeit auf den Müll wanderten, besaßen früher nur sentimentalen Wert. Inzwischen sind mir die Preise für derartige Gegenstände nur allzugut bekannt, so daß sie mir als Hunderte von Dollar, die ich beim Ausmisten meiner Kinderschränke verloren habe, in Erinnerung bleiben werden.

Eine Couch war früher ein Platz, auf dem man sitzen, eine Schublade ein Ort, an dem man Dinge aufbewahren konnte; doch sie sind zu Sammlerwerten geworden. So kommt es, daß die Spuren von Katzenkrallen, Marmeladeflecken, Schlitze und Risse, kaputten Griffe, Schrammen, Löcher, Dellen im Plattenschrank, Kratzer im Marmortisch und Stockflecken auf gepolsterten Lehnstühlen, die im Regen vergessen wurden, nicht mehr nur einfache Reparaturarbeiten bedeuten. Sie sind zu existenziellen Bedrohungen geworden und so verursachen kleine Mißgeschicke heute folglich sehr viel mehr Aufhebens als früher. Unsere Kleidung ist eine ständige Quelle für finanzielle Enttäuschungen, besonders während der häufigen Katastrophen, bei denen sie beschmutzt, zerrissen oder sonst irgendwie beschädigt wird. Schüttet man sich auf einer Dinnerparty eine Ladung Spaghetti über die Hosen, so kommt das dem 30prozentigen Verlust eines Wertpapiers oder der Annullierung einer Dividende gleich. Das gilt auch für Stöckelschuhabsätze, die man sich an einem Rasensprengerkopf abschlägt, den man übersieht.

Da Kleidung zu einer Investition geworden ist, werden viele der ausgemusterten Teile, die wir einst für Halloweenkostüme oder zum Autowaschen in Papiertüten stopften, nun in unseren Kleiderschränken aufbewahrt; einschließlich alter Puccikleider, Mänteln mit Hahnentrittmuster und zu breiten Schultern, Federboas, die von Verwandten aus der Künstlerszene getragen wurden, abgelegten Kilts von schottischen Festivals, Hawaiishirts, die seit dem College aufbewahrt wurden, Schals, Anglerwesten, Reithosen und Kitteln, die aus panamesischen Fischernetzen hergestellt wurden. Eines Tages, das versichern wir uns immer wieder, eines Tages wird es eine Hausse für Fischernetze geben.

Sind wir einfach nur geldgieriger geworden oder sind wir dazu gezwungen worden? Angesichts fantastischer Gelegenheiten werden wir unseren Sparbüchern untreu. Unwiderstehliche Preisanstiege bei Gold, Silber und Standuhren führen uns in Versuchung. Wir sind überzeugt davon, daß es hochspekulativ ist, nicht zu spekulieren. Millionen von Durchschnittsbürgern pilgern mit dem Geld, das sie übrig haben, ratsuchend und verzweifelt von Gelegenheit zu Gelegenheit und sind verwirrt. Unser Reingewinn schwankt mit dem Währungssystem, dem Steuersystem und der Handelsbilanz. Unsere Termingeschäfte sind nur auf dem Papier als CATS Fonds und Zerobonds vorhanden. Unsere tägliche Stimmung steigt und fällt mit den Zinssätzen. Ist es da möglich, nicht vom Geld besessen zu sein? Ich finde für wenige andere Dinge Zeit.

Das bringt mich zum ersten Problem, das mir bei meinem Abenteuer begegnete: Wie würde ich genügend Bargeld auftreiben, um die großartigen Gelegenheiten beim Schopf zu packen, die mir schon bald über den Weg laufen würden? Mein Plan, einige überflüssige Möbel, alte Klamotten und andere hauseigene Besitztümer zu verkaufen, stieß auf heftigen Widerstand bei meinen eigenen Familienmitgliedern. Wenn diese Gegenstände bereits Investitionen seien, so deren Argument, warum sie dann der verrückten Idee opfern, an die Wall Street zu gehen, um dort reich zu werden?

Glücklicherweise konnte ich meinen alten Renault und ein zweimal benutztes Dingi verkaufen. Mit dem Erlös aus diesen beiden Quellen plus dem ersten Drittel einer Vorschußzahlung von meinem Verleger kam ich auf insgesamt $ 16.500. Das ist der Einsatz, mit dem ich in die Welt der Finanzen hinauszog.

2

Meine Referenzen

Lassen Sie mich zunächst über meine Qualifikationen, meine Ausbildung und generelle Eignung für diese Herausforderung erzählen – denn dies ist die Stelle, an der die meisten Autoren ähnlicher Werke ihre Referenzen ausbreiten. Solche lauten dann zum Beispiel „Veteran der Wall Street“ oder „meistgefragtester Warenterminhändler von Chicago“ oder „durch Wertpapieroptionen zum Millionär geworden“ und so weiter. Vor meinem Abenteuer wußte ich am meisten darüber, wie man Geld verliert. Wie die folgenden handfesten Beweise bestätigen, zeichnete mich tatsächlich ein untrüglicher Instinkt für persönliche Spekulationsfehlschläge aus.

Bevor ich in ein bescheidenes Portefeuille hineinheiratete, besaß ich überhaupt kein Kapital zum Investieren. Nun ja, das ist nicht ganz akkurat. In den sechziger Jahren, entschied ich mich einmal für eine langfristigen Kapitalanlage – eine sehr reife Entscheidung, wie man mir sagte. Irgendwie schaffte ich es, genug Geld abzuzwacken, um zwei Aktien von Technical Tape zu je $ 14 zu kaufen. Zwanzig Jahre später waren sie je $ 4 wert. Diese beiden Wertpapiere plus einige wertlose Belegschaftsaktien eines Unterhaltungsmagazins waren die einzigen Investitionen, die ganz allein mein Verdienst waren.

Vor ungefähr zehn Jahren, Mitte der 70er, begann ich meine Talente auf die ehelichen Besitztümer anzuwenden, was ihnen gar nicht bekam. Ein Bekannter mit einem Sitz an der American Stock Exchange empfahl mir einen IBM-Optionenspread, bei der man gleichzeitig einen Juni-Call kaufte und einen Oktober-Put verkaufte. Bis zu diesem Zeitpunkt hielt ich einen Juni-Call noch für eine Entenpfeife und einen Oktober-Put für eine Geranienzwiebel. Fragen machten die Dinge nur noch schlimmer. Es gäbe kein hohes Risiko, sagte mein Ratgeber, solange IBM steigen oder eine Seitwärtsbewegung machen würde.

Von dieser Beteuerung überzeugt, ging ich los, kaufte die Juni-

Calls und verkaufte die Oktober-Puts; aber weder stieg IBM, noch machte sie eine Seitwärtsbewegung, und ich verlor durch diesen Vorgang $ 6.000. Erfahrung kann ein teurer Lehrmeister sein, aber wenigstens kann ich Ihnen bereits mit meinem ersten guten Rat einige Kosten ersparen:

»Kaufe weder einen Juni-Call noch verkaufe gleichzeitig einen Oktober-Put, außer wenn du weißt, was das bedeutet.«

Auf den Rat der Brokerin meines Schwagers hin, versuchte ich den Verlust mit *Ramada Inn* zu $ 15 wieder einzubringen. Mein Schwager beschäftigt sich mit Warentermingeschäften, Wertpapieren und Tennisspielen in Palm Springs in Kalifornien. Die Tatsache, daß ich mich von seiner Brokerin per Ferngespräch quer durchs ganze Land beraten ließ, verrät Ihnen einiges über den Zustand der Beziehung zu meinem eigenen Broker, aber dazu kommen wir später. Jedenfalls war die Maklerin meines Schwagers hundertprozentig davon überzeugt, daß Ramada die besten Aussichten auf die Lizenz für das nächste Casino in Atlantic City hatte. Diese hat es wohl nicht erhalten, da die Aktie geradewegs abstürzte und es in den letzten 10 Jahren, seit das passierte, nicht einmal mehr auf $ 15 zurückgeschafft hat.

Vor diesem Ramada-Deal bekam ich einen anderen freundlichen Tip von einer Go-Go-Tänzerin, die gerade aus Nassau zurückgekommen war: „Kaufen Sie Resorts International zu drei Dollar." Ich machte mir klar, daß es für einen ernsthaften Geldanleger unklug ist, auf Kaufsignale einer Go-Go-Tänzerin hin zu handeln, und ignorierte daraufhin die Empfehlung. Nachdem Resorts International auf etwas über $ 200 gestiegen war und es mehrere Aktiensplits gegeben hatte, vertraute ich einem reichen Freund an, wie ich mir den 10.000prozentigen Gewinn entgehen lassen hatte. Er erklärte mir, daß es noch nicht zu spät sei und die Aktie „bei derzeit $ 47 immer noch billig sei." In der Annahme, daß reiche Leute nicht durch Zufall reich werden, erstand ich einige hundert Aktien zu je $ 47. Beinahe im gleichen Moment zog sich Resorts International auf $ 29 zurück, wo die Aktie zehn Jahre lang verharrte und erst vor kurzem, als bekannt wurde, daß der Vorsitzende gestorben sei, auf $ 75 hinaufschoß. Diese postmortale Wende fand statt, lange nachdem ich die Hoffnung auf jegliche Besserung aufgegeben und bei $ 33 alles verkauft hatte.

In der Zwischenzeit hatte ich Charter bei $ 9 erstanden und war bei $ 12 ausgestiegen, wonach die Aktie auf $ 100 kletterte. Ich vereitelte diesen seltenen Minigewinn wieder mit Anacomp zu $ 20, (die prompt wie Blei auf $ 2 3/4 abstürzten) und Sykes Datatronics zu $ 11 (die inzwischen bankrott sind). Auch Metalle sind mir nicht fremd, habe ich doch Silber zu $ 19 gekauft, als es gerade anfing zu fallen. Mit anderen Waren, wie zum Beispiel Kaffee oder Rindfleisch, kann ich auf keinerlei Erfahrung zurückblicken, aber ich bin mir sicher, daß ich dabei nicht schlechter abgeschnitten hätte als in Sachen Silber.

Am Vorabend meines Börsenabenteuers überprüfte ich meine bisherigen Gewinne und Verluste und kam zu dem Schluß, daß ich mich ungefähr glattgestellt hatte. Es hatten mir bereits so viele meiner Freunde und Bekannten erzählt, daß sie sich mit ihren Wertpapieren und anderen Investitionen ebenfalls ungefähr glattgestellt hatten, daß ich überzeugt bin, daß dieses Ergebnis nicht unüblich ist. Nachdem, was ich auf Cocktailparties gehört habe, gibt es über das ganze Land verstreut Millionen von Menschen, die sich ständig glattstellen. Das überzeugte mich davon, daß ich hundertprozentig qualifiziert war, um im Namen des Kleinanlegers zu sprechen.

3

Der Wille, reich zu werden

„Bevor Du reicher werden kannst, mußt du reicher werden wollen“, hatte man mir gesagt. Dazu muß ich zunächst ein Geständnis ablegen. Früher habe ich mit der gefährlichen Idee geliebäugelt, daß Geld allein nicht glücklich macht. Daran erinnerte ich mich besonders, wenn ich eine miserable Investition getätigt hatte. Anläßlich dieser traurigen Ereignisse verkündete ich für gewöhnlich, daß reiche Leute „erbärmlich seien“, „ein oberflächliches Leben führten“ oder „für den eigenen Wohlstand über Leichen gehen würden.“ Oder ich erinnerte mich an Redensarten wie „besser glücklich als geldgierig“, „jeder Dummkopf kann reich werden“ und „Gesundheit ist das höchste Gut.“ Reiche Paare, die in der Sendung „Lifestyles of the Rich and Famous“ auftraten, erschienen mir niemals trauriger und einsamer als nach einer finanziellen Schlappe.

Da ich Ihnen nun schon diese Geheimnisse enthülle, kann ich gleich alles offen eingestehen: außer der Idee, daß Geld allein nicht glücklich macht, glaubte ich auch fest daran, daß der dumme Anleger dem cleveren Anleger moralisch überlegen war. Wenn Geld die Menschen dazu bringen kann, ihre Kinder zu hassen und ein oberflächliches Leben zu führen, dann konnten mich meine zahlreichen, beschriebenen Verluste doch nur der spirituellen Perfektion und letztlich der Erleuchtung nähergebracht haben. Besonders erleuchtet fühlte ich mich, als Sykes Datatronics von $ 11 gegen $ 0 abtauchte, und beinahe heilig gesprochen kam ich mir vor, als Anacomp von $ 20 auf $ 2 fiel.

Ich kann diese primitive Einstellung bis in meine Collegetage zurückverfolgen, als viele von uns davon überzeugt waren, niemals reicher werden zu wollen. Die Mehrheit der Collegestudenten in den Mit- bis Endsechzigern war fest entschlossen, finanziellen Erfolg zu vermeiden. Damals genoß ein „A“ in präkolumbianischer Politik viel höheres Ansehen als ein „A“ im Grundkurs Rechnungswesen. Wir kümmerten uns nie darum, für irgend etwas Rechnung zu tragen, außer wenn es um die Unterschiede in den vorsokratischen Schöpfungsmythen ging. Viele von uns wußten besser über die normannische Eroberung als über die Grundlagen einer erhöhten Abschreibung Bescheid. Wir unternahmen alle möglichen Anstrengungen, um den MBA-Abschluß zu vermeiden, der in der Regel als die erste Stufe zum Erfolg gilt.

Nach dem Universitätsabschluß widmeten sich diejenigen unter uns, die nicht aufs Land zogen oder in die Friedenstruppe eintraten, dem Kunsthandwerk, obskuren akademischen Anstrengungen, schlecht bezahlten Künstlerjobs oder Dienstleistungskarrieren. Die ganze Zeit bemitleideten wir unsere bedauernswerten Bekannten, die von Anfang an reich werden wollten und direkt an die Wall Street gegangen waren. Wie unglücklich und bedrückt mußten diese armen Seelen doch sein, dachten wir uns. Die gleichen armen Seelen sind nun geschäftsführende Teilhaber bei Goldman Sachs oder Salomon Brothers, verdienen Millionen von Dollar im Jahr und sind ohne Zweifel ebenso freundlich, nachsichtig, liebenswürdig und gut zu ihren Kindern wie der Rest von uns, der gerade mit dem Kampf ums Reicherwerden begonnen hat. Leider haben wir die Vorteile der Volkswirtschaftslehre gegenüber der präkolumbianischen Politik, die sowieso jeder wieder vergessen hat, erst etwas verspätet erkannt.

Überzeugt davon, daß der Schlüssel zum Erfolg in der Motivation liegt, zwang ich mich dazu, an einigen aufeinanderfolgenden Abenden wach zu bleiben, um die Fernsehsendungen zum Thema „Wie werde ich reich“ zu verfolgen. Viele dieser Sendungen werden erst nach Mitternacht ausgestrahlt und sind bedauerlicherweise an ein Publikum vergeudet, das schon halb eingeschlafen ist. Andernfalls würde unser Staat besser florieren, als dies derzeit der Fall ist. Während dieser Übertragungen steigen viele gutaussehende Männer und Frauen als Beweis für die Vorteile des Reichtums aus ihrem Rolls Royce oder springen aus der Kabine ihres geparkten Lear Jets, wobei sie versprechen, die bewährten Methoden zu enthüllen, durch die man noch reicher wird. Meistens favorisieren sie den Immobilienmarkt, für den man, wie sie sagen, überhaupt kein Bargeld aufbringen muß. Ein Mann beschrieb, wie er durch den Kauf von Billigimmobilien per Kreditkarte in wenigen Monaten vom Imbißbudenkoch zum Millionär aufgestiegen ist. Obwohl er selbstverständlich nicht mehr knapp bei Kasse ist, verkauft er per Postversand einen Kurs, durch den er seine Arbeitsmethode als Dienstleistung zur Verfügung stellt.

Ein anderer Fernsehmillionär, E. J. Cossman, stand neben einer amerikanischen Flagge und erzählte, wie er mit dem Verkauf von Bajonettgewehren aus Metall und Ameisenfarmen aus Plastik ein Vermögen gemacht hat. Er hatte die Idee, die Rechte an Hinterhoferfindungen aufzukaufen und diese durch ein Marketing, das vom gesunden Menschenverstand geprägt war, zu promoten. Er war überzeugt davon, daß jeder von uns mit seiner Hilfe – die es allerdings nicht umsonst gab – das gleiche vollbringen konnte.

Wenn Sie mich fragen, so war derjenige unter den Mitternachtsmillionären, der mich am besten wach hielt, Dave Del Dotto. Die Serie über ihn wurde vom Balkon seiner Eigentumswohnung auf Hawaii mit Blick auf den Pazifik ausgestrahlt. Mister Del Dotto erklärte, daß er während seiner ganzen Kindheit ein Bild von Hawaii in seiner Hosentasche mit sich herumgetragen hatte und daß dieses Bild ihn dazu inspiriert hatte, reich zu werden und in das Inselparadies umzuziehen, wobei es einige Verwirrung über seinen derzeitigen Hauptwohnsitz gab. In einer Sendung sagte er, er lebe in Hawaii, wohingegen er in einer anderen Sendung bchauptctc, Hawaii sooft wie möglich zu besuchen. Man kann nur hoffen, daß er das noch aufklären wird.

In gestreiftem Hemd und Baumwollhosen, mit zwei pinkfarbenen Ringen und einer Golduhr an jedem Arm sah Del Dotto so aus, als würde er sich in Reno in Nevada genauso wohlfühlen wie an der Küste von Hawaii. Die denkwürdigsten unter seinen Geldmachmottos waren „Von meinem unmöglichen Traum zu Ihrem“, „Seien Sie zielstrebig“ und „Bedenken Sie die Auswirkungen immer zuerst“ – letzteres ein angebliches Zitat Leonardo Da Vincis, das ich jedoch in keinem meiner Nachschlagewerke finden konnte.

Um den Leuten weiterzuhelfen, erfand Herr Del Dotto einen umfassenden Heimstudienkurs mit Büchern und Kassetten, die mehr oder weniger alles das enthielten, was auch seine Mitternachtkonkurrenten anboten. Der Kurs beinhaltete ein System, wie man das Geld zum Fließen bringt, sowie Anleitungen zu den Fragen, wie man Billigimmobilien kauft und wie man an mehr Kreditkarten, Dividendenanteile, gute Finanzierungsideen, zwangsversteigerte Grundstücke und ähnliche Dinge kommt. Alles in einem Pack. Als Bonus gab es ein besonderes Angebot für einen Urlaub auf Hawaii einschließlich Sonnenuntergangskreuzfahrt und Polynesien-Kreuzfahrt, plus günstigster Flug-und Hotelpreise, die von Herrn Del Dottos persönlichem Reisebüro angeboten wurden. Das ganze Heimstudium kostete nur $ 289, und für diesen Preis würde man Informationen im Wert von $ 1.475 erhalten, den Urlaub nicht inbegriffen.

Obwohl ich nicht gleich losrannte, um meine $ 289 zu überweisen – ehrlich gesagt vergaß ich leichtfertig die gebührenfreie Telefonnummer für nähere Auskünfte und verlor Herrn Del Dottos Adresse –, lernte ich durch diese Sendungen sehr viel. Ich lernte, daß die Tatsache, ein mäßiger Schüler gewesen zu sein (was sich darin zeigte, daß er Wörter wie zum Beispiel Analisation verwendete, wenn er Analyse meinte), Herrn Del Dotto nicht daran gehindert hatte, reich zu werden. Unter seinen Anhängern befand sich ein blinder Junge namens Chad Hazen, der sich Del Dottos Kassetten angehört und sein Programm angewendet hatte, und trotz seiner Behinderung war auch er reich geworden. Dann gab es da die „kleine schwarze Lady aus Chicago“ – vor kurzem noch mittellos, verarmt, notleidend, und nicht in der Lage, ihre Familie zu ernähren –, die heute einige wertvolle Immobilien im Stadtzentrum verwaltete.

Herr Del Dotto konnte nicht genug betonen, wie wichtig es sei, daß man, um reicher zu werden, zuerst den Wunsch haben müsse, reicher zu werden. In der Tat war das im allgemeinen die Überzeugung aller Mitternachtsmillionäre, die ich mir in dieser Woche angesehen hatte.

Wenn ich weitere Bestärkung darin brauchte, daß meine alten

Vorstellungen falsch und nur Hindernisse auf dem Weg zum Erfolg waren, so hatte Del Dotto es geschafft, mich zu überzeugen. Nachdem ich ihn einige Male auf dem Bildschirm beobachtete, waren all meine „Geld allein macht nicht glücklich"-Anwandlungen ausgetrieben. Ohne zu zögern, konnte ich schwören, daß ich Herrn Del Dotto um seine Stellung beneidete und gerne genauso reich gewesen wäre wie er. Solch ein Eingeständnis war notwendig, um einen weiteren Fortschritt zu machen, und es brachte mich zu meinem zweiten guten Rat:

»Leute, die daran glauben, daß Geld allein nicht glücklich macht, werden nie genug davon haben.«

4

Das Geld in der Bank

Meine erste Entscheidung hinsichtlich meines Einsatzes war, ihn irgendwo so zu deponieren, daß er einfach Zinsen ansammeln würde, während ich mich nach besseren Anlagemöglichkeiten umsehen konnte. Aber heutzutage einfach Zinsen zu kassieren, ist nicht mehr so einfach. Zuerst muß man sich für die beste Bank oder Sparkasse oder den besten Geldmarktfonds oder irgendwelche anderen konkurrierenden Anlagemöglichkeiten entscheiden.

In meinem Stadteil in Miami Beach in Florida gab es pro Häuserblock etwa zwei oder drei Banken und/oder Sparkassen. Auf der einen Seite der Straße, die ich entlangschlenderte, hatten Finanzdienstleitungsunternehmen den PC-Laden, den Drugstore mit Imbißstube, den Friseur und einen Optiker ersetzt. In dieser kurzen Geschäftszeile gab es eine neue Savings of America, eine Southeast Bank, eine First Nationwide Savings, Glendale Federal sowie Dis-Com Securities, und einen Discount Broker, der eine Geldmarktalternative zu den Banken darstellte.

In den zwei Häuserblöcken, die sich daran anschlossen, gab es eine Chase Federal, Safra Bank, Citicorp Savings, Carteret Savings, Lincoln Savings and Loan, American Savings and Loan, Centrust Savings and Loan, die Jefferson National Bank, ebenso eine Prudential-Bache, eine Merrill Lynch, eine Drexel Burnham Lambert und eine Chicago Commodity Corporation. Noch ein Stückchen weiter hatte eine Sun Bank ihren Sitz.

Sollten die wenigen verbleibenden Bekleidungsgeschäfte, Feinkostläden, Schönheitssalons und Restaurants ebenfalls schließen und der Bankentrend anhalten, dann könnten wir außer Zinssätzen bald nichts mehr einkaufen und würden auf beiden Seiten endloser Straßenzüge 24 Stunden am Tag damit beschäftigt sein, Schecks einzulösen und Geld einzuzahlen. Sollte unser Land als Ganzes sich weiter in diese Richtung hin entwickeln, würden wir sehr schnell zu einer Nation von Brokern und Bankbeamten werden.

In der New York Times las ich, daß die Finanzdienstleistungen in den USA der Industriezweig mit der höchsten Zuwachsrate seien. Höher als die Lebensmittelindustrie, höher als der Immobilienmarkt, sogar höher als Rechtsberatungsdienstleistungen, die pro Jahr zwei Prozent Zuwachs hervorbringen. Finanzdienstleistungen vermehren sich um vier Prozent pro Jahr, oder in anderen Worten ausgedrückt, schneller als die Bevölkerung Mexikos. Sie multiplizieren sich schneller als ambulante Pflegedienste, Cappuccinosalons, Fitneßstudios, französische Cafés und alternative Telefongesellschaften. Kaufhäuser wie Sears oder K Mart und so weiter haben damit begonnen, Finanzdienstleistungen Hand in Hand mit Regenmänteln und Toastern zu verkaufen. Inzwischen konnte man aber auch Toaster und Regenmäntel als Belohnung für eine Kontoeröffnung bekommen. Vielleicht waren die Kaufhäuser ja aus Rache für die Werbegeschenke der Banken in die Finanzdienstleistungen eingestiegen. Auf jeden Fall wurde es immer verwirrender zu unterscheiden, wer nun welche Gegenstände vertreibt, und da sich das Bankwesen weiter deregulierte, würde sich diese Verwirrung wohl noch vergrößern.

Als ich die Bundesbankbeamten in Washington anrief, erfuhr ich, daß 4.000 verschiedene Sparkassen und 14.000 verschiedene Banken – Filialen und Zweigstellen nicht eingerechnet – in unserem Land operieren. Der größte Unterschied zwischen den Banken und Sparkassen scheint darin zu liegen, daß es Banken gestattet ist, miese Kredite an weit entfernte Orte wie Peru und Mexiko zu vergeben, während Sparkassen sich darauf beschränken müssen, durch miese Kredite in kommerzielle Bauunternehmen in ihrer Umgebung oder insbesondere leere Bürogebäude zu investieren. Dies alles sollte den Kontoinhaber nicht beunruhigen, solange seine Besitztümer entweder durch die Federal Deposit Insurance Corporation (FDIC) geschützt sind – für den Fall, daß die Bank bankrott macht – oder durch die Federal Savings and Loan Insurance Corporation (FSLIC) – falls die Sparkasse pleite macht.

Die älteren und besser etablierten Banken in meinem Stadtteil sehen meistens wie Mausoleen aus. Offensichtlich war es besonders während der Depression üblich, Banken aus Granit oder anderen unverwüstlichen Materialien zu bauen und die Eingänge mit schweren Stahltüren oder -toren zu befestigen. Diese massiven Außenmauern und eindrucksvollen Tore versicherten den Kunden in Zeiten geplünderter Guthaben und zweifelhafter Solvenzen, daß es in den Banken etwas gab, das man beschützen mußte.

Neuere Banken und Sparkassen sind oft in Schaufensterfassaden eingebettet und leicht mit Boutiquen zu verwechseln. Viele waren während des letzten nationalen Aufschwungs eröffnet worden. Wenn das Vertrauen der Öffentlichkeit in das Bankensystem außergewöhnlich hoch ist, dann genügt es, wenn Bankiers dürftige Konstruktionen errichten und weniger Geld für Wände ausgeben. In meinem Stadtteil fiel mir auf, daß einige Bausparkassen aussahen wie Gewächshäuser, und andere hätte man für Fitneßcenter halten können. Bei einigen waren im Inneren Springbrunnen und Wasserbecken installiert.

Ich war sehr darüber erstaunt, als ich beobachtete, daß diese Wasserbecken von den Bankkunden als Wunschbrunnen benutzt wurden. Vor ein paar Jahren, als noch galt: „Wer den Pfennig nicht ehrt, ist den Taler nicht wert“, hätte man niemals einen Wunschbrunnen in einer Bank entdeckt, und schon gar nicht mit Münzen auf dem Grund. Daß einige Leute es vorziehen, ihr Wechselgeld für einen Wunsch wegzuwerfen, anstatt die Münzen auf ihr Sparbuch einzuzahlen, ist das bedauernswerte Ergebnis der Inflation. Ohne Zweifel werden diese Münzen ein paar Stunden später von den Kassierern herausgefischt und bedeuten einen zusätzlichen Gewinn für die Bank.

Wir sollten vielleicht auch der Tatsache ins Auge blicken, daß uns Wechselgeld nur in großen Mengen nützen kann, was mich zu meinem dritten guten Rat bringt:

„Wer den Pfennig nicht ehrt, ist des Talers nicht wert, aber was soll's?“

Bei den alten Banken, den neuen Banken und den meisten der Sparkassen, die ich besuchte, gab es lange Warteschlangen an den

Schaltern. Die Schlangen scheinen direkt proportional zu der Höhe der Zinsen zu sein, welche die Kunden auf ihre Spareinlagen erhalten. Nach einer lockeren Umfrage schloß ich, daß ein Kunde umso länger warten muß, je höher die Zinsen sind, die er oder sie erhält. Außerdem waren in jeder Institution, die ich besuchte, acht von zehn Schaltern unbesetzt. Diese unbesetzten Schalter schienen für die Kunden, die stundenlang vor besetzten Schaltern ausharrten, als hoffnungserweckende Fassaden zu dienen.

Banken und Sparkassen wechseln so häufig ihre Besitzer, daß es schwierig ist, immer die aktuellen Namen parat zu haben. Wie aus Washington verlautete, gab es allein in den letzten zwei Jahren 670 Bankfusionen und mehr als 200 Sparkassenfusionen. In meinem eigenen Stadtteil war die First Nationwide Savings einst als Washington Savings bekannt, Charteret Savings absorbierte Amerifirst, Citicorp Savings hieß ursprünglich Biscayne Federal und Centrust nannte sich noch vor kurzem Dade Savings; Sun Bank hatte sich aus Flagship entwickelt, welche selbst eine Nachfolgerin von United National gewesen war.

Wir mögen vielleicht tatsächlich eine sehr unstete Gesellschaft sein, aber ich möchte wetten, daß der durchschnittliche Bankkunde weniger häufig die Bank wechselt als eine durchschnittliche Bank ihren Besitzer. Dabei werden Langzeitkunden nicht für ihre Treue belohnt, sondern sind gezwungen, sich einer Abfolge von neuen Präsidenten, Angestellten und Kassierern vorzustellen und immer wieder den Führerschein vorzulegen, um sich auszuweisen. Gerade als ob sie – und nicht die Bank – sich soeben in der Stadt niedergelassen hätten.

In den Banken und Sparkassen gab es Tafeln, die alles erkärten, was man über Zinssätze wissen mußte. Diese Tafeln sind allmählich immer komplizierter geworden, da sie immer umfangreicher werden. Bei der Chase Federal wurde den Kunden der Sparbrief mit einjähriger, zweijähriger, dreijähriger, vierjähriger und fünfjähriger Laufzeit angeboten. Dazu ein „Sparbuch mit gestuftem Zins“ und eine „Geldmarktanlage mit gestuftem Zins“, begleitet von einem „Scheckbuch mit gestuftem Zins“ und der silbernen VISA-Karte.

Ich informierte einen freundlichen jungen Bankangestellten bei Chase namens Linden Barrett, daß ich über eine größere Summe Geld verfügte, die ich auf ein Sparbuch einzahlen wollte – genug, um als Belohnung wenigstens einen Toaster zu verdienen. Herr Barrett erklärte mir, daß seine Institution keine Toaster mehr vergebe. Ganz wie man es bei einer Bank vermuten sollte, belohnt Chase Federal ihre Kunden mit Geld. Herr Barrett bot mir einen \$ 20-Bonus bar auf die Hand für je \$ 10.000, die ich als einjährigen Sparbrief anlegen würde, und \$ 40 für je \$ 10.000, die ich in einem zweijährigen Sparbrief anlegen würde. Eigenartigerweise gab es keinen Bonus für den Sparbrief mit fünfjähriger Laufzeit.

Bei Konkurrenzunternehmen entdeckte ich die Varianten, auf Sparbücher Schecks auszustellen, durch Scheckausstellung zu sparen, variable und feste Zinsen, Überziehungskredit und keinen Überziehungskredit, Kontoführungsgebühren und keine Kontoführungsgebühren oder automatische Buchungen, um nur einige der Möglichkeiten zu nennen. Es gab Sparbriefe mit variablem Zins und Sparbriefe mit festem Zins, zu unterschiedlichen Fälligkeitsterminen. Bei einer Bank vertraute ich dem Angestellten an, daß ich sehr an der Börse interessiert sei. Er sagte, seine Bank würde sich sehr freuen, als mein Broker zu dienen. „Bei uns können Sie viel Geld für Kommissionen sparen", behauptete er. „Wir sind viel günstiger als Merrill Lynch." Wie sich später herausstellte, ließ das Merrill Lynch nicht ruhen. Sie wären hocherfreut gewesen, als meine Bank zu dienen.

Bei der Sun Bank, ehemals Flagship, ehemals United National, signalisierte eine große Neonleuchttafel allen Besitzern der Rund-um-die-Uhr-Geldkarte: IHR GESCHENK LIEGT FÜR SIE BEREIT. Am Ende der Eingangshalle teilte eine schmale Blumenreihe den Raum. Hinter dieser Blumenreihe lag der Arbeitsbereich der Bankangestellten. Inmitten von zehn oder zwölf Tischen und einem sich endlos erstreckenden Teppich sah ich nur drei Menschen, die arbeiteten. Ich las die Anzeigen für die „Sunservice-Hotline", für den Spezialrabatt auf ein Familienportrait, für das „Alles-in-einem-Konto", für die gebührenfreie

Kreditkarte und für den „Sunline Equity Loan". Schließlich wurde ich einer Bankangestellten namens Jane Gautier zugeteilt, die zumindest alt genug aussah, um wählen zu dürfen. Andere, die ich herumlaufen sah, hätten nicht einmal ein Bier verkauft bekommen. Frau Gautier sagte, es gäbe keine Toaster, keinen Geldbonus, keine Leistungsprämien, schlicht und ergreifend keine Belohnungen irgendeiner Art für eine Kontoeröffnung. Ich entgegnete ihr, daß das so klingen würde, als ob Sun Bank mein Geld im Grunde gar nicht haben wollte, und sie nickte zustimmend mit dem Kopf. Sie wäre davon überzeugt, daß ich bei einer anderen Bank einen besseren Deal bekommen könnte. Es ist schon traurig genug, wenn man keinen Kredit gewährt bekommt, aber wenn man von einer Kontoeröffnung abgeschreckt wird, so ist das eine Beleidigung.

Bei Centrust Savings bemühte man sich eifriger um mich. Julio, ein junger Angestellter mit einer karierten Krawatte, die zu seinem gestreiften Hemd fürchterlich aussah, betonte, daß der hervorragende Zinssatz, den Centrust böte, fehlende Werbegeschenke voll ausgleichen würde. Er empfahl mir das zweieinhalbjährige „Head Start Savings"-Programm, das während der ersten drei Monate 10% und danach 6,34% Zinsen abwirft, was insgesamt eine Durchschnittsrendite von 7,20%, oder auf die gesamte Laufzeit umgerechnet, eine Jahresrendite von 7,52% einbrachte. Den Unterschied zwischen Durchschnittsrendite und Jahresrendite erklärte mir Julio dreimal, und ich hatte es immer noch nicht verstanden. Dutzende Male hatte ich bereits ähnlichen Erklärungen gelauscht und sie weder damals noch zu irgendeinem anderen Zeitpunkt verstanden.

(Ich vermute, die Bankiers wissen, wie sprachlos wir gegenüber Dingen wie einem zusammengesetzten Zins sind, und unsere Orientierungslosigkeit ermöglicht es ihnen, uns den Zinssatz zu bezahlen, der ihnen gerade in diesem Moment in den Sinn kommt. Allerdings müßte ich, um diese These beweisen zu können, Durchschnitts- und Jahresrendite verstehen, so daß es zwecklos ist, dieser Sache weiter nachzugehen.)

Als ich nachfragte, ob ich mir Geld leihen könnte, um es dann in Centrust Savings zu investieren, hellte sich Julios Miene spürbar auf. „Selbstverständlich", sagte er, „bis zu 90 Prozent." Sofort begann er mir zu erklären, wie ein Kredit nur auf Zinsen hin strukturiert sein könnte, eben durch einen Fälligkeitstermin, der exakt mit dem Auslaufen eines Sparbriefes zusammenfällt. Dann führte er mich in die „Equity Credit Line" ein. Hier gäbe es keine Kontoführungsgebühren, keine Abschlußgebühren und die Kreditzusage innerhalb von 48 Stunden. Außerdem könnte ich mein Haus sogar noch höher beleihen. Der Zinssatz könnte variabal oder fest vereinbart werden.

Bei all den verschiedenen Banken und Sparkassen spürte ich eine größere Begeisterung dafür, meine Schulden zu vermehren, als dafür, mich zum Sparen zu ermutigen. Es gab weitaus mehr Broschüren und Reklamefilmchen, die ersterem gewidmet waren. Tatsächlich könnte man unsere sogenannten Sparkassen viel besser begreifen, wenn man sie als Schuldkassen bezeichnen würde, da derzeit so wenig wie noch nie zuvor in der amerikanischen Geschichte gespart wird, während die Zahl der aufgenommenen Kredite ins Unermeßliche steigt.

Letztendlich beschloß ich, meinen Einsatz auf einem bestehenden Centrust-Girokonto zu belassen, das bei schwarzen Zahlen einen variablen Zins einbrachte und vorzeitige Abhebungen nicht mit Strafgebühren belegte. Als ich das geschafft hatte, dachte ich über den nächsten Schritt nach.

5

Der Finanz-Checkup

Im Radio hörte ich, daß man als Anleger auf keinen Fall eine Entscheidung treffen sollte, bevor man nicht von einem angesehenen Finanzplaner einen vollständigen Finanz-Checkup bekommen hat. Mir fiel ein, daß ich mich noch nie einem vollständigen Finanz-Checkup unterzogen hatte. Sollte es dafür jemals einen geeigneten Zeitpunkt geben, dann war es mit Sicherheit jetzt, bevor ich mich vom eifrigen Geldvermehren fesseln ließ. In den Gelben Seiten meines örtlichen Telefonbuches waren ebenso viele Finanzplaner wie Haushaltswarenhändler aufgelistet. Vor zehn Jahren hatte es noch nicht einmal eine Rubrik „Finanzplanung" gegeben. Damals wurden Finanzplaner von reichen Kunden angeheuert, die Steuern vermeiden wollten. Dank der Computer reduzierten sich die Kosten der Finanzplanung drastisch, und die Planer begannen, ihre Dienste der breiten Masse anzubieten.

Die Vorstellung, daß ein Durchschnittsmensch sich überhaupt um eine Vermögensbildung kümmert, ist typisch für unsere Zeit. Auf der Suche nach der ersten Bemerkung hinsichtlich einer Vermögensbildung für jedermann blätterte ich in der Bücherei einige Stunden lang in alten Büchern herum. Ich fand sie auf einem Flugblatt aus dem Jahre 1922, in dem der Autor, ein Herr Alquist, folgendes schreibt:

Nur zweieinhalb Prozent aller Menschen, die im Alter zwischen 60 und 70 Jahren sterben, hinterlassen genügend Geld, um die Beerdigungskosten zu decken. Sind Sie sich darüber im klaren, was auf Sie zukommt, wenn Sie nicht damit beginnen, vermögensbildende Maßnahmen zu ergreifen?

Was Herr Alquist mit „was auf Sie zukommt" meinte, möchte ich mir nicht näher vorstellen, aber soviel ist klar: die Vorstellung von einer Vermögensbildung beginnt mit den Sorgen um die

Beerdigungskosten. Das klingt sehr plausibel, wenn man bedenkt, daß die Rechnung für die Beerdigung die erste Haushaltsschuld war, die postmortal bezahlt werden mußte. Bevor es Beerdigungsinstitute gab, bestatteten sich die Menschen gegenseitig und umsonst, so daß niemand automatisch Angst haben mußte, nach seinem Tod insolvent zu sein.

Soweit ich aus meinen Informationen herauslesen konnte, schuldeten sowohl die Finanzplanungsindustrie als auch die Lebensversicherungsindustrie den organisierten Leichenbestattern ein riesengroßes Dankeschön. Die früheste Form der Lebensversicherung für jedermann wurde als eine Möglichkeit, Vorsorge für die Bestattungskosten zu treffen, auf den Markt gebracht. Von dort aus dehnte sich die Deckung langsam zugunsten der überlebenden Familienmitglieder aus. Als der Durchschnittsmensch länger und länger am Leben blieb, boten neue Formen der Lebensversicherung den Policeninhabern Vorteile, die sie nutzen konnten, noch bevor sie starben, oder, wie es in der Fachsprache heißt, solange sie unverstorben waren. Somit stieg die Vorstellung von einer Vermögensbildung erfolgreich von den Beerdigungskosten über die Versorgung der Hinterbliebenen auf, bis sie schließlich zu einem Ziel wurde, von dem der Durchschnittsmensch hoffen konnte, daß er oder sie es bei vollem Bewußtsein erreichen würde.

Heute gibt es für uns Rentenversicherungen, Altersvorsorgen, Gewinnbeteiligungspläne, Annuitäten, Keogh-Pläne und IRA-Pläne, die alle zusammen die Vermögensbildung derart verkomplizieren, daß man es fast nicht mehr erträgt, darüber nachzudenken. Diese Komplikationen ermöglichten es Tausenden von neuen Planern, uns ihre Hilfe anzubieten.

Ich wählte mir aus meinen Gelben Seiten einen Namen aus, der eine gute Reputation versprach: M. H. Senzel & Co. Ich rief an und vereinbarte einen Termin für eine kostenlose Einführungsberatung. M. H. Senzels Büro war in einer Suite im siebten Stock eines großen Betongebäudes nahe am Freeway untergebracht. Das Wartezimmer glich dem einer Arztpraxis, nur, daß anstelle von *Newsweek* oder *People* Zeitschriften wie *Money* oder *Forbes* auf dem Beistelltisch lagen. Ich las ein paar Minuten lang im *Money*, bis ein ernster junger Mann in Sportjacke und Freizeithose auftauchte. Er stellte sich als Boyd Leffert vor.

Herr Leffert führte mich durch einen Gang in einen Konferenzraum und bedeutete mir, auf einem Stuhl, der ungefähr in der Mitte eines langen Tisches stand, Platz zu nehmen. Er baute eine Plastikschautafel auf, die an der Wand lehnte, und nahm einen Zeigestab mit einer Filzstiftspitze vom Tisch. Während wir plauderten, zeichnete er mit dem Zeigestabstift verschiedene Dinge auf die Schautafel. Als erstes wollte Herr Leffert über das „Universum der Finanzplaner" reden, das allein in den USA gegenwärtig mehr als 200.000 Leute umfaßte. Offensichtlich hat sich die Anzahl dieser Experten in den letzten zehn Jahren verdoppelt, was genau der Punkt war, auf den Herr Leffert abzielte. Es ist sehr einfach, sich als Finanzplaner zu bezeichnen. In der Tat könnte jeder arbeitslose Automechaniker oder gefeuerte Saxophonspieler einer werden, indem er seinen eigenen Laden aufmacht. Die 10.000 Broker von Merrill Lynch nennen sich neuerdings Finanzberater und haben deshalb neue Visitenkarten erhalten, und auch die Broker von Shearson Lehman benutzen jetzt die gleiche Bezeichnung.

Wie Herr Leffert richtig erkannte, ist das Dilemma für den Kunden nun, einen Planer ausfindig zu machen, der etwas von seinem Handwerk versteht. Das Schwierige daran ist, daß kein Erfolgsmaß existiert und keine Übereinstimmung darin, was eine gute Finanzplanung wirklich ausmacht. In anderen Bereichen, wo man Erfolg und Mißerfolg kaum unterscheiden kann – wie zum Beispiel in der Regierungsbürokratie, an den Universitäten oder in der europäischen Aristokratie –, gibt es Titel und Zertifikate im Überfluß. Das ist auch in der Finanzplanung der Fall.

Herr Leffert sagte, daß es beglaubigte Finanzplaner und eingetragene Finanzplaner gäbe und verschiedene Abstufungen unter den Beratern. Er nannte einige Organisationen, denen Planer angehören – einschließlich der International Association for Financial Planning (IAFP) –, und verschiedene Prüfungen, die Planer absolvieren könnten, einschließlich des CFP, der vom

College of Financial Planning durchgeführt wird, und des ChFC, der ein Abkömmling eines sogenannten CLU ist.

Herr Leffert vermutete, daß von allen Planern nur etwa tausend eine adequate Grundlage und vielleicht die Hälfte davon „sehr gute Qualifikationen“ hatten. Obwohl er zugab, daß es keinerlei Übereinstimmung hinsichtlich der Auswahlkriterien gäbe, schlug er vor, daß der Kunde, um absolut sicher zu gehen, nach einer Firma suchen sollte, die über eine möglichst breite Basis verfügen würde und deren Angestellten mit dem CFP zu tun hätten, ihren ChFC bestanden hätten und ebenso bei der IAFP registriert seien. Glücklicherweise würden all diese Punkte auf seine eigene Firma, M. H. Senzel, zutreffen. Herr Leffert persönlich sei sowohl ein beglaubigter als auch eingetragener Finanzplaner, CFP und RFP geprüft.

(Später verwirrte mich eine Zeitungsmeldung über einen Hund namens Boris Bo Regaard aus Tampa in Florida, der in die IAFP aufgenommen worden war, eine der bedeutenden Organisationen, die Herr Leffert erwähnt hatte. Ich rief in deren Hauptzentrale in Atlanta an und sprach mit Dick Williams aus dem Pressebüro. Er versicherte mir, daß auf dem Aufnahmeantrag des Hundes absichtlich falsche Angaben gemacht worden waren und daß seine Aufnahme nichts über die generelle Qualität der anderen 24.179 Mitglieder der IAFP aussagen würde. Herr Williams bekräftigte, daß es kaum möglich sei, daß ein weiterer Hund sich einschleichen könnte, obwohl er zugeben mußte, daß, wer auch immer $ 125 überweisen und den Fragebogen ausfüllen würde, schlimmstenfalls im Stillen angezweifelt werden könnte. Er erinnerte mich daran, daß die IAFP eine Händlerorganisation und kein Lizenzbüro sei.)

Ich rief außerdem in Denver im Bundesstaat Colorado beim Institute of Certified Financial Planners an, das mit dem College for Financial Planning zusammenhing, um mich nach deren CFP-Examen zu erkundigen. Die Person, mit der ich sprach – es muß eine Sekretärin gewesen sein –, erklärte mir, daß das CFP-Examen der Höhepunkt eines sechsteiligen Kurses sei, der zu Hause absolviert werden könne. Im letzten Jahr hätten zweitausend neue

Planer die Prüfung bestanden. Sie erlaubte sich noch die Bemerkung, daß der CFP sehr viel schwieriger sei als der ChFC. Um das zu überprüfen, rief ich die ChFC-Leute vom American College für geprüfte Finanzberater der Universität Bryn Mawr in Pennsylvania an. Sie sagten mir, daß ihr ChFC-Test ein Abkömmling des älteren CLU für geprüfte Lebensversicherungsagenten sei und mit Sicherheit sehr viel schwieriger wäre als der CFP.

Schließlich kontaktierte ich die National Association of Personal Financial Advisors, welche eine spezielle Gruppe Professioneller vertreten, die eine feste Jahresgebühr für ihre Dienste berechnen. Bei der NAPFA gibt es keine Prüfung, und man kann für $ 120 im Jahr Mitglied werden. (Soweit bekannt, war hier zumindest noch nie ein Hund aufgenommen worden.)

Nachdem Herr Leffert das Finanzuniversum ausführlich beschrieben hatte, begann er, mir einige der Dinge zu erklären, die eine Finanzplanung für mich leisten konnte. Am wichtigsten war es dabei, mir „zu helfen, zu klaren finanziellen Zielvorstellungen zu gelangen".

Ich dachte, daß diese bereits ziemlich klar seien, besonders nach all den Nächten, die ich vor den Mitternachtsprogrammen verbracht hatte. „Ich möchte reich werden. Das ist meine Zielvorstellung", teilte ich Herrn Leffert mit. Er lachte, als ob ich einen Witz gemacht hätte! Als ich nicht mitlachte, bekam er einen verwirrten Gesichtsausdruck und nahm mir gegenüber ab sofort eine väterliche Haltung ein.

Sollten Sie je einen Finanzplaner aufsuchen, so rate ich Ihnen, nicht zu erwähnen, daß das Reichwerden eine Ihrer Zielvorstellungen ist. Das scheint für diese Leute ein Tabu zu sein. Zumindest schien Herr Leffert mehr daran interessiert zu sein, mir dabei zu helfen, meine Kapitalanlagen herumzuschieben, als mir dabei zu helfen, sie zu vermehren. Weiter würde ich an Ihrer Stelle Sprüche wie „zum Fenster rausschmeißen", „das Ganze etwas aufpolieren", „Geldgier bringt Profit", „viel Wirbel ums Geld", „wie gewonnen, so zerronnen", „das müssen wir feiern" oder „man kann das Geld ja nicht mit ins Grab nehmen" tunlichst vermeiden. Herr Leffert wollte statt dessen hören, ob ich mich auf einen vernünftigen langfristigen Kapitalzuwachs, auf Stabilität, Sicherheit, Hypothekenzahlungen, die Ausbildung der Kinder vorbereitet und meine Rente angemessen geplant hatte. Und so weiter.

Herr Leffert drehte sich zu seiner Tafel zurück, um mir zu erklären, wie ich vielleicht zu klaren finanziellen Zielvorstellungen gelangen konnte und hielt mir einen 15minütigen Vortrag. Dabei malte er zur Veranschaulichung mit seinem Zeigestabfilzstift Diagramme. Irgendwie ging es darum, das Chaos meines Lebens unter einen Hut zu bringen, den er in Vermögensverwaltung, Steuerplanung, Immobilienplanung, Versicherungsplanung und Rentenplanung aufteilte. Als er über die Rentenplanung sprach, zeichnete er das glückliche Gesicht eines bärtigen Großvaters.

Unter uns gesagt: Ich dachte inzwischen an meinen realen Haushalt mit ungedeckten Schecks, vergessenen Rechnungen, unterschlagenen Strafzetteln, idiotischen Monatsbudgets – an denen wir uns immer wieder versuchten und die wir nie hinbekamen –, den Tausenden von Dollars, die wir für unvorhergesehene „Notfälle“ ausgaben, und fragte mich, wo denn möglicherweise der Bezug zu dieser Kuchenstückchengrafik zu finden sei, die Herr Leffert so sorgfältig konstruiert hatte. Ich platze damit heraus, daß ich keine Lebensversicherung hätte. Der Schock für Herr Leffert war so groß, als hätte ich ihm erzählt, daß ich den Büstenhalter meiner Frau tragen würde. Ich teilte ihm mit, daß ich unser Jahreseinkommen nicht angeben könne, da das Einkommen bei einem freien Journalisten und einer Immobilienmaklerin nie vorherzubestimmen sei. Schließlich beichtete ich, daß mein Leben nichts mit der „vollkommen durchstrukturierten Einheit“ zu tun habe, die er mit seinem Zeigestabfilzstift geschaffen hatte.

Er setzte sich hin, lehnte sich zu mir herüber und riet mir in einem väterlichen Ton, ich solle mir keine Sorgen machen. Alle Leute, die dringendst eine Finanzplanung benötigten, glaubten, daß ihre Situation hoffnungslos sei. Er sagte, er vermute, daß mir trotz meiner schlampigen Familienfinanzen noch zu helfen sei. Er überreichte mir eine Broschüre, die seine Firma erstellt hatte, schlug eine Seite auf und zeigte auf eine Stelle, an der es hieß:

„Von den Leuten, mit denen wir gesprochen haben, verfügen nur sehr wenige über diese entscheidende Ganzheitlichkeit und eine durchgehende Perspektive hinsichtlich ihres finanziellen Lebensbereiches.“

Herr Leffert kam schon bald auf den unangenehmen Teil des Unternehmens zu sprechen. Bevor wir auch nur über einen Plan nachdenken könnten, müßte eine „grundsätzliche Datenerfassung vom Umfang zwischen zwei und zwanzig Stunden“ erfolgen. Sein Mitarbeiterstab würde über den Lebensmittelrechnungen, Kassenbons etc. meiner Familie brüten, „um sich ein Bild zu machen.“ Danach würden die Datenerfasser in ihr Büro zurückgehen und untereinander das „Was-wäre-wenn-Spiel“ spielen. Dabei würden sie unsere Schulden und Guthaben umherschieben und spekulieren, was passieren würde, wenn wir zum Beispiel eine höhere Lebensversicherung abschließen, Konten für die Kinder anlegen oder mehr Geld in Schatzwechsel investieren würden. Herr Leffert nannte das Was-wäre-wenn-Spiel „Zwischenstadium“.

Ich erbot mich, den Gärtner abzubestellen und den Rasen künftig selbst zu mähen, aber Herr Leffert sagte, diese Idee sei albern, unreif und zu einfach. Es klang so, als ob M. H. Senzel für unser Haushaltsbudget genauso viele Berechnungen anstellen wollte, wie sie routinemäßig für den Etat einer größeren Firma durchgeführt werden. Sogar nachdem unser Plan fertiggestellt war, müßten wir genau wie beim Zahnarzt zweimal im Jahr zu einem Checkup vorbeikommen. Herr Leffert sagte, das sei absolut essentiell, andernfalls wäre der ganze Aufwand für die Katz.

Die Kosten für die gesamte Prozedur hatte er bisher noch nicht erwähnt. Herr Leffert schien sich diese Information bis zum Schluß aufzusparen. Als ich ihn nach dem Preis fragte, vertiefte er sich noch ein bißchen in die Bedeutung des Check-ups, der „vollkommen durchstrukturierten Einheit“, und der Expertenmeinung. Mit Bemerkungen hinsichtlich „Zeit“, „Aufwand“ und „vielen Dingen, die der Kunde gar nicht sieht“, versuchte er, sich langsam vorzuarbeiten. Schließlich erklärte er, daß die Kosten für einen Basisplan zwischen zwei und vier Prozent unseres Familienguthabens betragen würden – das hinge ganz davon ab, wieviel wir zu Beginn besäßen. Danach würde die Firma ein bis zwei Prozent pro Jahr für Aktualisierungen und Check-ups berechnen.

Es beruhigte mich nur geringfügig, daß mich Herr Leffert daran erinnerte, daß ich die Rechnungen von der Steuer absetzen könnte. Ich bemühte mich, kein Wort über das Reichwerden zu verlieren, als ich laut vor mich hinfragte, ob uns der Plan wohl wenigstens soviel Zusatzeinkommen einbringen würde, daß wir davon die Planung bezahlen könnten. Herr Leffert sagte, daß er davon überzeugt sei, daß uns der Plan Geld sparen würde, wie wir dieses jedoch anlegten, hinge von unserem Geldmanager ab. Das wäre ein weiterer Professioneller, den wir benötigten.

Die Firma hatte ihre eigenen Geldmanager, aber Herr Leffert sagte, ich sei natürlich nicht an diese gebunden und könne mich auch anderweitig entscheiden. Er warnte mich, daß es genauso schwer sei, einen guten Geldmanager zu finden, wie einen guten Finanzplaner, so daß ich zunächst eine ganze Menge Nachforschungen hinsichtlich Leistung, Kosten und ähnlichem anstellen müßte, bevor ich eine kluge Wahl treffen könnte. Wahrscheinlich wäre ich mit den Professionellen im Haus besser bedient.

Zusätzlich zum Finanzplaner und Geldmanager wäre unbedingt ein Broker notwendig, der meine Investitionen für mich tätigen würde. Herr Leffert sagte, seine Firma würde eng mit einem Discount-Broker zusammenarbeiten, der sehr konkurrenzfähige Gebühren anbiete. Was den Bankier angehe, so könnte ich meinen derzeitigen beibehalten oder einen aus der Firma M. H. Senzel beschäftigen.

Damit endete mehr oder weniger meine kostenlose Einführungsberatung. Herr Leffert drückte mir einen Satz Verträge, die ich mir durchlesen sollte, in die Hand und lud mich ein, zurückzukommen, sobald ich für die Datenerfassung bereit wäre. Das tat ich jedoch niemals. Die Aussicht auf die Kosten für die Basisplanung plus die Kosten für die halbjährlichen Check-ups – ganz zu schweigen vom Geldmanager, Aktienberater und möglicherweise dem Bankier – beunruhigten mich. Ich bezweifelte, daß dabei noch viel Geld zum Managen übrigbleiben würde. So bedacht und fähig Herr Leffert auch gewesen war, entschied ich mich, mit meinem Abenteuer fortzufahren und auf und den Vorteil des beachtlichen Professionalismus' seiner Firma zu verzichten. Vielleicht kann ich Ihnen mit meinem guten Rat Nummer Vier dieselben Mühen ersparen:

»Finanzielle Sicherheit ist für den Kleinanleger zu teuer.«

6

Die Lehren der Geschichte

Nachdem ich die Idee der Finanzplanung verworfen hatte, aber immer noch nach Anleitungsprinzipien Ausschau hielt, steuerte ich die örtliche Bücherei an. Ich hoffte, aus den Börsenbriefen und Wirtschaftspublikationen, die es dort wenigstens kostenlos gab, soviel wie möglich zu erfahren. Inzwischen waren bereits einige Wochen vergangen, seit ich zu meinem Abenteuer aufgebrochen war, und mein Geld steckte immer noch in einem Sparbuch und vermehrte sich zum kläglichen Satz von 5,5% im Jahr. Ich war davon überzeugt, daß bereits zahllose Menschen reich geworden waren, während ich ferngesehen oder meine Zeit mit Herrn Leffert verplempert hatte. Dennoch war ich nicht bereit, meiner Ungeduld zu erliegen. Die Lehren der Geschichte würden sich für mich lohnen.

Im Lesesaal begegnete ich einer Vielfalt von Individuen mit kaputten Reißverschlüssen an den Hosen und Fettflecken auf den Sweatshirts. Als ich sah, daß sie in das *Wall Street Journal* vertieft waren, wußte ich, daß uns ein gemeinsames Interesse verband. Eines dieser Individuen knirschte eigenartig mit den Zähnen, während es die Börsennotierungen studierte. Ein anderes breitete verrostete Armbanduhren vor sich aus und begann trotz des BITTE RUHE-Schilds, „Way Down Upon the Swanee River“ zu singen. Ich fragte den Mann, wo er investieren würde, und er murmelte „Key Pharmaceutical“, eine Aktie, die seither beachtlich gestiegen ist.

In den meisten Büchereien lungern Leute herum, die gut informiert sind und den Markt studieren. Nach meinen Beobachtungen fehlt es den meisten an Kapital. Ich kam zu dem Schluß, daß es sich um ehemalige Investoren handelte, die meine vorhergegangenen Verfahren (teuer kaufen, billig verkaufen, ungefähr kostendeckend arbeiten) bis zum bitteren Ende angewendet hatten: sie schliefen auf der Straße, ernährten sich aus Abfalleimern und verbrachten ihre Tage im Lesesaal.

Ich hätte mich noch länger mit ihnen unterhalten können, aber ich fürchtete mich vor den Auswirkungen eines intensiveren Kontakts, und so schottete ich mich hinter den Bücherregalen ab. Dort arbeitete ich mich durch die gesamte Finanzgeschichte hindurch, mit mehr als 200 Büchern zum Thema Investitionen. Einige Werke gehen dabei bis ins 19. Jahrhundert zurück. Titel, an die ich mich noch erinnere, sind unter anderem *The Art of Investing* (1888), *Playing the Game* von Zebediah Flint (1918), *Reminiscenses of a Stock Operator* von Edwin Lefevre (1923), *Test, Then Invest* von einem unbekannten Autor (1927) und *The Common Sense of Money and Investments* (1929) von Merryle Rukeyser, dem Vater der heutigen TV-Berühmtheit.

Es gab einige Bücher, die Frauen ansprachen; das erwähnenswerteste darunter ist *What Every Woman Should Know About Investing Her Money* (1968) von Herta Hess Levy, dem Klappentext zufolge „eine ausgesprochen feminine aber hochprofessionelle Brokerin." Ebenfalls für Frauen geschrieben war *How to Lay a Nest Egg* (1950) von Edgar Scott. „Ist der Aktienmarkt nun wie ein Supermarkt?" stellt er darin die rhetorische Frage.

Aus diesen und einigen anderen Büchern erfuhr ich ein paar wichtige Dinge über meine Kleinanlegervorfahren. Die erste Börse eröffnete 1602 in Amsterdam, doch gibt es keine Beweise dafür, daß die breite Masse dort mitmischte. Diese Leute waren damit beschäftigt, Tulpenzwiebeln aufzukaufen. Tulpenzwiebeln galten als die erste Investitionsmöglichkeit für die breite Masse, was zum unglückseligen Tulpenzwiebel-Crash führte. Im Jahre 1688 investierte der Durchschnittsengländer inzwischen in Sonnenblumenöl und den Import von spanischen Eseln. Die South Sea Company hatte um 1700 viele Kleinaktionäre, die gemeinsam den Marktwert der Aktien derart in die Höhe trieben, daß er das gesamte Bargeld, das in Europa im Umlauf war, um ein Fünffaches überstieg. Ein anschließender Kollaps inspirierte zu einem Absatz im Bubble Act von 1720, in dem die Bildung neuer Korporationen beschränkt wurde.

Das englische Unterhaus verabschiedete 1721 eine Verordnung, die den Verkauf von Aktien gänzlich verbot, und 1733 gab es einen zweiten Versuch, „alle Wetten mit Aktien und Wertpapieren für ungültig zu erklären". Das ist offensichtlich nicht gelungen, da 1762 die Londoner Börse errichtet wurde. Das Wort „Wette" verschwand schon bald aus dem Vokabular und wurde durch den beruhigenderen Begriff „Investition" ersetzt, der auch heute noch gebräuchlich ist. Inzwischen war von den Schotten das Bankwesen für die breite Masse erfunden worden.

Soweit zu den europäischen Vorläufern. Die erste amerikanische Investition, die populär wurde, war der Schuldschein, eine Tatsache, die uns nicht überraschen sollte. Im 18. Jahrhundert kauften unsere Pionierinvestoren Kriegsobligationen. Von dort aus ging es weiter zu nationalen Bankobligationen, von Bankobligationen zu Versicherungsobligationen, von Versicherungsobligationen zu öffentlichen Obligationen, von öffentlichen Obligationen zu Bergbau- und Ölobligationen, von Ölobligationen zu Industrieobligationen, mehr oder weniger in dieser Reihenfolge.

Aktien wurden bereits im 18. Jahrhundert in den USA verkauft. Die erste bekannte Aktie wurde von der Bank of North America emittiert, die bedauernswerterweise 1792 bankrott ging. Bis 1818 wurden bereits 29 verschiedene Aktienwerte in den Kaffeehäusern gehandelt, die als New Yorker Börse fungierten. Zehn dieser Aktien waren von Banken ausgegeben worden. In den dreißiger Jahren des 19. Jahrhunderts gab es dann bereits Versicherungsaktien, woran sich Eisenbahnaktien, Ölaktien und Bergbauaktien anschlossen.

Seit den Anfängen der Börse hat es zahllose Haussemärkte und Baissemärkte gegeben, die auch als „swimming Markets" und „sick Markets" bekannt waren. Diese kann man wie folgt zusammenfassen: Es gab die Hausse von 1781, den Kollaps von 1792, die Panik im Jahr 1837 und erneut im Jahr 1857, die Baisse 1877, die der Hausse von 1881-85 wich, die „unbekümmerten Karnevals der Üppigkeit" in den Jahren 1892 und 1906, die Zusammenbrüche von 1893, 1903 und 1907, den Aufschwung 1919, die Rezession 1920, den Tiefpunkt 1921, den sogenannten Crash von 1929, den Tiefpunkt von 1932, den allgemeinen Aufwärtstrend bis 1949, die fetten 1950er Jahre, den Tiefpunkt

1962, das Hoch 1969, das Tief Anfang der 1970er, den allmählichen Aufschwung Ende der 70er bis in die 80er Jahre hinein, bis hin zur heutigen größten Haussedekade, die es jemals gab.

Als ich mich mit diesen Märkten beschäftigte, fiel es mir sehr schwer, herauszufinden, wie viele Personen worin investierten und zu welchem Zeitpunkt das geschah. Eigenartigerweise wird alle paar Jahrzehnte verkündet, daß die breite Masse „vor kurzem die Börse entdeckt habe." Es hat bereits seit dem 18. Jahrhundert eine kontinuierliche Aufeinanderfolge dieser Entdeckungen gegeben, als jedermann Kriegsanleihen kaufte. Siebzig Jahre später im Jahr 1848 berichtet ein Buch mit dem Titel *Stock Jobbing on Wall Street,* daß die breite Masse endlich auch begonnen habe, ihr Geld anzulegen. 1906 verkündet die Zeitschrift *World's Work,* daß Kleinanleger seit kurzem zur „Hauptstütze des Marktes" geworden seien. Zwanzig Jahre nach dieser Verkündigung bemerkte Rukeyser Senior, daß „Broker erstmals an jedermann verkaufen." Weitere dreißig Jahre später, im Jahre 1956, feierte die New York Stock Exchange die Geburt des „Volkskapitalismus" und Merrill Lynch brüstet sich damit, die Wall Street für jedermann zugänglich gemacht zu haben. Mitte der 60er Jahre wurde die Wall Street erneut den unerfahrenen breiten Massen vorgestellt, die jetzt als „donnernde Herde" bekannt waren.

Was ich gelesen hatte, überzeugte mich davon, daß die breite Masse offensichtlich von Anfang an, mal mehr und mal weniger, mit Aktien und Obligationen spekuliert hatte. Niemand schien sich jedoch für länger als zehn Jahre daran zu erinnern. Ob es wohl so etwas wie eine Investorenamnesie gibt? Menschen, denen während eines Erdbebens, Unfalls und so weiter etwas Schreckliches widerfahren ist, entwickeln wohltuende Gedächtnislücken, die sie solange schützen, bis sie wieder kräftig genug sind, um die Realität zu ertragen. Frauen würden sich andernfalls vielleicht weigern, Kinder zu bekommen, wenn sie nicht die Schmerzen einer vorangegangenen Geburt vergessen könnten. Ob es sich bei Investoren ähnlich verhält? Ob sie allesamt die Erinnerung an vorangegangene Verluste auslöschten, nur um wieder in den Markt einzusteigen und den Vorgang zu wiederholen?

Auf der anderen Seite erfuhr ich allerdings auch, daß der Kleinanleger mit der Zeit immer besser informiert ist, geschickter wird, klügere Entscheidungen trifft und sich immer mehr vor Heuchelei und Übertreibung hütet. Seinem Vorgänger aus der vorangegangenen Ära war das noch nicht gelungen. Dieser wurde unweigerlich manipuliert, abgesägt und hereingelegt, und verlor durch seine eigene Ignoranz sehr viel Geld. Wenn man einige Ausgaben von Wall Street-Büchern durchgegangen ist, dann könnte man schwören, daß sich die Erfahrenheit der Investoren seit Mitte des 19. Jahrhunderts stetig verbessert hat.

In dem Buch *The Art of Investing,* das ein New Yorker Broker namens Hume 1888 geschrieben hat, spricht der Autor von „gaunerhaften Transaktionen", „wilden Spekulationen", „einem Spiel, das für Gelegenheitsspieler reserviert ist", „schändlichen Geschichten" und „zahlreichen Betrügereien", die in den 70er Jahren des 19. Jahrhunderts überhand nahmen und von der erfahrenen und sparsamen breiten Masse in den 80er Jahren des 19. Jahrhunderts leicht durchschaut wurden. Im Mai 1921 gratulierte die brandneue Zeitschrift *Barron's* der Wall Street zu ihrem respektablen, einwandfreien Handel, der das pure Gegenteil zu den schändlichen alten Tagen der „Gould-Häuser, Vanderbilt-Häuser, Tammany-Häuser" war. Als die SEC in den 30er Jahren des 20. Jahrhunderts die Finanzindustrie reformierte und viele strafbare Praktiken erstmals abschaffte, wurde die Wall Street noch einmal zu einem respektablen Anlageort.

Durch die 50er Jahre hindurch und bis in die 60er Jahre hinein wurden fortlaufend Hinweise dazu veröffentlicht, wie gut informiert und höchst erfahren die Kleinanleger doch geworden seien. Dank Brokerberichten, Zeitschriften und technischer Hilfe, die selbst dem unbedeutendsten Kleinaktionär zur Verfügung standen, war es unwahrscheinlich geworden, daß die donnernde Herde auf Gerüchte, krasse Spekulationen oder dumme Geschichten hereinfallen würde. Derselbe Aufwärtstrend wurde in den 70er und wiederholt in den 80er Jahren verzeichnet, als der Heimcomputer dem Kleininvestor schließlich dieselben Ausgangsvoraussetzungen bot wie dem Fachmann. Ich hielt das alles für gute Nachrichten.

Inzwischen hatte sich die Definition für eine seriöse Geldanlage – also ein Investment statt eines Glücksspiels – beachtlich verändert. Dieser Punkt interessierte mich besonders, da ich immer der Meinung war, daß die Aktie stets einen guten Ruf hatte. Als ich herausfand, daß die Aktie einst den gleichen miserablen Ruf hatte wie heute die sogenannten Penny-Stocks, das Termingeschäft und die Option, war ich sehr überrascht. In den 20er Jahren riet man der breiten Masse der Investoren, die man damals „die Witwen und Waisen“ nannte, gänzlich davon ab, Aktien zu kaufen. Das *Barron's* veröffentlichte ein „Witwen- und Waisen-Modellportefeuille“, das fast nur aus Anleihen bestand. In der Maiausgabe der Zeitschrift *World's Work* aus dem Jahr 1917 wurden in einem Artikel, der erklären sollte, wie man derzeit am besten vorgeht, ausschließlich Anleihen empfohlen.

Aktien, die eine Dividende ausschütteten, waren etwas mehr angesehen, aber im Grunde wurde die breite Masse vor beiden Varianten gewarnt. In der zweiten Maiausgabe von 1921 vertrat die Zeitschrift Barron's die Auffassung, daß „die General Motors Aktie nicht als Investition betrachtet werden kann“. Nur selten verteidigte eine verantwortungsbewußte Person eine Aktie, vor allem in Gesellschaft der Verlierer wurde dies vermieden.

Unglücklicherweise erlangten Aktien ausgerechnet im Jahre 1929 endlich genug Ansehen, um in das Durchschnittsportefeuille aufgenommen zu werden. (Wenige Tage vor der berühmten Katastrophe hatte das *Barron's* spekuliert, daß „1929 wahrscheinlich das beste Geschäftsjahr werden wird, welches die USA je erlebt haben“, eine Aussage, die einige Zweifel an der allgemeinen Glaubwürdigkeit des Magazins aufwirft. Es wurde mir jedoch versichert, daß die Redaktion sich seit damals einige Male erneuert hat.)

Aufgrund der kläglichen Leistung vieler Wertpapiere, die 1929 gekauft wurden, verloren die Aktien im allgemeinen schnell ihren neuerworbenen guten Ruf und wurden zu unsicheren Glücksspielen, denen 90 Prozent der Amerikaner und Amerikanerinnen in den 30ern und bis in die 40er Jahre hinein mißtrauten. Erst in den 50er Jahren gewannen Aktien Schritt für

Schritt wieder an Ansehen. Heute betrachtet man sie erneut als makellose Dokumente, die selbst für Witwen und Waisen angemessen sind. Termingeschäfte und Optionen sind die wilden Glücksspiele der Gegenwart, und ich schärfte mir ein, die Finger davon zu lassen.

Während ich all diese Informationen in der Bücherei zusammentrug, galt meine besondere Aufmerksamkeit den Berichten über den Börsenkrach. Jeder ernsthafte Investor muß sich mit diesem entmutigenden Ereignis befassen, um besser gewappnet zu sein, falls es noch einmal passieren sollte. Daher ist es mir eine ungeheuere Erleichterung, Ihnen mitteilen zu können, daß sich der Börsenkrach in Wirklichkeit nie ereignet hat! Eigentlich handelte es sich beim Crash von 1929 um eine ziemlich langatmige Korrektur, weshalb ich bisher immer vom sogenannten Crash gesprochen habe.

Vielleicht hat uns die Tatsache, daß ein paar Unglückliche aus ihren Fenstern gesprungen und geradewegs auf den Bürgersteig hinabgestürzt sind, den Eindruck vermittelt, daß am gleichen Tag die Börse geradewegs abgestürzt war. In Wahrheit hat sich folgendes ereignet: Einige Wochen vor dem Schwarzen Freitag, über den sich alle Welt so aufregte, hatte der Markt bereits kontinuierlich nachgelassen. Tatsächlich waren die Aktienkurse seit dem Hoch des Dow Jones Industrials von 381,17 am 3. September langsam abgefallen. In der Woche vom 21. Oktober fiel der Dow Jones um 28,82 Punkte, einem höheren Wert als im Falle der 24,90 Punkte, die am 28. Oktober angeblich die Wall Street ruinierten. Der 28. Oktober war vielmehr einer von vielen aufeinanderfolgenden schlechten Tagen.

Sogar nach wochenlangen wohlbekannten Schwierigkeiten besaß das *Barron's* immer noch genügend Optimismus, um folgende Überschrift abzudrucken: EIN LESER FRAGT, IST ALLIS CHALMERS ZU $ 56 NOCH ATTRAKTIV? und: SIND HÖHERE GEWINNE BEI DU PONT WAHRSCHEINLICH? Bis zum November desselben Jahres war der Dow Jones auf 273,51 abgerutscht. Das bedeutete einen 39prozentigen Verlust innerhalb von zwei Monaten und unbestreitbar einen beachtlichen Abfall.

Woran wir uns nicht erinnerten, war die Kurserholung am Ende des Jahres, von der im *Barron's* als „Der sensationelle Aktienaufschwung“ berichtet wurde. Bis zum 30. Dezember 1929 befand sich die Börse wieder in einem freudigen Aufwind und war dabei, ein Drittel ihrer Verluste aufzuholen. Das Vertrauen war ausreichend wiederhergestellt und der sogenannte Crash konnte durch die Meldung KRISE IN SÜDAMERIKANISCHEN ANLEIHEN von der Titelseite des *Barron's* gekippt werden.

Es sollte uns sehr beruhigen, daß es nach dem vermeintlich katastrophalen 29. Oktober immerhin drei Jahre dauerte, bis der Dow Jones einen neuen Tiefstand erreichte. Die investierende breite Masse hatte genug Zeit, um ihre Wertpapiere zu verkaufen und einen normalen Rückschlag zu erleiden, was im Höchstfall 50 Prozent bedeutete. Und manche Leute, die die Courage besessen hatten, ihre Papiere zu halten, konnten miterleben, wie ihre Anlagen stark zulegten und heute sehr viel mehr wert sind als 1929. Das bringt mich zu meinem guten Rat Nummer Fünf:

„Des einen Crash ist des anderen Korrektur.“

7

Einige praktische Ratschläge

Vielleicht war ich etwas von meinem Kurs abgedriftet. Ich war nicht in die Bücherei gekommen, um Geschichte zu studieren. Ich war in die Bücherei gekommen, um zu studieren, wie ich reich werden konnte, und hatte drei Regalwände voll mit hilfreichen Anleitungsbüchern zu diesem Thema vorgefunden. Ich blätterte ein Buch nach dem anderen durch, ignorierte spezielle Vorschläge für Käufe oder Verkäufe und versuchte, mich auf die allgemeinen Prinzipien des Geldanlegens zu konzentrieren. Diese lagen in den Grundregeln, die in jahrzehntelangen empirischen Methoden erprobt und von verschiedenen Experten freundlicherweise weitergegeben worden waren.

Das erste Buch, nach dem ich griff, war Gerald Loebs *Battle for Investment Survival*. Es war nach der Korrektur von 1929 veröffentlicht und vor kurzem neu aufgelegt worden. Herrn Loebs Buch wird auch als die Bibel des Kleinanlegers bezeichnet, und das ist sehr glaubwürdig, da man von Herrn Loeb selbst weiß, daß er Millionen an der Börse verdient hat.

Ich hatte Herrn Loeb Ende der 60er Jahre persönlich getroffen und bedauere, daß ich damals nicht soviel Verstand hatte, ihm seine Ideen aus der Nase zu ziehen. Das war zu der Zeit, als einige unter uns noch nicht erkannt hatten, daß sie reich werden wollten und gutgemeinte Ratschläge, die sich oft anboten, vermieden. Heute, zwanzig Jahre später, mußte ich Herrn Loebs Rat aus zweiter Hand in der Bücherei einholen. Das war eine traurige Situation, aber ich tröstete mich damit, daß Herr Loeb mir wohl unter vier Augen auch nicht mehr anvertraut hätte, als er Millionen von Lesern öffentlich mitgeteilt hat.

Herr Loeb kann nicht oft genug betonen, wie wichtig es ist, immer nur eine Investition auf einmal zu tätigen und damit auszuharren. „Am sichersten ist es, alles auf eine Karte zu setzen, und diese dann zu beobachten", sagt er. Er beginnt sein Buch mit dieser Regel und befürwortet sie dann liebevoll auf vielen Seiten, mit Beispiel auf Beispiel an unwiderlegbaren Beweisen. Seiner Meinung nach versuchen die meisten Investoren, ihre Anlagen zu diversifizieren und ihr Geld zu streuen. Dadurch steigt eine Sache immer, während eine andere fällt, und das beste Ergebnis, das wir auf diese Art und Weise erzielen können, ist, daß wir kostendeckend arbeiten.

Herr Loeb argumentiert hier so intelligent, daß ich am Ende des ersten Kapitels überzeugt war, daß Diversifikation der Grund für meine früheren Schwierigkeiten war. Postwendend beschloß ich, meinen Gesamteinsatz von $ 16.500 in das erste lohnenswerte Angebot, das mir begegnen würde, zu investieren.

An dieser Entscheidung hielt ich so lange fest, bis ich Herrn Loebs Buch ausgelesen hatte und *Money Angles* von Andrew Tobias aufschlug. Es ist schon ein eigenartiges Gefühl, wenn man von einem Mann, der bereits *The Only Investment Guide You'll Ever Need* („Der einzige Investment-Ratgeber, den Sie je brauchen werden") geschrieben hat, nun einen neuen Investmentführer in Händen hält. Aber Herr Tobias ist ein kluger Kopf, und man sollte ihm zugestehen, daß er seine Meinung ändert. Auf Seite 23 in *Money Angles* bietet Herr Tobias den Lesern seine erste strenge Regel – „Kaufe billig, verkaufe teuer" –, die ich zugunsten des Gegenteils immer ignoriert hatte. Auf Seite 25 erteilt er dann seine zweite strenge Regel – „Diversifizieren". „Es ist schon bemerkenswert, wie viele Feiglinge unter uns wohl eher aus Versehen ihre größten Trümpfe an einer ganz bestimmten Stelle haben – Sie wissen schon, wo", schreibt Herr Tobias.

Das war genau das Gegenteil zu Herrn Loebs Standpunkt. Ich hätte diese Tatsache vielleicht ignorieren können, aber Herr Tobias liefert Beispiel auf Beispiel an unwiderlegbaren Beweisen. Er erzählt so viele Horrorstories über Aktien und Obligationen, die unerwartete Fehlschläge erlitten, von Firmen, die plötzlich pleite machten, von Anlegern, die ihre Lebensersparnisse durch eine einzige Fehlinvestition verloren haben, so daß Herrn Loebs Alles-auf-eine-Karte-Theorie nicht nur verrückt, sondern selbstmörderisch erschien. Ich schwor mir auf der Stelle, daß ich mit meinem Geld auf mehrere Karten setzen würde.

Nachdem ich *Money Angles* an seinen Platz zurückgestellt hatte, blätterte ich wie wild in Dutzenden anderer „Wie man ...“-Ratgeber herum, immer auf der Suche nach weiteren Anleitungsprinzipien, die von Experten des Formats eines Herrn Loeb oder Herrn Tobias geboten wurden. Um Ihnen die gleichen Mühen zu ersparen, habe ich meine Ergebnisse in der folgenden Auflistung zusammengefaßt. Sie bietet einen verständlichen Überblick über alle zeiterprobten Investitionsregeln, ausgegeben von den klügsten Köpfen der Wall Street. Zugunsten einer besseren Übersicht und leichteren Verständlichkeit habe ich die Regeln paarweise angeordnet:

1. Sei geduldig, vermeide jede Panik.
2. Sei vorsichtig und immer auf dem Sprung.

3. Sei flexibel und ändere schnell die Richtung.
4. Sei standhaft, folge dem einmal eingeschlagenen Kurs, hab' Vertrauen in deine Ideen.

5. Verkaufe nie zu früh.
6. Es ist nie zu früh, um zu verkaufen.

7. Laß deine Gewinne laufen.
8. Verringere deine Verluste und nehme Gewinne mit, so schnell du kannst.

9. Investiere langfristig, kurzfristige Investitionen sind unberechenbar.
10. Investiere kurzfristig, langfristige Investitionen sind unberechenbar. „Kurzfristige Investitionen sind die sicherste Form der Spekulation, die es gibt“, sagt Herr Loeb. „Langfristig gesehen sind wir alle tot“, sagt Herr Keynes. Es handelt sich dabei um John Maynard Keynes, den berühmten Ökonomen und kurzfristigen Spekulanten, der langfristig betrachtet seinen Standpunkt bewiesen hat.

11. Riskiere nie, was du nicht entbehren kannst.
12. Ein großes Risiko ist der Schlüssel zu einem großen Gewinn. Spekuliere mit bedeutenden Einsätzen.

13. Kaufe, wenn die Experten optimistisch sind.
14. „Verkaufe, wenn die Experten optimistisch sind." Dieser Ausspruch stammt von Benjamin Graham, dem Autor von *The Intelligent Investor*.

15. Kaufe, wenn die Kurse niedrig sind und nur noch steigen können.
16. Kaufe, wenn die Kurse hoch sind; sie werden weiter steigen.

17. Setze dir bestimmte Ziele.
18. Beschränke dich nicht durch künstliche Maßstäbe.

19. Lerne soviel du kannst. Der unwissende Investor ist ein sicherer Verlierer.
20. Lerne nichts, denn *etwas* Wissen ist gefährlich. „Sollten Sie versuchen, ein bißchen Extrawissen auf Ihr Investitionsprogramm anzuwenden, werden Sie bald feststellen, daß Sie dadurch schlechter abgeschnitten haben." Soviel von Herrn Graham.

21. „Sind die Dinge unklar, tue nichts" – Herr Loeb.
22. „Nichts ist selbstmörderischer als eine rationale Investment-Methode in einer irrationalen Welt." Soviel von Herrn Keynes.

Sicherlich sind Ihnen einige oder alle der soeben aufgeführten Investitionsregeln schon in Zeitungen oder Wirtschaftsmagazinen begegnet, wo sie sich häufig wiederholen – allerdings nicht in einer paarweisen Anordnung. Als ich die Regeln nacheinander las, war ich tief beeindruckt von der ungewöhnlichen Toleranz, die wir für unterschiedliche Tips in Sachen Geldanlage haben.

Mir fiel kein anderes Thema ein, weder aus der Kunst noch aus der Wissenschaft, wo sich die Anleitungsprinzipien derart hundertprozentig widersprechen und dennoch von ein und demselben Publikum gleichermaßen geachtet werden. Nur in Diät- oder Gesundheitsbüchern findet sich eine entfernte Ähnlichkeit. Die Käufer von Diätbüchern können zuhauf Wissenschaftstheorien tolerieren, die sich widersprechen, ohne dabei auch nur ein Gramm abzunehmen. Vielleicht läßt sich dasselbe ja auch über die Konsumenten von Investitionsratschlägen sagen, die immer noch auf einen Gewinn warten.

Gab es denn kein Prinzip, auf das sich die Wall Street-Experten in gedruckter Form einigen konnten? Tatsächlich fand ich nur das Folgende: „Der Kleinanleger liegt immer falsch.“ Ich war sehr überrascht, daß diese Erkenntnis genau in den Büchern, die uns ihre Hilfe anbieten, so offen zugegeben wurde. Herr Tobias verkündet sofort auf einer der ersten Seiten, daß die meisten Menschen an der Börse das Nachsehen haben und es genau diese 95 Prozent sind, durch die die anderen fünf Prozent reich werden, und so weiter. Und dann empfiehlt er uns 95 Prozentern auf den 200 folgenden Seiten, daß wir frohen Mutes Aktien kaufen sollen! Herr Loeb bezeichnet den Kleinanleger zwischen seinen Vorschlägen immer wieder als hoffnungslosen Fall. Er empfiehlt sogar sein Lieblingsbuch – *Extraordinary Popular Delusions and the Madness of Crowds*, das Mac Kay 1841 geschrieben hat – als Beweis dafür, daß die Massen immerfort auf dem falschen Weg sind. Benjamin Graham platzt in der Einführung zu einem Investmentsystem, das er popularisieren möchte, mit folgender Erkenntnis heraus: „Genau dann, wenn ein System populär geworden ist, hört es auf, reibungslos zu funktionieren.“

Es gibt noch zahlreiche andere Beispiele, aber es lohnt sich nicht, noch mehr Platz dafür zu verschwenden. Ich war tief davon beeindruckt, daß jede weitere Lektüre zweifelsohne sinnlos geworden war, denn alle Investitionsratgeber sind ja darauf aus, Bestseller zu schreiben. Laut Grahams Definition verurteilt die Popularität jedoch ihren Rat zum Scheitern. Hätte ich das früher erkannt, hätte ich nicht zwischen den Bücherregalen campiert.

Wem sollte der Kleinanleger dann noch glauben? Als ich beinahe die Hoffnung auf eine Antwort aufgegeben hatte, entdeckte ich einen Börsenbrief namens *Street Smart Investing*, in dem der Herausgeber, ein Herr Kiril Socoloff, vorschlägt, wie man mit hundertprozentiger Sicherheit durch Investitionsbestseller reich werden kann: „Lesen Sie sich den Ratschlag durch und tun Sie genau das Gegenteil!“ Herr Socoloff überprüfte seine Theorie am gesamten zurückliegenden 20. Jahrhundert und kam dabei zu folgendem Schluß:

In den frühen 20er Jahren schrieb Edgar Lawrence Smith ein Buch mit dem Titel *Common Stocks as Long-Term Investments*. Dieses Buch wurde während der gesamten Periode, in der es ratsam gewesen wäre, Aktien zu kaufen, ignoriert. 1929 wurde es dann urplötzlich zum Bestseller. Das passierte im gleichen Jahr, als die Experten die populäre Blue Chip-Theorie befürworteten, die besagte, daß die Kurse ohne Ende steigen würden und es so etwas wie eine Börsenschwäche nicht gebe.

In der ganzen Periode zwischen 1932 und 1967, welche generell eine phantastische Zeit war, um Aktien zu kaufen, schaffte es nicht ein einziges Investmentbuch zum Bestseller. Es gab keinen Börsenbestseller, bis 1968 Adam Smiths *Money Game* erschien, wonach die Börse prompt ihren Höhepunkt erreichte und dann kollabierte. Harry Browne machte 1974 mit seinem Buch *You Can Profit from a Monetary Crisis* die Hälfte seiner Leser zu Goldhamsterern und anschließend kam es zu einem massiven Rückgang der Goldpreise. Der Goldpreis erholte sich erst, als es auf den Bestsellerlisten keine Bücher mehr dazu gab und die Leser sich mit dem Thema langweilten. Dann schoß der Goldpreis auf $ 800 pro Unze.

Zu Beginn der 80er Jahre prognostizierten einige nationale Bestseller eine immerwährende hohe Inflation (am bemerkenswertesten darunter Howard Ruffs *How to Prosper During the Coming Bad Years*) und boten den Lesern intelligente Gegenmaßnahmen, um ihren Reichtum zu schützen. Laut Herrn Socoloff war dieser Trend ein sicheres Zeichen dafür, daß die Inflation nachgelassen hatte und die Gegenmaßnahmen (Gold-, Silber- und Rohstoffkäufe) sich als höchst unprofitabel erweisen würden. Etwas später im gleichen Jahrzehnt erschien Jerome Smiths unglaublich populäres Buch *The Coming Currency Collapse*, ein erschreckend rationales Werk über den totalen Kollaps des amerikanischen Dollars. Gerade als mehrere Auflagen davon restlos vergriffen waren, trat der Dollar in seine bemerkenswerte dreijährige Hausse ein.

Megatrends, der Favorit des Sommers 1983, prophezeite den Triumph der Hochtechnologie und erklärte die Schornstein-Industrie für tot. Während das Buch außerordentlich großen Anklang fand, gab es eine echte Depression in der Mikrochip- und Computerindustrie und hohe Verluste bei den Technologieaktien, während die Schornstein-Industrie wieder auflebte.

Nun war ich einer Taktik auf die Spur gekommen, die mir idiotensicher erschien. Da ich mich selbst zu den Kleinanlegern zählte, würde ich ganz einfach immer das Gegenteil dessen tun, was mir als profitabel auffiel. Diese Idee war so aufregend, daß ich Herrn Socoloff im Flüsterton dankte und dann schnell meinen guten Rat Nummer Sechs notierte:

»Wenn du denkst, es ist richtig, dann ist es falsch – und umgekehrt.«

So schnell wie mögliche eilte ich von der Bücherei nach Hause in mein Schlafzimmer, wo ich die nächsten Tage damit verbrachte, das Financial News Network im Fernsehen zu verfolgen. Mit höchster Konzentration wartete ich darauf, von einer Sache überzeugt zu werden, so daß ich genau das Gegenteil tun könnte. Die Symbole auf dem Tickerband, die ständig über den unteren Rand des Bildschirms zogen, versetzten mich in den üblichen semihypnotischen Zusand und erhöhten meine Empfänglichkeit für Anlagetips. Schon bald erklärte ein Mann eines Investmentservices aus Colorado, daß wir in eine deflationären Periode zürückkehren würden. Da ich absolut davon überzeugt war, daß er recht hatte, sprang ich auf und suchte meine Frau, um ihr mitzuteilen, daß die USA in eine inflationäre Periode einträte und wir in Gold, Rohstoffe und andere handfeste Dinge investieren sollten.

Ich setzte mich wieder vor den Bildschirm, aus dem mir eine halbe Stunde später ein Ökonom erklärte, daß wir uns tatsächlich auf dem Weg in eine inflationäre Periode befänden. Schon bald würde es eine Kreditkrise geben und die Regierung müßte sich ihren Weg aus den Schulden herausinflationieren. Für mich konnte das nur heißen: Deflation. Ich paßte meine Frau nochmals ab, um ihr zu berichten, daß ich meine Meinung geändert hatte. Da meine erste Zielgruppe nun auf verlorenem Posten stünde, hätte ich beschlossen, mein Geld in Wertpapiere wie zum Beispiel Anleihen zu investieren. Ich schlug ebenfalls vor, daß wir unser Haus verkaufen und statt dessen zur Miete wohnen sollten.

In diesen wenigen angespannten Tagen war ich davon überzeugt, Gold zu kaufen, da ich gehört hatte, es würde fallen; Gold zu verkaufen, da ich gehört hatte, es würde steigen; in eine Börse zu investieren, die für einen zehnprozentigen Rückfall reif war; aus einer Börse auszusteigen, die für einen zehnprozentigen Aufstieg reif war; Penny-Stocks aufgrund ihrer außerordentlichen Popularität zu widerstehen; Federal Express-Aktien aufgrund ihrer außerordentlichen Unpopularität zu kaufen; auf europäische Devisen umzusteigen, da Europa an Glaubwürdigkeit verlor; und ganz besonders Zucker zu kaufen, da ich erfahren hatte, daß der Kurs einbrechen würde.

Es ist gar nicht so einfach, wie man denkt, gegen die eigene Überzeugung zu handeln. Ungefähr eine Woche, nachdem ich mir dazu gratuliert hatte, auf die Methode des konträren Handelns gestoßen zu sein, erfuhr ich auf dem gleichen Fernsehkanal, daß das konträre Handeln immer populärer werden würde. Tatsächlich wäre konträres Handeln mittlerweile für jedermann zur bevorzugten Strategie geworden. Ein Ratgeber namens Treadway tauchte auf dem Bildschirm auf und verkündete, daß der konträre Handel so überhand nahm, daß der wahre Anhänger des konträren Handelns diesem nicht länger folgte. Herr Treadway sagte, daß er selbst damit aufgehört habe, konträr zu handeln, nur um den konträre Handel der Masse zu vermeiden.

Das bedeutete, um wahrhaft konträr zu handeln, müßte ich konträr gegen mein konträres Handeln vorgehen – oder mit anderen Worten ausgedrückt, Gold kaufen, wenn ich der Meinung war, es würde steigen, oder Anleihen vermeiden, wenn ich der Meinung war, sie würden fallen. Inzwischen war ich vollkommen durcheinander und hatte noch absolut nichts gekauft. Da hatte ich eine Finanzplanung zugunsten meiner eigenen Nachforschungen abgelehnt, und meine eigenen Nachforschungen hatten mein logisches Denkvermögen gelähmt. Und mein Geld lag immer noch zu einem kläglichen Zinssatz bei der Sparkasse auf Eis. Ich entschied, daß ich Hilfe benötigte, und diese aus einer vertrauten Quelle erhalten könnte: dem Makler vor Ort.

8

Auf der Suche nach einem Broker

Ich hatte früher bereits einige Broker gehabt. In der Tat ist mein Brokerverschleiß mindestens ebenso hoch wie der Präsidentenverschleiß in lateinamerikanischen Palästen. Sowohl in lateinamerikanischen Ländern wie auch im Investment wird ständig das Gefühl am Leben erhalten, daß die Dinge sich verbessern könnten. Erreicht wird dies durch das ständige Kommen und Gehen von Autoritäten, die bessere Zeiten versprechen, versagen und hinausgeworfen werden, nur um durch neue Autoritäten ersetzt zu werden.

Meinen vorvorletzten Broker, dessen Namen ich ganz gerne vergessen möchte, hatte ich wärmstens von einem meiner Freunde empfohlen bekommen. Zuerst war mir dieser Broker viel sympathischer als seine Vorgängerin, die Brokerin meines Schwagers, die ansich selbst sehr liebenswert gewesen war bis zu dem Reinfall mit Ramada Inn, das keine Casinolizenz erhielt. Mein vorvorletzter Broker blieb liebenswert bis zum Absturz von Sykes Datatronics und Anacomp. Während der unglaublichen Hausse im Sommer 1982 genoß er seinen Urlaub in den Wäldern Vermonts und kehrte gerade rechtzeitig an seinen Schreibtisch zurück, um uns zu Höchstpreisen einzukaufen. Von da an bewegte sich das eheliche Guthaben für viele Monate nach unten.

Gegen Ende 1983 prognostizierte dieser Broker für die erste Hälfte des Jahres 1984 sehr gute, für die zweite Hälfte dagegen sehr schlechte Aussichten. Bis Juni 1984 hatte sich nichts Erquickliches ereignet. Ich erinnerte mich an seine Worte und fragte ihn, was denn schieflaufe. „Ich habe mich geirrt, ich habe die Dinge exakt verdreht", sagte er. „Die erste Hälfte des Jahres war die schlechte Phase und die zweite Hälfte wird sich hervorragend entwickeln." Am Ende des Jahres war keine der Hälften hervorragend gewesen, zumindest nicht für mich und meine Frau. Als wir den Broker erneut mit Fragen bestürmten, erklärte er uns, daß es schwierig sei, den Markt zu bestimmen, da sehr viele Investoren ihr Geld per Telefon zwischen den offenen Fonds hin- und herbewegten.

Es fiel mir immer schwer, meinen Brokern gegenüber meinen Ärger offen zu zeigen. Ich konnte einen Angestellten anschreien, der mich um ein paar Cent Wechselgeld beschummeln wollte, oder einen Handwerker, der eine Rechnung mit ein paar zusätzlichen Dollars auspolsterte, aber ich zögerte, dem Broker gegenüberzutreten, der mir gerade Hunderte von Dollars verloren hatte, als ob ich selbst daran schuld sei, daß die Börse gefallen war. Den vorletzten Broker traute ich mich nicht einmal anzurufen. Je mehr die Kurse einbrachen, desto feuchter wurden meine Hände, desto mehr wuchs der Klumpen in meinem Hals, und ich zitterte schon bei dem bloßen Gedanken, mich mit meinem Broker telefonisch auseinanderzusetzen. Ihm persönlich zu begegnen, war fast undenkbar. Es gibt keine Liebesaffäre, die neurotischere Komplikationen haben kann, als die Beziehung zwischen einem Anleger und seinem Broker. Das sollte wirklich einmal von den Psychologen untersucht werden. Es dauerte Monate, bis ich den Mut hatte, die Beziehung zu beenden.

Das war im Jahr 1985. Natürlich dachte ich, was ich bräuchte, sei ein neuer Broker. Zu diesem Zeitpunkt gab es in unserem Land 70.000 praktizierende Broker, mit anderen Worten: doppelt so viele, seit ich das letzte Mal gezwungen gewesen war, mich auf die Suche zu machen. Anstelle all der Computerläden und Friseursalons in meinem Viertel, die nicht durch eine Bank ersetzt worden waren, gab es Paine Webber- oder Merril Lynch-Filialen. Es war einfacher geworden zu jeder Tages- und Nachtzeit in Börsenfragen beraten zu werden, als eine Pizza zu kaufen.

Der Zuwachs an Brokern, der jeglichen Bevölkerungszuwachs weit übertraf, konnte zwei Dinge bedeuten. Entweder gab es Millionen neuer Investoren oder viele der alten Investoren waren auf der Suche nach besserer Beratung. Aus meiner eigenen Erfahrung heraus vermutete ich letzteres. Meine Frau und ich hatten unsere verschiedenen Broker in der Vergangenheit folgendermaßen ausgewählt: Auf einer Party trafen wir Freunde, die sich damit brüsteten, wieviel Geld sie an der Börse verdient hatten. Daraufhin notierten wir uns den Namen ihres Brokers. Am nächsten Tag fuhren wir zu Dean Witter oder eben der Firma, für die jener Broker arbeitete, um ihm oder ihr die traurigen Geschichten über unsere früheren Brokern zu erzählen, und daß wir besseres verdient hätten. Der neue Broker nickte verständnisvoll mit dem Kopf. Nach einem 15minütigen Schwatz vertrauten wir ihm unser gesamtes Geld an.

Das ist die Wahrheit und absolut üblich. Freunde von uns, die nicht einmal zwei Dollar auf einer Rennbahn riskieren würden, vertrauen ihr Erbe einem Fremden von Smith Barney an. Leute, die eine Woche brauchen, um sich für ein Möbelfurnier zu entscheiden, unterschreiben einen Vertrag beim ersten E. F. Hutton-Broker, der sie anruft. Leute, die Schrottplätze abklappern, um die richtige Kühlerhaube zu finden, steigen in offene Fonds ein, ohne die Informationsbroschüre aufzuschlagen. Leute, die das Verfallsdatum des Hüttenkäses kontrollieren, würden nicht daran denken, den Broker nach seinen Referenzen zu fragen. Sie wissen so gut wie gar nichts darüber, ob er Gewinne oder Verluste für seine Kunden gemacht hat, ob er einen Verweis erhalten hat oder verklagt worden ist oder wie lange er schon im Investmentgeschäft tätig ist.

Leute, die den Garantieschein für ihren Toaster aufbewahren, werfen die Jahresberichte der Firmen, in die sie ihre Ersparnisse investiert haben, in den Müll. Leute, die weder Freunden, Verwandten oder Psychiatern ihren Reingewinn enthüllen würden, erzählen jedem x-beliebigen Broker bereits während der ersten 15 Minuten automatisch alles.

Die Art und Weise, wie man sich für einen Broker entscheidet, hat in der Regel nichts mit Dummheit zu tun. Es hat mit dem betäubenden Effekt zu tun, den Besitz auf den Verstand hat. Schon der bloße Gedanke daran, Geld zu investieren, wirkt oft wie ein Narkotikum und schaltet automatisch jegliches kritische Denkvermögen aus.

Unser letzter Familienbroker war Richard Bermont von Drexel Burnham Lambert. Wie üblich war uns Herr Bermont von einem erfolgreichen Bekannten wärmstens empfohlen worden. Meine

Frau und ich besuchten ihn in seinem Büro im obersten Stockwerk eines modernen Wolkenkratzers – über einigen Schichten Rechtsanwaltskanzleien – mit ausgezeichneter Fernsicht. Wir bemerkten, daß Herr Bermont klein war, etwas glatzköpfig und eine Vorliebe für Hemden mit Monogramm hatte. Er saß hocherfreut in seinem Stuhl, fummelte an einem elektronischen Runenstein herum, sah auf den Hafen hinaus und machte zwischen seinen Sätzen lange Pausen – wegen des orakelhaften Effekts.

Nach einem kurzen Austausch von Scherzchen beschlossen wir, ihm unser gesamtes Geld – oder was auch immer vom ehelichen Vermögen übrig war – anzuvertrauen. Wir hatten dafür zweierlei Gründe: (1) Wir hatten noch nie ein Depot bei Drexel gehabt – obwohl wir bereits mit Paine Webber, Spear Leeds, Shearson Lehman und Prescott, Ball und Turben Erfahrung hatten, und (2) Herr Bermont machte einen netten Eindruck.

Noch bevor wir Herrn Bermonts Namen auswendig gelernt hatten, besaß er eine Aufstellung über all unsere Anlagen plus eine unterschriebene Vollmacht, um unsere Anlagen von unserem vorherigen Broker in unser neues Depot transferieren zu können. In dieser Nacht machten wir uns Sorgen, daß Herr Bermont mit unserem Geld nach Bimini abhauen würde. Ich hatte ähnliche Sorgen bereits erlebt und erkannte daher das Syndrom. Nach jedem Brokerwechsel würden wir wachliegen und uns fragen, ob der oder die neue das Geld reinvestieren oder sich heimlich damit davonmachen würde.

Obwohl wir zu Beginn meines Abenteuers erst seit ein paar Monaten mit Herrn Bermont zusammengearbeitet hatten, hatte er für meine Frau recht gute Arbeit geleistet. Tatsächlich hatte er einige Gewinne für sie erzielt. Vielleicht sollte ich erklären, warum ich das nicht früher erwähnt habe. Für mich war das eine außerordentliche Aberration, und so tat ich es kurzerhand als egozentrisches Verhalten ab. Inzwischen habe ich wenig mit den Überresten des Portefeuilles meiner Frau zu tun.

Es wäre einfach gewesen – und vielleicht klug –, mein eigenes Kapital plus aufgelaufener Zinsen in ein neues Depot bei Drexel zu transferieren und den weiteren Verlauf meines Abenteuers gemeinsam mit Herrn Bermont zu erleben. Aber das schien mir zu einfach zu sein. Außerdem war ich entschlossen, meinen Broker wohlüberlegt und gutinformiert auszuwählen – was nicht der Art entsprach, wie wir Herrn Bermont engagiert hatten.

Ich hatte ihm gegenüber niemals einen dieser Gedanken erwähnt, und ich hoffte, daß die Nachricht von meiner Suche nach noch einem anderen Broker niemals zu ihm durchdringen würde. So unauffällig wie möglich holte ich meine Erkundigungen vor Ort ein.

Meinen ersten Stop machte ich bei Thomson McKinnon am Ort, wo sich die Eingangstür in ein kleines Amphitheater hinein öffnete. Ein Publikum aus älteren Bürgern starrte gen Himmel. Die Köpfe bewegten sich unisono, als ob die Gruppe einer Tontaube nachblicken würde, die sich langsam bewegte. Statt dessen beobachteten sie ein Tickerband mit riesigen elektronischen Buchstaben. Während verschiedene Börsensymbole vorbeizogen, hörte ich einen Mann flüstern: „Schauen Sie nur diese IBM an. Die hatte ich auch mal. Aber dann sagte meine Frau: ‚Laß sie uns loswerden, da tut sich doch sowieso nie mehr was'. Also bin ich sie losgeworden, und es hat einen Aktiensplit nach dem anderen gegeben und der Kurs ist auf $ 150 gestiegen." Dann hörte ich einen anderen sagen: „Schlumberger? Auf $ 40 gefallen? Ich habe mich in den 70ern in dieses Papier verliebt, damals, als ich es hätte abstoßen sollen." Das war ein Auszug aus „Das Leben eines Kleinanlegers", das sich Tag für Tag fortsetzt. Ich wünschte, ich hätte mehr Zeit gehabt, um mich hinzusetzen und die Alten dabei zu beobachten, wie sie auf ihre Existenz zurückblickten, während jedes SB, KO oder XON offensichtlich Erinnerungen in ihnen weckt.

An der Seite dieses Theaters saß eine Sekretärin. Ich fragte sie, ob ich einen der Verantwortlichen sprechen könnte. „Das wäre unser Tagesbroker", sagte sie. Sie erklärte, daß der Tagesbroker für all die Kunden zuständig sei, die ohne Termin vorbeikämen.

Ich wurde durch einen mit Teppich ausgelegten Arbeitsbereich, in dem reges Treiben herrschte, nach hinten geführt. Hier waren für circa 30 Broker Kabinen eingerichtet worden, die durch halbhohe Trennwände voneinander abgesetzt waren und eine Pseudo-Intimspähre vermittelten. Eine Wolke aus Zigarrenrauch stieg über ihnen auf. Die Sekretärin übergab mich am Rande einer der hintersten Kabinen an einen jungen Mann, der mich auf einen leeren Drehstuhl winkte. Er selbst drehte sich auf einem identischen Drehstuhl ständig hin und her, während er telefonierte. Irgend etwas hatte 5/8 verloren, was offensichtlich in Ordnung war, da ich hörte, wie er sagte: „Einige Leute haben Gewinne mitgenommen, so daß sie erst einmal nach unten gesprungen ist, aber es ist Unterstützung vorhanden; sie sind immer noch auf dem richtigen Weg."

Während ich mich seinem Drehrhythmus anpaßte und darauf wartete, daß er zu Ende telefoniert hatte, wanderten meine Augen zu einer Telefonkartei. Auf der aufgeschlagenen Karteikarte konnte ich lesen: VERTRAULICH! SPRECHE LANGSAM, KLAR UND SEI HÖFLICH. VERTRAUEN MACHT 50 PROZENT DES VERKAUFS AUS. Plötzlich drehte sich der Broker herum, winkte, legte seine Hand auf mein Knie und stellte sich als Bryan Nemerov vor. Alles auf einmal. Er sah aus wie 25, ein kleiner Tennisball von einem Mann mit einem Schnurrbart. In einem atemlosen Stakkato erklärte er mir, daß er seit einigen Monaten Börsenmakler sei und ursprünglich in der Männerbekleidung, davor in der Damenbekleidung gearbeitet hatte. Ein Zertifikat über seinen Brokerkurs, dem Thomson McKinnon-Total Money Management Program, hing gut sichtbar an seiner halbhohen Trennwand.

Wir wurden durch einige weitere Anrufe von Kunden unterbrochen, einschließlich zweier von seiner Tante, die über Twistee Treat beunruhigt war. „Mach dir keine Sorgen", sagte er „eine gute, langfristige Anlage. Hast du heute morgen die Zeitung gelesen? Dick Davis hat TT in seiner Kolumne erwähnt." Ein anderes Bruchstückchen, das ich hörte, war: „Sechs und ein Viertel schon? Das nenne ich Bewegung! Ich bin froh, daß du da mit dabei bist."

Als ich schließlich dazu kam, Herrn Nemerov nach seinen Referenzen zu fragen, sagte er nichts über Aktien, Anleihen oder

Kunden, die durch seinen Rat reich geworden sind. Statt dessen öffnete er seine Schreibtischschublade, um mir eine Urkunde zu zeigen, die er dafür bekommen hatte, daß er die meisten neuen Depots für IRA eröffnet hatte. Ich forschte weiter nach seinen Investitionsideen. Er sagte, daß er die meisten durch *Forbes* und eine Reihe anderer Wirtschaftszeitungen bekäme. Die Suche nach neuen Kunden, so beklagte er sich, ließe ihm wenig Zeit, um über Investitionen nachzudenken.

Um mir mehr Bedeutung zu verschaffen, übertrieb ich ein bißchen und erklärte ihm, ich hätte $ 50.000 zu investieren. Er fragte mich, ob ich „wachstumsorientiert" sei. Ich versicherte ihm, daß ich ganz bestimmt „wachstumsorientiert" sei, falls „wachstumsorientiert" für ihn gleichbedeutend mit „Profit" sei. Er sagte, das sei es. Dann fragte er, ob ich „konservativ" oder „spekulativ" sei. Da ich ihm offensichtlich keinen Anhaltspunkt gab, was ich bevorzugen könnte, erklärte Herr Nemerov, er sei beides.

„Sie sind ‚wachstumsorientiert', fuhr er fort. „Das gefällt mir. Ich würde wahrscheinlich $ 10.000 ihrer Mittel in Bundesschatzbriefen anlegen, die bieten ein gutes Fundament, falls es zu einem Chaos kommt. Verstehen Sie mich nicht falsch. Wenn Sie zu mir sagen, ‚zum Teufel mit der Sicherheit', dann machen wir etwas anderes. Außerdem würde ich einige Stammaktien, offene Wachstumsfonds, geschlossene Immobilienanteile für Sie kaufen, UNBEDINGT. Das ist das Beste aus beiden Welten."

Ich fragte ihn, was er mit beiden Welten meinte. „Einkommen und Wertsteigerung", sagte er. „Denken sie an ihr Haus. Wenn ich sagen würde, ich kaufe es, würden sie es mir heute für den Preis verkaufen, den es vor vier Jahren wert war?" Ich sagte ihm, es wäre mir ein Vergnügen, das unverzüglich zu tun, da die Immobilienwerte in meinem Stadtviertel gesunken seien. Herr Nemerov war für einen kurzen Augenblick verwirrt, erholte sich aber schnell. „Genau meine Meinung", erwiderte er schlagfertig. „Mit einem Immobilienzertifikat verdienen sie, während die Investition mehr Zeit hat, im Wert zu steigen. Ein wachstumsorientierter Mensch wie sie würde eine Wertsteigerung sehr schätzen."

Während des größten Teils unseres Gesprächs widmete mir Herr Nemerov ungefähr ein Drittel seiner Aufmerksamkeit. Ein weiteres Drittel wurde vom Telefon absorbiert, und das letzte Drittel richtete sich auf den Computerbildschirm, der an einem Schwenkarm zwischen zwei Kabinen aufgehängt war. Alle paar Sekunden wirbelte Herr Nemerov den Bildschirm herum, um einen Seitenblick auf eine Kurstabelle zu werfen, und der benachbarte Broker wirbelte ihn wieder in die andere Richtung zurück.

Nach einer ihrer Tauziehaktionen lehnte sich der Mann aus der nächsten Kabine herüber und stellte sich als Rick vor. Herr Nemerov erklärte mir, daß Rick sehr spekulativ sei und daß sie beide gemeinsam meine Partner werden könnten, falls ich beabsichtigte, in dieser Richtung zu arbeiten. „Zwei für den Preis von einem“, sagte er. Ich lächelte, woraufhin Herr Nemerov offensichtlich dachte, er sei auf der richtigen Spur, denn er verkündete: „Von ihren 50.000 sollten wir unbedingt ein paar Tausend zurückhalten, um aufspringen zu können, falls Rick mit einem Angebot kommt.“

Rick, der erneut wie wild den Schwenkarm hin- und herwedelte, verkündete über die halbe Trennwand hinweg, daß er bereits ein gutes Angebot habe. Was würde ich davon halten, einige Texacos, die im Moment bei $ 30 pro Aktie lagen, statt dessen für $ 27 pro Aktie zu kaufen? Ich sagte, daß ich nicht glauben würde, daß dies möglich sei und daß ich dabei irgendeinen Haken vermuten würde. Rick sagte, es gäbe keinen Haken. Alles, was ich tun müßte, sei, die Aktie zu kaufen und gleichzeitig einige Put-Optionen zu verkaufen. Ich erzählte Rick, daß ich bereits Erfahrung mit Optionen hätte, besonders mit den IBM Oktober-Puts und den Juni-Calls.

„Optionen!“, reagierte Herr Nemerov schwärmerisch. „Ich würde Sie gerne in einigen gedeckten Calls sehen. Das ist nicht so riskant. Wir können auch über die Kommissionen verhandeln. Zwanzig Prozent Abzug. Nicht auf alles, aber auf einige Sachen. Auf die Optionen ganz sicherlich.“

Ich sah keinen Sinn darin, diese Unterhaltung fortzusetzen, da ich mir geschworen hatte, nie wieder auf Optionen zu setzen.

Also stand ich von meinem Drehstuhl auf und machte Anstalten, zu gehen. Die beiden nächsten Leute, die darauf warteten, den Tagesbroker zu sprechen, erleichterten mir den Abgang. Ich wußte, daß Herr Nemerov das Paar aus seinen Augenwinkeln registrierte. „Sie können jederzeit gerne wieder vorbeischauen", sagte er, als er mich zur Tür eskortierte, „und zögern Sie nicht, mich anzurufen, falls Sie noch Fragen haben." Wir gaben uns die Hände, und ich ging.

Von Thomson McKinnon aus steuerte ich Sears an. Auf halbem Weg zwischen der Parfümabteilung und den Staubsaugern war der Dean Witter-Schalter. Hier traf ich auf einen Broker namens Ralph. Er sah ebenfalls aus wie 25, und ich glaube er trug einen Anzug, den er bei Sears gekauft hatte. Wie Herr Nemerov erwähnte auch Ralph, daß er seit einigen Wochen im Geschäft sei, aber der große Unterschied zwischen den beiden lag in seiner Bescheidenheit. Er sagte, er fühle sich nicht dafür qualifiziert, bestimmte Wertpapiere zu empfehlen. Er gehe nur so weit, den Ginnie Mae Fund für Einkommen und den offenen Dean Witter-Dividendenwachstumsfonds für Kapitalzuwachs vorzuschlagen, bei dem die Verkaufsgebühren niedriger werden, je länger die Laufzeit ist.

Ich bat Ralph, den Tageskurs von Texaco auf dem Quotron hinter dem Schalter zu überprüfen. Nachdem er einige Minuten lang mit dem Keyboard gekämpft hatte, gab er zu, daß er den Quotron noch nicht ganz intus habe. Dann beschrieb er mir das Rotationsprinzip der Dean Witter-Broker, das mich faszinierte. Die jüngsten und grünsten unter ihnen fangen auf den Flughäfen an, wo sie zwischen den Flügen Finanzdienstleistungen verkauften. Sollten sie sich am Flughafen bewähren, wechseln sie in die Sears-Kaufhäuser, um etwas mehr zu lernen, und nur wenn sie bei Sears erfolgreich waren, werden sie normalen Dean Witter-Büros zugeteilt. Auf Ralphs Konto geht der Pluspunkt für meinen guten Rat Nummer Sieben:

»Kaufe niemals irgend etwas von einem Broker auf einem Flughafen.«

Obwohl ich Ralph wegen seiner Bescheidenheit und Vorsicht bewunderte, konnte ich erkennen, daß weder das eine noch das andere Attribut ihn in diesem Geschäft sehr weit bringen würde, und strich ihn sofort von meiner Liste. Zwischenzeitlich mußte Ralph wohl meine Gedanken erahnt haben, da er eine bemerkenswerte Transformation durchlief. Am gleichen Abend um 20.00 Uhr rief er mich zu Hause an, um mir eine Aktie zu empfehlen, die er plötzlich für empfehlenswert hielt. „Eine ganz besondere Situation", sagte er. „Zayre liegt bei $ 27." Bis zu dem Tag, an dem ich dies niedergeschrieben habe, hat es bei Zayre zwei Aktiensplits gegeben, und der Kurs ist auf $ 44 gestiegen. Ich bedaure, daß ich nicht auf ihn gehört habe.

Von Sears aus durchstöberte ich die ganze Stadt und besuchte so viele Broker, wie es in zwei Tagen möglich war. In einer Merrill Lynch-Filiale wurde ich durch die Beratungskabinen hindurchbugsiert und mit Jim Clayton bekanntgemacht, einem athletischen Typ mittleren Alters, der seit zwanzig Jahren im Geschäft war. Er riet mir vom Kauf der meisten Aktien ab, da er nicht daran glaubte, daß die Kurse noch viel höher steigen könnten. Für einen Kunden wie mich, so sagte er, würde er einen Nuveen Anleihenfonds, einige Überseefonds oder einige Versorgungswerte mit guten Dividenden empfehlen.

Allmählich glaubte ich, daß man heute sehr selten auf einen Broker stößt, der Aktien empfiehlt. Bei meinen Besuchen wollten die meisten mir lieber das verkaufen, was sie als „Produkte" bezeichneten – offene Fonds, geschlossene Anteile oder Immobilienzertifikate. Einige Male wurden mir aufwendige, bunte Broschüren überreicht, die diese komplexen Investitionen erklärten. Diese Broschüren waren so dick wie Collegekataloge und hatten in einigen Fällen sicher mehr gekostet, als die Durchschnittsaktie des Produktes wert war.

Unter den Produkten, auf die meine Aufmerksamkeit gelenkt wurde, gab es eine „gewichtete Mietkauf-Immobilienbeteiligung", eine Energieeinkommensbeteiligung, eine Beteiligung am Lorimar-Film *Power,* einen australischen Anleihenfonds und einen „bevorzugten Futuresfonds". Diese diversen Möglichkeiten hatten eine substantielle Verkaufsgebühr gemeinsam, die oft bis zu 7 Prozent betrug. Ich habe diese Tatsache nicht auf nationaler Ebene weiterverfolgt, aber meine eigene Erfahrung bestärkt mein Vertrauen in meinen achten guten Rat:

»Das erste, das dir ein Broker empfiehlt, bringt ihm die höchste Kommission.«

Von Merrill Lynch aus wanderte ich zur nächstgelegensten Paine Webber-Filiale und besuchte deren Tagesbroker Bob Klein. Er trug ein Hemd, das sehr teuer aussah, und geschmackvollen Schmuck, der sehr teuer aussah, und man hätte ihn für einen Anwalt der exklusiveren Kategorie halten können.

Herr Klein redete so ernst über die Verantwortungen des Investments, daß er mir wie ein Anwerber für das Friedenschor vorkam. Gleich zu Beginn riet er mir davon ab, einzelne Wertpapiere zu kaufen, und überreichte mir zwei oder drei dicke Broschüren, die seine Lieblingsprodukte beschrieben. Eines war ein geschlossenes Immobilienzertifikat, durch das mir ein winziges Stückchen des Carlyle gehören würde. Das Carlyle ist ein berühmtes New Yorker Hotel, dessen Zimmer ich mir niemals leisten könnte. Herr Klein las mir die Liste mit den Namen der anderen Teilhaber vor, und es hörte sich so an, als würde ich es mit einigen Berühmtheiten zu tun haben. So geschmeichelt ich auch war, so fragte ich mich trotzdem, warum diese Leute mich an ihrem tollen Geschäft teilhaben lassen wollten.

Es schien für jeden Kundentyp den richtigen Brokertyp zu geben – juristische Broker für Juristen, snobistische Broker für Snobs, bonvivante Broker für Bonvivants, wettfreudige Broker für Wettbrüder. Es gibt Broker, die wie Taxifahrer reden, und Broker, die wie Universitätsdekane reden. Broker, die wie Mafiosi gekleidet sind, und Broker, die wie Models gekleidet sind. Broker, die das Auftreten, die Sprache oder Persönlichkeit jedes erdenklichen Kunden nachahmen können, Spiegelbilder jedes einzelnen Lebensabschnittes.

Ich fragte mich langsam, ob es besser sei, einen Broker zu

wählen, der meinen Kleidungsstil bevorzugte, oder einen, mit dem ich absolut nicht harmonierte. Ich hätte es vorgezogen, einen Broker nach seriöseren Gesichtspunkten auszuwählen, aber das schien unmöglich zu sein. Alle Broker, die ich traf, waren in der Lage, ihre Einstellung zu ändern und sogar während eines Kurzinterviews zwischen grundlegenden Investmentphilosophien hin- und herzuwechseln. Das hatte ich erstmals bei Herrn Nemerov erkannt, der von der soliden Grundlage der Schatzbriefe dazu übergegangen war, mir Optionen zu verkaufen, und das in weniger als einer halben Stunde. Ein ähnlicher Gesinnungsumschwung ereignete sich in einer zweiten Merrill Lynch-Filiale, die ich aufsuchte, nachdem ich Herrn Klein verlassen hatte.

Die Merrill Lynch-Filiale war von verärgerten Stewardessen umzingelt, die gegen irgendein Bankabkommen zwischen Merrill Lynch und Eastern Airlines protestierten. Ich schmuggelte mich an den Streikposten vorbei und dachte, daß dies ein gutes Beispiel für den Ärger sei, den sich eine Maklerfirma einhandelt, wenn sie ins Bankwesen einsteigt.

Nachdem ich mich im Inneren des Gebäudes sicher fühlte, näherte ich mich der Rezeption und fragte nach dem Tagesbroker. Ein Mann, der am Eingang herumlungerte, hörte meine Frage, gab mir seine Karte und bot mir seine Dienste an. Sein Name war Michael Todd, aber ich solle ihn Mickey nennen, sagte er.

Als wir auf Mickeys Kabine zusteuerten, erzählte ich ihm, daß ich ein sehr konservativer Investor sei, wobei ich mich nach dem Besuch bei Herrn Klein tatsächlich so fühlte. Mickey beglückwünschte mich zu meiner konservativen Haltung und sagte etwas wie: „Es gibt keinen Grund, das, wofür man so hart gearbeitet hat, leichtfertig in den Sand zu setzen."

Nachdem er mich in den Gästestuhl neben seinem Schreibtisch plaziert hatte, zeigte ich ein plötzliches Interesse an Optionen, nur um zu sehen, wie Mickey reagieren würde. Umgehend erzählte er mir von seinem neuen roten Porsche und seiner Entscheidung, häufiger sein Glück herauszufordern und nur für den jeweiligen Tag zu leben. Dann erzählte er mir von einem seiner Kunden, der ein Vermögen mit Optionen gemacht hatte – erst vor kurzem mit den Warner-Lambert-Juli-Calls. Er hackte die Symbole für Warner-Lambert in den Computer und die aktuellen Kurse für Call-Optionen erschienen auf dem Bildschirm. „Optionen können erstaunlich viel Profit abwerfen, wenn man damit umgehen kann", sagte er. „Man muß diszipliniert sein, und das nicht wenig. Außerdem muß man guten Nachforschungen folgen. Bei Merrill Lynch haben wir die besten."

Obwohl für Mickey die Grenze bei den Warentermingeschäften lag – „nur Verrückte versuchen sich auf den Warenterminmärkten" – fühlte er, daß ich mit Optionen sehr gut fahren würde und genau die richtige Persönlichkeit dafür sei. Ich gab sein Kompliment zurück, indem ich ihm von meiner Vermutung, daß er wohl selbst sehr gut mit Optionen fahre, berichtete. „Ich?" lachte er. „Ein Broker? In diesem Büro sind alle Broker mit Optionen pleite gegangen. Broker verdienen mit Optionen kein Geld. Broker verdienen mit überhaupt keiner Investition Geld. Im Gegenteil, wir verlieren sogar mit Aktien Geld."

Dank Herrn Todds Aufrichtigkeit kann ich meinen guten Rat Nummer Neun weitergeben:

„Investiere nie in etwas, in dem auch dein Broker engagiert ist."

Nachdem ich einige Tage lang in verschiedenen Büros ein- und ausgegangen war, ohne dabei den perfekten Broker zu entdecken, beschloß ich mehr oder weniger, zu Richard Bermont zurückzukehren, dem Drexel Burnham-Mann, der mit meiner Frau zusammenarbeitete. Natürlich hätte ich niemals Linda Garrett von Prudential-Bache in Betracht gezogen. Der einzige Grund, warum ich Frau Garrett in ihrem Büro besuchte, war, um sie zu fragen, wie ihr ihr neuer Job gefalle. Sie war die Sekretärin einer unserer früheren Broker gewesen und hatte viele meiner verzweifelten Telefonanrufe beantwortet. Vor kurzem hatte sie ihre Prüfung an der Brokerschule bestanden und war nun selbst als Brokerin flügge geworden.

Die meisten ihrer Kollegen waren in der Mitte eines großen Raums zusammengepfercht, aber Frau Garrett hatte ein eigenes

Büro erhalten. Das beeindruckte mich. Außerdem hatte sie sich sonst nicht so gut gekleidet. Als Sekretärin sah sie aus, als würde sie für die Clamshell Alliance arbeiten, aber jetzt hätte sie in das Republican National Committee hineingepaßt.

Ich erwähne diese Faktoren, weil ich nicht ganz sicher bin, inwieweit sie zu der überraschenden Entscheidung, die daraufhin folgte, beitrugen. Als wir beide in Frau Garretts eigenem Büro saßen, konnte ich die Kurse auf ihrem Quotron verfolgen, die sich mit jeder Sekunde im Wert steigerten. Das seien ihre eigenen Tips, sagte sie. Einer der Auserwählten namens Genentech stieg um zwei Punkte, während ich mein Gewicht im Stuhl verlagerte. Frau Garrett erwähnte, daß sie Genentech für mehrere Kunden gekauft habe. Ein glücklicher Anruf einer ihrer Kunden unterbrach unsere Unterhaltung.

Und es gab einen zweiten, längeren Anruf aus Philadelphia. Ich hörte nur Frau Garretts Seite, an die ich mich wie folgt erinnere: „Over-the-counter", „in der Chemiebranche", „vielleicht kurz vor einem Regierungsauftrag", „bis Weihnachten wahrscheinlich verdoppelt" und „wenn das so hinhaut, dann spendier ich dir ein Eis."

„Was haut hin?" wollte ich wissen, nachdem sie aufgelegt hatte. Frau Garrett erklärte, daß es sich nur um einen kleinen Aktienwert handle, den sie für sich und gute Freunde gekauft habe. Für reguläre Kunden sei er ungeeignet, da er zu spekulativ sei. Sie sagte, sie würde mir die Aktie nicht unbedingt verkaufen wollen. Nach allem, was ich erlebt hatte, war das allein genug, um mein Interesse ganz sicher zu entfachen.

„Was kostet sie?" fragte ich.

„Als ich das letzte Mal nachgesehen habe, circa $ 1,50 pro Aktie."

„Und was hat es mit dem Verdoppeln bis Weihnachten auf sich?" (Wir hatten inzwischen den 12. Dezember und ich war seit beinahe zwei Monaten mit meinen Nachforschungen zugange.)

„Ich weiß nicht. Er glaubt, sie könnte sich verdoppeln."

„Wer glaubt das?"

„Die Person, mit der ich gesprochen habe."

Sie verriet mir nur, daß ihre Quelle ein sehr gut informierter Investor sei, derjenige, der ein Eis bekommen würde, falls sich seine Empfehlung als richtig herausstellen würde. Wie sehr fühlte ich mich doch vom Glück begünstigt, daß ich diese private Plauderei zwischen zwei Menschen, die den Durchblick hatten, zufällig mitanhören durfte. Eine Chance, die ein Kleinanleger selten erhält.

„Haben sie auch einige Aktien gekauft?“ „Ja“, sagte Frau Garrett, wie jeder hier im Büro.“

War dies die Möglichkeit, nach der ich gesucht hatte? Eine innere Stimme, die ich nicht kontrollieren konnte, platzte heraus: „Ich nehme 5.000 Aktien.“

Innerhalb von Minuten war mein Prudential-Bache-Konto eröffnet, die Order über 5.000 Aktien in Auftrag gegeben, und ich stand wieder auf dem Parkplatz. Erst dann wurde mir bewußt, daß: (1) ich soeben einen neuen Broker ausgewählt hatte, ohne mich nach dessen Referenzen zu erkundigen, (2) ich meinen eigenen guten Rat Nummer Sieben ignoriert hatte und (3) 5.000 Aktien zu je $ 1,50 beinahe zwei Drittel meines Investment-Etats ausmachten. Ich hatte fast alles auf eine Karte gesetzt und mußte an Herrn Loeb denken.

Als ich ein Stück den Highway entlanggefahren war, hielt ich an einer Telefonzelle an, um meine Frau anzurufen und ihr zu erzählen, was ich gekauft hatte. Während ich die Nummer wählte, bemerkte ich, daß ich den Namen meiner Aktien vergessen hatte. So legte ich wieder auf, bevor meine Frau abheben konnte.

9

Die Gewissensbisse des Käufers und andere Begleiterscheinungen

Nach dem Kauf meiner Aktien zeigte ich einige merkwürdige Reaktionen. Ich fühle mich verpflichtet, diese für den Fall zu erwähnen, daß sie ganz alltäglich sind und offen dargelegt werden sollten. Die erste Reaktion – ich habe ihnen ja schon davon erzählt – ist die Geschichte, daß ich einfach vergaß, was ich gekauft hatte. Nach jeder größeren Anschaffung wie einem Auto oder einem Haus gibt es die übliche Periode der Gewissensbisse, in der sich der Käufer fragt: Oh mein Gott, was habe ich da nur gekauft? Der Unterschied in meinen Fall ist, daß meine Frage wörtlich zu nehmen war. Ich stand in der Telefonzelle auf dem Seitenstreifen des Highways und mußte Frau Garrett zurückrufen, um sie nach dem Namen der Firma zu fragen, so daß ich meiner Frau von meinem Kauf erzählen konnte.

Ich hätte diese Verlegenheit vermeiden können, wenn ich mir den Namen gleich von Anfang an notiert hätte. Ich empfehle jedem, das zu tun. Glücklicherweise war Frau Garrett sehr nett, lachte und sagte, ich hätte Angstrom Technologies, Symbol ATSI, gekauft, ein kleines Forschungsunternehmen in Kentucky. Sie erwähnte ebenfalls, daß meine Order bereits ausgeführt worden war und daß der Preis, den „wir dafür gezahlt haben", etwas höher war, als sie erwartet hatte – 1 15/16, also fast $ 2 pro Aktie. Meine Gesamtausgabe lag damit etwas über $ 10.000 – $ 10.143,15, um ganz genau zu sein. Sie bat mich, ihr einen Scheck über diesen Betrag zu schicken.

Noch einige Tage, nachdem ich den Scheck abgeschickt hatte, vergaß ich den Namen der Aktie jedesmal, wenn ich versuchte, mich daran zu erinnern. Da ich im allgemeinen ein sehr gutes Gedächtnis habe und da „Angstrom" ein bekanntes naturwissenschaftliches Zeichen ist, muß ich einen kleinen Anfall der Kleinanlegeramnesie erlitten haben, die in diesem Buch bereits diskutiert wurde. Offensichtlich wurde sie durch das Trauma, $ 10.000 für diese Aktie ausgegeben zu haben, ausgelöst.

An dem Nachmittag, als ich nach Hause kam, um meiner Frau von meinem $ 10.000-Anteil an einer kleinen Firma in Kentucky zu erzählen, zeigte ich eine weitere merkwürdige Reaktion. Anstatt das Ereignis sachlich und detailliert zu erzählen, ertappte ich mich dabei, die Bezeichnung „klein“ durch „vielversprechend“ und die eigentlichen $ 10.143,15 durch $ 8.000 zu ersetzen. In später Einsicht läßt sich verstehen, daß ich den vollen Betrag nicht ertragen konnte. Nach all den Wochen sorgfältiger Nachforschungen war das Blechen von $ 10.143,15 für eine unbekannte Firma mit einem unbekannten Produkt, empfohlen von einem unbekannten Ratgeber aus Philadelphia, mehr als meine vernünftige, empfindsame Natur ertragen konnte. Das Blechen von $ 8.000 war für mein Unterbewußtsein irgendwie akzeptabel, und das Unterschlagen der $ 2.143,15 bei der ganzen Geschichte ermöglichte es mir, sie zu erzählen.

Als ich die Kaufbestätigung im Briefkasten fand, war ich schockiert darüber, daß ich $ 453,80 Kommission bezahlt hatte. Daß diese $ 453,80 mich sogar noch mehr störten als der $ 10.143,15-Kauf selbst, war die dritte merkwürdige Reaktion. Denn ich hatte Frau Garrett damals dabei beobachtet, wie sie die Order eingab, was sie ungefähr fünf Minuten kostete und darauf hinauslief, daß sie die Buchstaben ATSI auf ein Stück Papier schrieb und das Papier zum Orderpult trug. Vielleicht ist es ein Fehler, daß man die Kunden bei diesem Prozeß zuschauen läßt und ihnen dann so kurz danach die Rechnung schickt.

Nachdem ich von den $ 453,80 erfahren hatte, rief ich Frau Garrett erneut an und kam so taktvoll wie möglich auf den Gegenstand der Kommission zu sprechen. „Das kann doch nicht stimmen oder?“ fragte ich sie. Sie antwortete geduldig, daß: (1) sie persönlich nur einen Prozentsatz des Prozentsatzes bekomme, (2) Maklerfirmen höhere Kommissionen für Over-the-Counter-Aktien wie Angstrom berechnen als für Aktien, die an der New York Stock Exchange gehandelt werden, und (3) sie für mich die Prudential-Bache-Vorzugsrate berechnet hatte, obwohl ich als neuer Kunde rein technisch gar nicht dazu berechtigt gewesen wäre.

Diese Antwort stopfte mir sofort den Mund. Ihr dritter Punkt verursachte mir Schuldgefühle darüber, daß ich überhaupt etwas gesagt hatte, und ich versuchte, den Schaden, den ich unserer Beziehung zugefügt hatte, wieder zu kitten, indem ich spontan erklärte: „Wenn jemand sich über die Kommission Gedanken machen muß, dann sollte er erst gar keine Aktien kaufen.“

Wenn ich irgend etwas aus dieser Erfahrung gelernt habe, so ist es mein guter Rat Nummer Zehn:

»Kaufe niemals eine Aktie, deren Namen du vergißt, ohne dabei die Kommission zu bedenken.«

Das Nächste, was mir auffiel, war, daß ich Angstrom Technologies nicht in der Zeitung verfolgen konnte. Daß meine Firma als Unternehmen zu mickerig war, um in den langen Börsentabellen im örtlichen Wirtschaftsteil aufzutauchen, war mehr als beunruhigend und eine Tatsache, die ich vor meiner Frau verheimlichen wollte. Sie inspirierte mich zu einem weiteren Anruf bei Frau Garrett. Diese sagte, daß Angstrom an manchen Tagen im *Wall Street Journal* zu finden sei, und sie wäre sich sicher, daß es im wöchentlichen *Barron's* verzeichnet ist.

Nach dem großen Betrag, den ich für die Aktien ausgegeben hatte, weigerte ich mich, auch noch $ 1,75 für ein Exemplar des *Barron's* zu bezahlen, mit der Begründung, daß $ 1,75 eine Verschwendung seien. An einem Sonntag sagte ich meiner Frau, ich würde Orangensaft kaufen gehen. Das war nur eine Notlüge, um zu einem Lebensmittelgeschäft mit Zeitungsstand zu fahren und die neueste Ausgabe des *Barron's* durchzublättern. An zwei aufeinanderfolgenden Sonntagen ging ich Orangensaft kaufen und wußte über das Wochenfixing meiner Aktie Bescheid, wenn ich nach Hause zurückkam. Es waren glückliche Ausflüge, da Angstrom sich in einem bemerkenswerten Aufwärtstrend befand. Ich hatte die Aktie am 12. Dezember gekauft und drei Wochen später, kurz nach Weihnachten, war sie auf über 2 1/2 pro Stück gestiegen und verwandelte meine $ 10.143 in $ 12.965. Diese $ 2.500 waren der einfachste Profit, den ich jemals gemacht hatte. Der Gewinn war so schnell gekommen, daß ich mir ausmalte, in sechs

Monaten reich zu sein, falls dieser Trend anhielt. Für meine Familie kaufte ich sogar einige sehr schöne Weihnachtsgeschenke, die meine üblichen knickerigen Auswahlen weit übertrafen.

Inzwischen wußte meine Familie von meiner wunderbaren Glückssträhne, und ich abonnierte für uns alle das *Barron's,* so daß wir alle gemeinsam mit Genuß den Angstrom-Kurs verfolgen konnten.

Sagte ich *Glück*? Zuerst hatte ich das Gefühl, sehr viel Glück zu haben, aber nur für kurze Zeit. Viel mehr hatte ich das Gefühl, mein Handwerk zu verstehen. Mein Zutrauen in meine Investitionsfähigkeiten schnellte mit jedem Punktzuwachs in die Höhe. Es hatten niemals Zweifel daran bestanden, daß Angstrom ein Gewinner war, sagte ich mir. War das nicht ein spürbarer Beweis dafür, daß meine vorsichtige Herangehensweise und all die Stunden, die ich in der Bücherei studiert hatte, sich ausgezahlt hatten? Natürlich bedarf es schon eines talentierten Investors, um die schwachen Möglichkeiten auszusortieren, sich mutig und mit vollem Einsatz zu einer Investition zu bekennen und genau im richtigen Moment $ 10.000 auf eine Karte zu setzen. Ich gratulierte mir ebenfalls dazu, daß ich auf Linda Garrett gewartet hatte, die sich unter Dutzenden von potentiellen Brokern in jeder Hinsicht als die Fähigste erwiesen hatte. Meine Haarspalterei über die Kommission war vergessen, und ich begann darüber nachzudenken, daß Frau Garrett und Prudential-Bache unterbezahlt worden waren.

Frau Garrett erklärte mir, sie würde mich mit guten ebenso wie mit schlechten Nachrichten anrufen, aber ich bemerkte, daß wir während dieses Angstrom-Booms, der im Dezember einsetzte und bis in den Januar hinein anhielt, sehr oft miteinander sprachen. Obwohl die Aktie noch nicht die 4 Dollar-Marke erreicht hatte, die Frau Garrett prognostiziert hatte, befand ich mich in einer hoffnungsvollen Verfassung. Frau Garrett erwähnte häufig „dic Bekanntgabe eines großen Regierungsauftrags", die vor der Tür stünde. Sie schickte mir ebenfalls eine Kopie dessen, was wohl der einzige Zeitungsartikel war, der je über diese Firma geschrieben wurde: „Chemikalien als Schlüssel zur Low-Cost Vision", erschienen in den *Automotive News.*

Dieser Artikel machte mich hinsichtlich Angstroms Zukunft zuversichtlicher denn je. Ich erfuhr, daß die Firma chemische Farben herstellte, die nur unter speziellem Licht zu sehen waren, wie die Eintrittsstempel etwa, die man auf Rennbahnen und in Diskotheken auf die Hand bekam. Offensichtlich hatte Angstroms Farbe die Aufmerksamkeit größerer Reifenfirmen, dem U.S. Post Office und Kleidungsherstellern in Hongkong auf sich gezogen. Daß Angstrom seinen Markt erweiterte, ohne eine Verkaufsabteilung zu besitzen, beeindruckte mich besonders.

Hinzu kam, daß eines Tages im Waschsalon eine Ausgabe des *Wall Street Journals* vom Tisch geweht wurde – bis auf eine Seite. Von dieser einen losen Seite starrte mir das Wort „Angstrom" direkt entgegen. Ich bin kein abergläubischer Mensch was Investitionen angeht. Ich habe von Leuten gehört, die ein paarmal gegen die Zeitung klopfen, bevor sie die Kurstabellen aufschlagen, oder von denen, die ihre Augen schließen und verstohlen und flüchtig auf die Tageskurse blinzeln, als ob sie sich ein Zugwrack ansähen, aber ich glaube, daß das sehr albern ist. Ich wäre der erste, der zugeben würde, daß die Art und Weise, wie man eine Notierung liest, keinen Einfluß auf tatsächliche Auf- und Abwärtsbewegungen hat. Als sich aber das große Finanzjournal der USA von selbst auf der Waschsalonbank unter dem Seifenspender aufschlug und groß und breit zu lesen war: „Angstrom, 2 1/2 angeboten, 2 5/8 verlangt", hielt ich das für ein glorreiches Omen. Vier Dollar pro Aktie schienen eine sichere Sache zu sein.

Hätte ich doch nur meine Freude mit Richard Bermont von Drexel Burnham Lambert teilen können – dem Mann, der in meinen Gedanken insgeheim „der andere Broker" geworden war. Ich hatte ihm noch immer nicht gesagt, daß ich ein separates Depot eröffnet hatte und mit einer Konkurrentin schäkerte. Herumschnüffeln ist inzwischen eine gängige Investorenpraktik. Man hat mir erzählt, daß Tausende von Kunden angesehener Maklerfirmen ihren wilden Drang zu chaotischen Transaktionen durch Discountbroker befriedigen. Einige von ihnen lassen sich tatsächlich so weit herab, daß sie einen Rat von Merril Lynch annehmen und die empfohlene Aktie dann bei Charles Schwab kaufen, wo sie weniger Kommission bezahlen. Wenigstens konnte man mich nicht dieses billigen Tricks beschuldigen. Ich hatte mich an ein anderes erstklassiges Haus gehalten und dabei genauso kostenintensiv investiert wie bei Drexel. Aber genauso wie bei einem Ehemann, der seine Frau betrügt, war mir nicht die Freude vergönnt, bei der einzigen Person, die die Verbesserung am meisten zu schätzen wußte, über meinen Erfolg zu prahlen.

10

Wie Experten ihre Aktien auswählen

Ich hielt Angstrom bis in das neue Jahr hinein, in der Hoffnung, daß es sich auszahlen würde. In der Zwischenzeit begann ich mich für verschiedene Börsenbriefe zu interessieren, mit deren Hilfe ich meinen nächsten Schritt planen wollte. Meine Zufriedenheit stieg mit meiner auserwählten Aktie, wenn ich die Empfehlungen anderer Experten las. Einige meiner Freunde zeigten mir ihre Exemplare des neuesten *Zweig Forecast, Market Logic* und *The Prudent Speculator.* Ich bekam auch eine Ausgabe des *Dick Davis Digest* zu sehen, der Auszüge aus allen anderen Börsenbriefen enthält. Daß es einen Börsenbrief gibt, der über andere Börsenbriefe berichtet, zeigt, wie kompliziert das Geschäft geworden ist.

Dick Davis und seine Helfer editieren, drucken und versenden einen zweimonatigen Zwölfseiter aus einem Büro in Miami Beach. Ich schaute dort eines Tages vorbei und traf Dick Davis zufällig an. Er erzählte mir, daß er ein Ex-Broker sei, den das Geschäft vor zwanzig Jahren sehr verbittert hatte. „Ich war nicht ehrlich, wenn ich vorgab, alle Antworten zu wissen. Warum sollte ich nicht einfach zugeben, daß ich nicht alle Antworten wußte?" Mit diesem Gedanken im Hinterkopf wurde er Finanzjournalist und startete eines der ersten und erfolgreichsten Wall Street Fernsehprogramme. Danach begann er mit seiner Zeitungskolumne, die in mehreren Zeitungen gleichzeitig veröffentlicht wurde, und dann ließ er seinen Börsenbrief über Börsenbriefe vom Stapel.

„Sie können sich noch so sehr bemühen, etwas 100%iges über die Börse auszusagen, es ist und bleibt unmöglich", sagte er mir. „Es gibt immer eine Ausnahme, einen Einspruch, einen Widerspruch. Sie können einen Satz niemals zu Ende bringen." Ich pflichtete Herrn Davis bei und erwähnte, daß ich erst vor kurzem gelernt hatte, wie man erfolgreich investiert – nach Jahren, in denen ich kontinuierlich Ausnahmen und Widersprüchen zum Opfer gefallen war. Am Ende unseres Plausches lud er mich ein, an einer Investmentkonferenz in Fort Lauderdale teilzunehmen, wo einige prominente Börsenbriefautoren – einschließlich Herrn Davis – auf dem Programm standen. Er gab mir sogar eine kostenlose Eintrittskarte und einen Presseausweis.

Die Konferenz fand Ende Januar in einem Marriott Hotel statt. Dieses Hotel lag am Rande einer Wasserverkehrsstraße und war auf beiden Seiten von Yachten umgeben, die die Größe von Zerstörern aus dem Zweiten Weltkrieg hatten. Auf einigen dieser Schiffe waren dort, wo man normalerweise Schlauchboote vorfindet, Helikopter festgeschnallt. Durch die Kabinenfenster waren antike Möbel und große Pianos zu sehen. Wunderschöne Frauen in Tangas bräunten sich auf dem Deck und das Kokosnußöl, das sie benutzten, war schon auf halbem Weg von der Pier zu riechen.

Eine stimulierendere Umgebung für eine Investmentdiskussion konnte man wohl kaum finden. Ich erinnerte mich an Herrn Del Dottos Botschaft von Leonardo da Vinci: „Bedenken sie immer zuerst das Resultat." Und hier waren einige Resultate am Dock festgemacht. Ich dachte auch an ein Exposé über Broker, das ich in der Bücherei gesehen hatte, mit dem Titel *Wo sind die Yachten der Kunden?* Der Autor hatte keine gefunden – worin der zentrale Punkt seiner Erörterung bestand –, aber diese Luxusschiffe konnte ich nun mit meinen eigenen Augen sehen. Nachdem ich einige der exklusiv gekleideten, nach Pina Colada duftenden Menschen an Deck beobachtet hatte, versprach ich mir, in ein Boot zu investieren, sobald ich es mir leisten konnte.

(Später war ich enttäuscht, als ich erfuhr, daß die Yachten, die vor dem Marriott ankerten, Leuten gehörten, die nichts mit der Konferenz zu tun hatten. Einige unter ihnen seien in einem Geschäft reich geworden, das ich lieber nicht erwähne.)

Im Inneren des Hotels waren am Ende des Korridors hinter dem Foyer etwa zwanzig Informationsstände aufgebaut. Hier konnte man sich über Investitionsmöglichkeiten in Jojobabohnen, Cashews, seltene Münzen, Diamanten, deutsche Windmühlen, Öl-/Gasleasing, Vollblüter, die New Yorker Terminbörse, Leihfilmprojektoren und bevorzugte Raritäten, über Aktien und Anleihen, plus „kostenlose Finanzanalyse“, Computerhandelssysteme und vieles mehr informieren. Auf dem Gang hörte ich einen Aussteller, der Rekruten für eine Investitionstour nach Südafrika anwarb, wo man einige zufriedene Goldminenbesitzer treffen und die positive Seite der Apartheid kennenlernen würde, die von den Medien ignoriert wird. Ein anderer Aussteller erklärte, wie man Zuchthengste innerhalb von fünf Jahren abschreiben könnte. Ein anderer warb in einem Atemzug besonders aufdringlich für Aktien eines Krebsheilmittels und im nächsten Atemzug für Aktien auf wertvolle Metalle. „Haben sie jemals Pistazien probiert – nicht als Snack, sondern als die Chance ihres Lebens?“ fragte der Nußfarmer-Verband.

Für mich war die interessanteste Person der Ausstellung Rita Jenrette, die Ex-Frau des Ex-Kongressabgeordneten John Jenrette. Die beiden hatten einst zugegeben, sich auf den Stufen des Capitols geliebt zu haben, wonach er im ABSCAM-Fall in den Knast geschickt wurde, während sie nackt im *Playboy* erschien. Es war eine angenehme Überraschung, sie am Stand für Bridgewater Securities sitzen zu sehen. Sie sah etwas rundlicher aus, als ich es von den Fotos in Erinnerung hatte, aber attraktiv genug, um ein großes Publikum an den Bridgewater Securities-Stand zu ziehen. Während Frau Jenrette Exemplare ihres vor kurzem veröffentlichten Romans signierte, erklärten ihre Mitarbeiter die Vorteile eines gutgeführten Portefeuilles mit Auslandsanleihen.

Neben dem Stand war eine Tombolakiste aus Pappe aufgestellt, in die man einen Coupon einwerfen konnte, um ein kostenloses Abendessen mit Frau Jenrette zu gewinnen. Nachdem ich einige Coupons eingeworfen hatte, um meinen guten Willen zu bezeugen, machte ich mich mit Frau Jenrette bekannt und fragte sie, wie sie dazu kam, sich für Auslandsanleihen zu interessieren. Sie erklärte mir, sie hätte ihr „Series 7“-Examen gemacht, um eine Brokerlizenz zu erhalten, nachdem ein Freund ihr diese Karriere einen Tag nach ihrer Hochzeit vorgeschlagen hatte. Sie sagte, sie würde den Maklerberuf einer Ehe vorziehen, wenigstens im Fall von Herrn Jenrette, der noch immer eine Freundin in der Nähe von Fort Lauderdale habe. „Ich würde niemals um Unterhalt bitten“, vertraute sie mir an. „Damit hätte John nur wieder eine Möglichkeit, mich zu manipulieren. Es ist viel besser, finanziell unabhängig zu sein.“

Ein paar Stunden nach unserer Unterhaltung kam ein Bridgewater-Bote angerannt, um mir mitzuteilen, daß ich das Dinner gewonnen hätte. Ich war begeistert, bis ich herausfand, daß beinahe jeder, der einen Coupon abgegeben hatte, das Dinner gewonnen hatte. Bridgewater hatte einen besonderen Speisesaal für eine große Männerparty reservieren lassen. Außerdem war eine besondere Unterhaltung geplant, ich glaube eine Diashow über auf Deutsche Mark lautende Schuldtitel.

Ich entschied mich dagegen, Frau Jenrettes Gesellschaft mit so vielen Investorenkollegen zu teilen, und ging nochmals zurück, um sie nach ihrer Meinung über Auslandsanleihen unter vier Augen zu befragen. Sie sagte mir, daß sie von Bridgewaters New Yorker Büro aus arbeite und ich sie dort anrufen könne.

Vier ganze Nachmittage lang besuchte ich die Veranstaltungen gemeinsam mit Hunderten anderer Teilnehmer. Die meisten davon schienen Rentner zu sein. Wir wanderten von Vortrag zu Vortrag, schnappten Ratschläge über australische Zinssätze auf, über die Bedeutung der M-3 Geldmenge im Verhältnis zur Industrieproduktion, über Toppingaktionen und die Advance/Decline-Pluralität. Zwischen den Veranstaltungen saß ich herum und trank Cola mit Rum, während meine Kollegen in Plastikclubsesseln herumlungerten und Romane von Sidney Sheldon lasen. Wenn man sie nach ihren Anlagen fragte, schwiegen die meisten, obwohl einige zugaben, steuerfreie Kommunalobligationen zu besitzen. Ich erzählte jedem, den ich traf, daß ich Angstrom besaß.

Wann immer sich die Gelegenheit bot, machten wir uns an Finanzberühmtheiten heran, die unter uns weilten. Wir behandelten sie anfangs mit einfachem Respekt und später, als der Dow Jones Industrial erstmals die 1.558 durchbrach, mit schwindelnder Bewunderung. Ich fand es sehr aufregend, einige Prognostiker und Herausgeber von Börsenbriefen zu sehen, deren Namen und Gesichter ich vom Fernsehen wiedererkannte. Dank der Finanzprogramme des Fernsehens erreichten diese einst obskuren Ratgeber nun Millionen von Kleinanlegern und bewegten manchmal ganze Märkte mit ihren Vorhersagen. Vor nicht allzu langer Zeit hatte ein Verkaufssignal von Joseph Granville den Dow Average dazu veranlaßt, um so viele Punkte zu fallen wie damals am Schwarzen Freitag von 1929, dem Tag des sogenannten Crashs.

Einer meiner früheren Broker entwickelte sich zu einem Jünger von Herrn Granville, just zu dem Zeitpunkt, als Herr Granville anfing, alles verkehrt zu prognostizieren. Ich war daher nur froh, daß Herr Granville nicht gekommen war. Unter den Anwesenden befanden sich viele Kapazitäten mit charakteristischen Beinamen. Bert-„ohne Sorgen investieren“-Dohmen-Ramirez, Stan-„seien sie nicht verrückt“-Weinstein, Norm-„kontrazyklische Meinung“-Fosback, Charles-„man kann nicht sagen, wohin sich der Markt bewegt“-Allmon, Mark-„kaufen sie, wenn sie die Kanonen hören“-Spangler, Robert-„zehn Prozent Korrektur“-Nicholson, Ray-„beobachten sie den Fall des Dollars“-Dalio, Robert-„das Leben ist nur eine Welle“-Prechter, Robert-„Zwerg“-Nurock und Al-„unterbewertet“-Frank. Außerdem tauchte zum Mittagessen I.W.-„Tubby“-Burnham, der Chef von Drexel Burnham Lambert auf, um jedermann mitzuteilen, daß ein hervorragendes Aktienjahr bevorstehe.

Zwischen unseren Veranstaltungen und auf nächtlichen Cocktailparties wurden wir mit kostenlosen Canapés und anderen Köstlichkeiten gut versorgt. Nachdem ich mir meinen Teller aufgefüllt hatte, lauerte ich heimlich hinter den Berühmtheiten und spitzte meine Ohren in deren Richtung, so daß ich besser verstehen konnte, was sie untereinander austauschten. Ich belauschte Bert Dohmen-Ramirez, wie er einen Dow von 2.000 für das nächsten Jahr vorhersagte; Charles Allmon und Robert Nicholson waren besorgt; Stan Weinstein sah „eine fette Periode in naher Zukunft auf uns zukommen“; Norm Fosback spekulierte auf Hausse. Ray Dalio empfahl jemandem, die „Cap Utilization-Rate zu beobachten“ – was auch immer das war –, und Mark Spangler erzählte jemandem, „die ganzen schlechten Nachrichten in Hongkong sind nun bekannt.“

Das Belauschen dieser Experten hatte den gleichen Effekt, der sich auch einstellte, wenn ich sie im Fernsehen beobachtete – je länger ich dabei war, desto berauschter wurde ich.

Während der offiziellen Vorträge wollte das Publikum heiße Tips von den Sprechern erfahren, wohingegen die Sprecher es vorzogen, ihre Methoden zu lehren. Das erinnerte mich an das Sprichwort: „Wenn du einem Mann einen Fisch gibst, wird er für heute zu essen haben, aber wenn du ihm zeigst, wie man fischt, wird er für immer zu essen haben.“ Ich bedauere den Umstand, daß viele von uns auf der Suche nach einem Fisch waren und wohl kaum noch weniger Interesse für die Angellektionen hätten zeigen können. Die Sprecher schienen das zu verstehen und rückten mit ihren heißen Tips erst am Ende ihres Vortrags heraus. Das hielt uns in unseren Sitzen.

Ich war erstaunt über die Vorsorge und Kalkulation, die nötig sind, um eine lohnenswerte Aktie auszumachen. Man geht dabei weit darüber hinaus, einfach die Nachbarn zu fragen. In der Tat provozierte ein seit langem bestehender dogmatischer Disput zwischen zwei Lagern genausoviel Streiterei, wie man sie auf einem Diskussionswochenende verschiedener Glaubensrichtungen oder einem ökomenischen Konzil erleben könnte. Diese rivalisierenden Lager werden als Techniker und Fundamentalisten bezeichnet, und beide waren gut vor Ort vertreten. Man sollte sich nicht an die Börse wagen, ohne sich für ein Lager zu entscheiden, so einer der Punkte, in dem man sich absolut einig war. Mir war das neu. Ich wußte nicht einmal, ob meine Brokerin Katholikin oder Jüdin war.

Soweit ich verstand, glauben die technischen Analytiker, daß man den Markt am besten vorherbestimmen kann, wenn man die Marktaktionen selbst beobachtet. Viele der Anhänger dieser Methode studieren Marktbewegungen anhand von Graphiken und Charts, so daß sie auch als Chartisten bekannt sind. Bei der Konferenz konnte man die Chartisten an den Stapeln von Grafiken erkennen, die sie mit sich herumschleppten und an das Publikum verteilten. Jene Zickzacklinien im Dow Jones Average, die der Rest von uns für den künstlerischen Beitrag zum Wirtschaftsteil hält, studiert der Chartist wieder und wieder, um dadurch das nächste Zick oder Zack vorherbestimmen zu können.

Es muß nicht der Dow Jones Averages sein. Es könnte eine bestimmte Aktie, ein Schweinebauch, der Zinssatz, der Transportation Index oder alles andere sein, das sich in Schlangenlinien ausdrücken läßt und von einem Chartisten interpretiert werden kann. Ich sah ein paarmal zu, wie sie das machten. Sie ziehen eine Grafik heraus, schauen kurz auf die Wellenlinien und sagen Dinge wie: „Die hier ist reif für einen Ausbruch nach oben", oder: „Die hier fällt unter ihren gleitenden Durchschnitt", oder: „Diese Kopf/Schulter-Formation ist ein sicheres Zeichen für ein Desaster."

Ohne überhaupt den Namen der Firma oder das Produkt, das diese herstellt, zu kennen, kann ein Chartist einen Chart ansehen und Ihnen sagen, ob die Aktie stillsteht, Zuwachs verzeichnet, sich verdoppelt hat, ob sie unruhig, konsolidiert oder nach unten gefallen ist. Nachdem ich mich mit verschiedenen Chartisten unterhalten hatte, wußte ich, daß es vier Stadien in einem Aktienzyklus gibt: Umsatzzunahme, Kurserhöhung, Verteilung (der clevere Investor verkauft an den dummen Investor) und panische Liquidation (der dumme Investor steigt mit Verlust aus dem Geschäft aus). Geben Sie einem Chartisten jede Kurstabelle, die Sie wollen, und er wird Ihnen binnen einer Sekunde verkünden, welches Stadium eine Aktie erreicht hat. Es gibt sogar Charts innerhalb der Charts, aus denen man erkennen kann, wann der zugrundeliegende Vorgang das Gegenteil des Offensichtlichen ist. Dies wird als „Divergenz" bezeichnet und Chartisten halten immer danach Ausschau.

Chartlesen ist ein uraltes Verfahren, und Chartlesen zu Investmentzwecken gibt es mindestens seit zwei Jahrhunderten, obwohl niemand weiß, wer damit begonnen hat. Bereits im Jahre 1840 war die Charttechnik im Aktiengeschäft ein beliebtes Verfahren in Amerika. Lange bevor andere Marktforschungsverfahren existierten, hatte sich die Veröffentlichung von Aktiencharts bereits zu einer umfassenden Industrie entwickelt. In der Vergangenheit, als die Wall Street von ein paar wenigen heimtückischen Tycoons kontrolliert wurde – unter anderem Daniel Drew und Cornelius

Vanderbilt –, waren die Kleinanleger auf Charts angewiesen, um herauszufinden, welche Aktien durch Manipulation nach oben getrieben wurden.

Heute, wo wir die wenigen heimtückischen Tycoons durch „Marktkräfte“ ersetzt haben, um das Auf und Ab der Wall Street zu erklären, ist das Chartverfahren beliebter denn je. In jeder Zeitschrift und Zeitung findet man Charts, im Fernsehen wird noch mehr darüber berichtet und jeder Heimcomputer kann seine eigenen Charts erstellen. Seit kurzem gibt es einen stetigen Zuwachs an Leuten, die das Chartlesen beherrschen. Dieser Trend zeichnet sich ebenfalls in anderen Kategorien der technischen Analyse ab, die sich zum Beispiel mit der Stimmung unter den Investoren beschäftigt, dem tägliche Handelsvolumen, dem Verhältnis von steigenden zu fallenden Aktien oder anderen Anhaltspunkten.

Unter den zahlreichen Chartisten und anderen technischen Analytikern bei der Konferenz gab es einige Berühmtheiten, unter anderem Stan Weinstein und besonders Robert Prechter, Jr., den ich am Rande des Schwimmbeckens mit Beschlag belegte. Herr Prechter war Anfang dreißig, aber in seinem Gesicht waren noch keine Fältchen zu sehen. Eigentlich sah er aus wie ein Engel, und wenn man den Erzählungen seiner zahlreichen Freunde und Bewunderer glauben darf, hat er eine ebenso engelhafte Persönlichkeit. Ich war derselben Meinung – nachdem er mir eine Unterredung zugesagt hatte. Wir saßen zusammen an einem Tisch im Freien, umgeben von einigen seiner Fans.

Herr Prechter erzählte mir, daß er seinen Abschluß in Yale gemacht und den bekannten Weg zur Wall Street eingeschlagen hatte, obwohl er bereits davor auf die eigenartigen und in Vergessenheit geratenen Forschungen eines Mannes namens Elliott gestoßen war. Herr Elliott hatte alle Börsenbewegungen auf eine Serie von Wellen reduziert, ähnlich den Lichtwellen in der Physik. Im Verlaufe dieser Arbeit hatte er ebenfalls alle Kriege, Wirtschaftskrisen, Seuchen, Katastrophen, Eroberungen, Völkerwanderungen und andere wichtige Ereignisse in der Menschheitsgeschichte auf eine Serie von Wellen reduziert. Durch dieses kosmische Zick-Zack konnte Herr Elliott alles erklären, was sich auf unserem Planeten ereignet hatte, bis hin zu den Assyrern, und er konnte darüber hinaus die Zukunft vom Heute bis zum Jüngsten Gericht vorherbestimmen.

Diese Theorie fesselte Herrn Prechter und er fuhr damit fort, Herrn Elliott zu studieren. Obwohl es ihm nicht möglich war zu beweisen, ob es Wellen gewesen waren, die den Hunnen Attila oder Napoleon besiegt hatten, versuchte er die Wellentheorie dafür zu benutzen, um das Fixing für den Dow Jones Transportation Average in einer bestimmten Woche des Jahres 1975 vorherzusagen. Zu seinem Entzücken funktionierte es. Unglücklicherweise war Elliott 1948 gestorben, so daß Herr Prechter sich für weitere Anweisungen nicht direkt an die Quelle wenden konnte; er entdeckte jedoch einen Herrn A. J. Frost jüngeren Jahrgangs, der ihn die Feinheiten lehrte. Seitdem hat Herr Prechter sein Leben den Wellen gewidmet. Er verfolgt den Anlagemarkt in einem Börsenbrief namens *Der Elliott Wellen Theoretiker*, den er von seinem Büro in Gainesville, Georgia, aus veröffentlicht.

Sie können ruhig in schallendes Gelächter ausbrechen, aber Herr Prechters Vorhersagen sind zeitweise von prophetischer Natur gewesen. Laut *Hulbert Financial Digest* rangiert sein Börsenbrief hinsichtlich der Rentabilität seiner Ratschläge unter Hunderten konkurrierender Publikationen beständig unter den Top Fünf. (*Hulberts Digest* ist ein sehr bekannter Börsenbrief, der sich der Bewertung aller anderen Börsenbriefe widmet. Ein weiteres Beispiel dafür, wie kompliziert das Geschäft geworden ist.)

Ich fragte Herrn Prechter, ob der Kleinanleger heutzutage noch eine reelle Chance habe, und er sagte, daß er das bezweifeln würde. „Mit Sicherheit läßt sich sagen, daß die Massenpsychologie mehr und mehr ihren Ausdruck findet. Die Leute denken, daß offene Fonds sie schützen werden, aber am Ende ist es kein großer Unterschied, ob sie für sich selbst oder durch den Manager eines offenen Fonds investieren." (Ich machte mir einen geistigen Vermerk, das Geschäft mit den offenen Fonds später zu untersuchen.)

Mir persönlich riet er, mein Geld auf dem Sparbuch zu lassen und härter zu arbeiten. Das bezeichnete er als „investiere in dich selbst.“

Herr Prechter hatte noch nie etwas von Angstrom gehört, aber er zeigte mir seinen neuesten Wellenchart hinsichtlich der Zukunft der Börse im allgemeinen. Nach all den Zweifeln und Konfusionen war es eine große Erleichterung, die Möglichkeit zu haben, ganz klar zu sehen, wo wir uns befinden. Wir hatten den Höhepunkt einer dritten Miniwelle in einem fünfwelligen Börsenzyklus erreicht. Bald würde es einen leichten Bogen nach unten geben, aber Herr Prechter sagte, dieser würde nicht lange anhalten. Nach diesem kurzen Bogen nach unten würde die Börse einen außergewöhnlichen Aufstieg beginnen, der fast direkt zu einem Dow Jones Industrial Average-Höchststand von 3.440 führen würde. Dann würde ein fürchterlicher Abwärtstrend einsetzen, schlimmer noch als der Crash, schlimmer als in den 30er Jahren, als die Kurse einen vollständigen Kollaps erlitten. Ich danke Herrn Prechter im voraus für diesen guten Rat Nummer Elf:

»Steige sofort aus, wenn der Dow 3.440 erreicht.«

Bevor ich die Chartisten verlasse, muß ich ehrlicherweise erwähnen, daß wissenschaftlich erwiesen ist, daß das Chartlesen so nutzlos und unverläßlich wie das Lesen von Taubenflügeln oder Schweineblasen ist. Das lernte ich im Rivalenlager der Fundamentalisten. Sie schwören, daß ein berühmter französischer Mathematiker aus dem 19. Jahrhundert bereits ohne Zweifel bewiesen hat, daß es kein statistisches Muster gibt, das sich wiederholt, außer durch Zufall. Diese „Random-Walk-Theorie“, wie sie genannt wird, sollte den Chartisten so sicher ein Ende machen wie Pasteur dem Märchen von den Elfen oder Kobolden im Blutkreislauf. Das ist ihr jedoch nicht gelungen.

Ein vehementer Kritiker der Chartisten, der mich gebeten hat, anonym zu bleiben, zeigte mir ein Buch mit dem Titel *The Pitfall of Speculation,* das 1906 geschrieben wurde. Der Autor warnte sogar damals davor, daß Charts „unzuverlässig, absolut sinnlos und höchst gefährlich“ seien. Vor kurzem hat ein Professor aus

Yale nochmals bewiesen, daß die aneinandergereihten Zicks aus der Vergangenheit mit dem zukünftigen Kurs nichts zu tun haben. Die Chartisten betrachten derartige Einwände kurzerhand als akademisch.

Das gegnerische Lager der anwesenden Fundamentalisten zeigte eine vorübergehende Toleranz für die Chartisten, und beide Seiten vermischten sich in der Schlange am Buffet. Fundamentalisten konnten es sich leisten, sich weniger um Grafiken und Schlangenlinien zu kümmern. Sie konzentrieren sich auf die Gewinne der Aktiengesellschaften, auf die Wirtschaft und die Ereignisse in der realen Welt, die einen Einfluß auf Investitionen haben.

Ein Fundamentalist, den ich sofort mit Beschlag belegte, war Al Frank, eine massive Zero Mostelian-Erscheinung in einer lila Hose, die sich an der Taille durch einen Gummizug aufbauschte. Herr Frank hatte ein Gesicht wie ein Gnom und war auf eine reizvolle Art schüchtern. Im Fernsehen hatte ich viele Male dabei zugesehen, wie er sich für sich selbst entschuldigte und Dinge sagte wie: „Der Markt bringt mich einfach ganz durcheinander." Ich hatte ihm kaum die Hand gegeben, als er sich für seinen schlechten Atem entschuldigte. Er sagte, er habe im Flugzeug keine Zeit gehabt, sich die Zähne zu putzen.

Ich nahm ihn beiseite und lud ihn zum Mittagessen ein, wo er mir seine bemerkenswerte Geschichte erzählte. Er war Professor für Amerikanistik und hatte in den frühen 70er Jahren hobbymäßig damit begonnen, mit einem Investitionsportefeuille von einigen wenigen hundert Dollar zu arbeiten. Es stellte sich heraus, daß er so erfolgreich gewesen war, daß er Ende 1977 bereits $ 8.000 in seinem Depot verzeichnete, sich weitere $ 8.000 dazu lieh und sich dann ganz und gar dem Wachstum diese Geldes widmete. 1982 gab er seinen Job auf und stieg hauptberuflich ins Investmentgeschäft ein.

Im Gegensatz zu Herrn Prechters Empfehlung hatte Herr Frank nicht in sich selbst investiert, sondern seine Zukunftshoffnungen an ein paar Tausend Dollar gehängt, die er in Aktien anlegte. Ich erzählte ihm, daß ich vor kurzem das gleiche getan hätte, was uns zu Seelenverwandten machte. Der Unterschied war, daß Herrn Franks Portefeuille bis heute auf $ 1,2 Millionen angewachsen war, woraufhin ich bedauerte, daß ich ihn zum Mittagessen eingeladen hatte.

Herr Frank bemerkte, daß er während dieser Zeit in sein Depot auch noch ein paar Hunderttausend eingezahlt habe – so daß man nicht direkt an das Klischee „vom Tellerwäscher zum Millionär" denken darf. Außerdem, so fuhr er fort, habe es 10 Jahre gedauert, bis er die 1,2 Millionen erreicht hatte. Dennoch, der Zuwachs war beeindruckend und genauso, wie ich es mir insgeheim für mich selbst erhoffte. Herr Frank erklärte mir, daß er auf halber Strecke seiner Anstrengung begonnen hatte, einen vervielfältigten Börsenbrief herauszugeben, der seine Methoden erklärte und den Weg zu seinen Ergebnissen nachvollzog. Ursprünglich wollte er seinen Börsenbrief *The Pinch-Penny Speculator, a Fortnightly Epistle on Investing* nennen. Später vereinfachte er den Titel zu *The Prudent Speculator.*

Heute hat *The Prudent Speculator* eine beachtliche Gefolgschaft: einige tausend Abonnenten bei einem jährlichen Preis von $ 175. Herr Frank zeigte mir einige Probeexemplare. Es war der einzige Börsenbrief, den ich gesehen hatte, der Robert Byron oder Tacitus oder Kipling zitierte. Laut *Hulberts Digest* war er in den USA einige Jahre lang unter den Top Fünf-Börsenbriefen für profitable Ratschläge gewesen. Was Herrn Franks Ruf angeht, charmant, ehrlich und bescheiden zu sein, werde ich mich nicht äußern. Als ich ihm zu seiner Glückssträhne gratulierte, erinnerte er mich schnell, daß Glückssträhnen versiegen können. Als ich ihn fragte, ob ich seinen Börsenbrief abonnieren sollte, warnte er mich davor, daß „es genauso schwierig ist, den Börsenbrief für den gesamten Markt zu entdecken wie die hundertprozentige Aktie". Er sagte viele sonderbare und wunderbare Dinge, wie zum Beispiel: „Vielleicht bin ich paranoid", „nehmen sie sich in Acht vor der Tautologie", „ich habe eine merkwürdige Bewunderung für das logisch Absurde" und „ich habe niemals jemanden vergewaltigt."

Der letzten Bemerkung ging eine Einladung auf sein Zimmer

voraus, wobei Herr Frank mir versprach, mir einige Fundamentalistenglaubensgrundsätze mitzuteilen. Hocherfreut nahm ich die Einladung an. Sobald ich es mir in einem Stuhl in der Ecke gemütlich gemacht und Herr Frank sich auf dem Bett ausgebreitet hatte, begann das Telefon zu klingeln. Es klingelte unaufhörlich während meines ganzen Besuchs. Die Zeitschriftenreporter hatten ihn schließlich aufgestöbert, wofür er sich natürlich entschuldigte.

Während Herr Frank Telefoninterviews gab, blätterte ich durch „The Book", einem dicken Bericht über seine derzeitigen Anlagen, der die etwa 130 Firmen, von denen er Aktien hielt, beurteilte. Ich konnte an den Daten sehen, daß viele dieser Aktien vor Jahren gekauft worden waren. „Kaufe und halte" war eine seiner Fundamentalistenregeln.

Ich suchte unter A nach Angstrom und war enttäuscht, es nicht zu finden. Amfesco Industries kam ihm von der Schreibweise am nächsten und so fragte ich Herrn Frank, nachdem er den Hörer aufgelegt hatte: „Was tut Amfesco eigentlich?" „Was weiß ich", sagte er und federte auf seinen Bett hin und her. „Ich kann mir nicht einmal von der Hälfte der Firmen merken, was sie tun; das war schon immer so." Ihm zufolge würde nur ein Amateur Hershey-Aktien kaufen, weil er Hershey-Schokolade mag, oder in Subaru investieren, weil er einen Subaru fährt, oder irgendeine Aktie wegen des Ansehens der Firma kaufen. Nach dieser Erklärung machte es mir nicht mehr so sehr zu schaffen, daß ich Angstrom gekauft hatte, bevor ich mir den Namen merken konnte.

Herr Frank spottete über das Chartlesen, obwohl er zugab, mit einigen Chartisten befreundet zu sein. Anstatt seine Zeit mit Schlangenlinien zu verschwenden, suchte er nach Gewinnberichten von „unterbewerteten Firmen", kaufte deren Aktien und wartete darauf, daß die Firmen ihren „eigentlichen Wert" erreichten. Als ich ihn fragte, was das für den Laien bedeute, sagte er: „Finden sie etwas, das für 20 Cents verkauft wird, von dem sie wissen, daß es einen Dollar wert ist. Kaufen sie es für 20 Cents. Machen sie es sich gemütlich und warten sie, bis sie einen Dollar dafür bekommen."

„Wie weiß ich, ob etwas einen Dollar wert ist?“ fragte ich und dachte, er würde mir raten, eine Gleichung aufzustellen. Aber laut Herrn Frank ist die fundamentalistische Methode einfach und jeder Idiot kann sie erlernen. Die wichtigen Zahlen – solche wie Gewinne, Verkäufe und Buchwert – stehen alle im Jahresbericht, den Sie und ich in den Abfall werfen. Herr Frank schlägt diese Berichte tatsächlich auf. Dabei sucht er besonders nach Aktien, die „sich zum zehnfachen Gewinn oder weniger, einem Kurs/Umsatz-Verhältnis von ungefähr 20 Prozent und unter dem angegebenen Buchwert pro Aktie verkaufen.“ Es ist heute schwer, aber nicht unmöglich, solche Schnäppchen zu finden.

Die wichtigste Berechnung Herrn Franks ist das Kurs/Gewinn-Verhältnis oder KGV. Ein großer Vorteil der KGV-Bewertung jeder einzelnen Aktie ist, daß sie täglich in den Kurstabellen der Zeitungen veröffentlicht wird. Herr Frank sagte, um das KGV zu verstehen, müsse man zuerst erkennen, daß die „Gewinne“ einer Firma sich von den „Dividenden“ unterscheiden. Es kann zum Beispiel sein, daß eine Firma keinerlei Dividende auf ihre Aktien ausgibt. Sollte die Firma jedoch viel Geld verdienen, könnte die Aktie ein vorteilhaftes KGV haben. Im Gegensatz dazu ist es möglich, daß die Firma eine hohe Dividende ausgibt und dennoch kärgliche Verdienste und ein unvorteilhaftes KGV aufweist. Wenn Herr Frank nach seinen Börsenschnäppchen sucht, ignoriert er Dividenden und konzentriert sich auf Gewinne.

Das KGV einer jeden Aktie ist einfach der gegenwärtige Tageskurs der Aktie, geteilt durch den Jahresgewinn pro Aktie. Herr Frank erklärt das folgendermaßen: Wenn eine Aktie sich zu $ 10 pro Stück verkauft und die Firma $ 1 pro Aktie in diesem Jahr verdient, dann ist das KGV der $ 10-Tageskurs geteilt durch den $ 1-Gewinn, also 10. Je mehr Geld eine Firma im Verhältnis zum Tageskurs verdient, desto niedriger ist das KGV. Je niedriger das KGV, desto besser das Schnäppchen. Herr Frank kauft bevorzugt Aktien mit einem KGV, das bei 8 oder darunter liegt, aber es gibt keine strikte Regel.

Das KGV einer jeden Aktie kann mit den KGVs ähnlicher Aktien verglichen werden, um zu entscheiden, welche das beste

Schnäppchen ist. Dazu kommt, daß es für den Gesamtaktienmarkt ein übergreifendes KGV gibt – ein guter Indikator dafür, welche Richtung, der Markt als ein Ganzes einschlagen könnte. Sind die Investoren optimistisch, steigt das Gesamt-KGV, da immer höhere Preise für Aktien gezahlt werden. Sind die Investoren pessimistisch, rutschen die KGVs so sehr ab, daß beinahe jede Aktie ein Schnäppchen ist. Das war 1974 passiert. Während ich versuchte zu lernen, wie man ein Fischernetz auswirft, um die Proteinversorgung meiner Familie während des kommenden wirtschaftlichen Kollapses sicherzustellen, hatte Herr Frank eifrig Tausende von Aktien gekauft, die sich seither im Wert verdreifacht, vervierfacht oder versechsfacht hatten. Als unser Gespräch stattfand, bewegte sich das Gesamt-KGV um die 14 herum, einer mittelhohen Preisklasse mit einigen wenigen Schnäppchen, die noch zu haben waren. Herr Frank erzählte, daß in früheren Haussemärkten, wie zum Beispiel dem berühmten der 1920er Jahre, die Spitze erst erreicht war, als das Gesamt-KGV die euphorische Zahl 30 erreicht hatte. Aus diesem und anderen Gründen war er davon überzeugt, daß der Markt steigen würde, vielleicht bis auf einen Dow von 3.000, wobei er sich nicht für Herrn Prechters 3.440 verbürgen könne.

Herrn Franks Methode des niedrigen KGVs gibt nur eine Richtung der Fundamentalisten wieder, die ich ohne Zweifel zu vereinfacht dargestellt habe. Einige Fundamentalisten, die ich traf, schenkten den KGVs wenig oder gar keine Beachtung. Einige investierten in Wachstumsaktien, häufig in neue Firmen mit KGVs, die bis zu 80 betrugen, gemäß der Theorie, daß große Gewinne sich später einstellen würden. Einige wählten ihre Aktien nach Dividenden aus. Einige kauften ihre Aktien in den sogenannten zyklischen Industrien und verkauften alles am Ende eines jeden Wirtschaftsbooms. Einige kauften Aktien als Vermögenswerte und dabei in der Regel Immobilien, Öl oder Metalle. Einige versuchten ihr Glück mit Firmen, die sich gerade restrukturierten. Einige kauften Aktien von Firmen, die sich gerade destrukturierten.

Was die Kluft zwischen den Fundamentalisten und Chartisten

betrifft, so schien wenig Aussicht auf eine Versöhnung zu bestehen. Beide Seiten stimmten darin überein, daß jeder Investor an etwas glauben sollte, egal ob das Vermögenswerte oder KGVs seien, Auf- und Abwärtsbewegungen oder Advance/Decline-Linien. Außerdem sollte jeder Investor einen Broker finden, der in diesen Punkten mit ihm einer Meinung ist. Ein fundamentalistischer Investor kann nicht vernünftig von einem chartistischen Broker vertreten werden, der Schlangenlinien deutet. Ebenso entsetzlich ist es, wenn ein Chartisteninvestor mit einem Broker zusammenarbeitet, der Aktien mit niedrigen KGVs kauft.

Hätte ich das alles zu einem früheren Zeitpunkt gewußt, dann hätte ich meinen Brokern die entscheidende Frage stellen können: Chartist oder Fundamentalist? Andererseits, vielleicht hätte das gar keine Rolle gespielt. Aufgrund meiner Interviews vermute ich, daß die meisten Broker von sich behaupten würden, sowohl Chartisten als auch Fundamentalisten zu sein, bis sie den Kunden einschätzen können.

Sollten Broker in dieser Debatte Partei ergreifen, dann immer für die Fundamentalisten. Offensichtlich ist es einfacher, ein Fundamentalist zu sein, wenn man Verluste erklärt. Jene schmerzhaften Ereignisse sind für Chartisten problematischer, da sie entweder zugeben müssen, daß ihre Charts falsch waren oder daß sie eventuell die Schlangenlinien fehlinterpretiert haben, was in beiden Fällen nach Versagen klingt. Im Gegensatz dazu kann ein fundamentalistischer Broker einfach sagen: „Ihre Aktie ist gefallen, weil ihr fundamentaler Wert vom Markt noch nicht erkannt wird."

Obwohl ich Frau Garrett niemals nach ihrer Zugehörigkeit gefragt hatte, rief ich sie ein paarmal an, um von der Konferenz zu berichten und einige Informationen einzuholen. Nach meiner Begegnung mit Herrn Prechter zum Beispiel bat ich sie, mir die Angstrom-Charts zuzuschicken. Sie sagte mir, sie habe keinen Angstrom-Chart, würde aber versuchen, diesen aufzutreiben. Nach meiner Unterredung mit Herrn Frank rief ich sie nochmals an, um Angstroms gegenwärtiges KGV zu erfahren. Sie sagte mir, sie wisse das nicht aus dem Stegreif, würde aber versuchen, es herauszufinden. Sie vermutete, daß es auf einer Skala von „sehr hoch“ bis „sehr tief“ bei „sehr hoch“ anzusiedeln sei.

Ein hohes KGV würde Angstrom zu einer aufstrebenden, im Wachstum begriffenen Aktie machen, das Gegenteil von Herrn Franks unterbewerteten Aktien. Obwohl ich mich kurzzeitig von Herrn Frank beeinflussen ließ, verließ ich Fort Lauderdale in der Überzeugung, daß ein hohes KGV – aufstrebend und im Wachstum begriffen – der wirklich sinnvolle Plan war.

Zum derzeitigen Zeitpunkt hatte ich eigentlich gehofft, bereits eine zweite erfolgreiche Investition getätigt zu haben. Nachdem ich aber all die Unannehmlichkeiten gesehen hatte, die Experten erleben und bei denen sich nichts als Widersprüche ergeben, war ich über mich selbst etwas verunsichert. Außerdem hatte Angstrom fast unmittelbar, nachdem ich auf der Konferenz gelernt hatte, warum ich sie ausgewählt hatte, begonnen, abzurutschen. Dies ist ein weiteres Beispiel dafür, daß ein bißchen Wissen eine gefährliche Sache sein kann.

Anfang Februar fiel der Kurs innerhalb eines Tages von seinem Höchststand bei 2 3/4 auf 2 3/8 und verlor dabei 10 Prozent seines Wertes.

Vielleicht hatten ja viele andere Leute gerade gelernt, worauf sie bei einer im Wachstum begriffenen Firma achten müssen, und alle auf einmal hatten beschlossen, daß Angstrom nicht das Gelbe vom Ei war.

Ich teilte meine Besorgnis meiner Brokerin Frau Garrett mit, die mir sofort anbot, bei ihrer Quelle in Philadelphia Erkundigungen einzuholen, eben bei dem Mann, der Angstrom als erster empfohlen und sie die ganze Zeit verfolgt hatte. Seinen Namen wußte ich immer noch nicht, nur daß Frau Garrett sagte, er sei sehr klug. Sie rief mich zurück, um zu berichten, was er gesagt hatte: daß der Rückfall auf die „allgemeine Marktsituation“ zurückzuführen sei und „der clevere Anleger weiter hält“. Es kursierte das Gerücht, daß Angstrom kurz davor stand, den Abschluß eines großen Regierungsauftrages zu verkünden, woran der clevere Anleger geglaubt haben muß, während der dumme Anleger ausstieg.

Es ist erstaunlich, wie sehr der Satz „der clevere Anleger hält weiter“ die Wahrnehmung eines Investors verändern kann, indem er die reale Tatsache einer Pleite in ein Erfolgszeichen umwandelt. Der dumme Anleger muß weiterhin ausgestiegen sein, da Angstrom von 2 1/4 auf 2 1/8 zurückfiel und mich dabei immer näher auf den bekannten Punkt des „Glattstellens“ zusausen ließ. Ende Februar waren meine 5.000 Aktien laut Monatsbericht noch $ 9.687,50 wert, was einen rechnerischen Verlust von $ 455,75 bedeutete. Ich wertete dies als Zeichen, daß immer weniger Geld cleverer Anleger im Umlauf sei.

Meine Entscheidung, die Aktien zu halten, wurde durch die Qual, die die vielen Verkäufe der dummen Anleger verursachte, ständig auf die Probe gestellt. Ich überflog meine Liste mit zeiterprobten Regeln und tröstete mich mit: „Immer die Ruhe, nur keine Panik, verkaufe niemals zu früh.“ In meiner Angst begann ich, in das benachbarte Büro von Dis-Com Securities hineinzuschleichen, um das Symbol für Angstrom in deren Quotron einzuhacken. Dadurch konnte ich beobachten, wie der Kurs mit jedem Tag fiel.

Jedesmal wenn Angstrom ein neues Tief erreichte, rief ich Frau Garrett an, die mich, wie mir auffiel, nicht mehr von sich aus anrief. Sie würde ihre Quelle anrufen und mich mit verschiedenen Neuigkeiten zurückrufen wie zum Beispiel: „Verzögerungen in der Ankündigung des Regierungsauftrages“, „geringe Unstimmigkeiten innerhalb der Firma, die bald geklärt sein werden“, „anhaltende allgemeine Schwäche des Marktes“, und der besonders vielversprechende Ausspruch: „Gabelli wird vielleicht kaufen.“

Mario Gabelli, alias der Große Gabelli, war ein berühmter cleverer Anleger, der gelegentlich im *Barron's* zitiert wurde. Diese Gabelli-Geschichte war nur ein weiteres Gerücht, aber ich fand es beruhigend. Wenn Herr Gabelli Angstrom mochte und die Geduld hatte, die Aktionen der dummen Aktionäre abzuwarten, dann sollte ich das ebenfalls tun. Frau Garrett erzählte mir auch, daß weder sie noch einer ihrer Kollegen ihre Aktien verkauft hätten.

In einem anderen Telefongespräch jedoch, das mehr und mehr an die beruhigenden Monotonreden der Telefonseelsorger für

Drogenabhängige erinnerte, erwähnte Frau Garrett „mehr Verkäufer als Käufer" als weitere Erklärung für unseren kurzfristigen Rückschlag. Während ich diesmal um drei Uhr morgens wach in meinem Bett lag und mir Sorgen um Angstrom machte, erkannte ich, daß das Unsinn war. Schließlich muß es für jede Aktie, die verkauft wird, jemanden geben, der sie kauft – wie konnte also eine Seite der Transaktion der anderen zahlenmäßig überlegen sein?

Nachdem ich bis zum Sonnenaufgang einige Stunden über dieses Phänomen nachgegrübelt hatte, mußte ich zugeben, daß ich nicht verstand, warum Kurse steigen und fallen. Man müßte annehmen, ich hätte es inzwischen gelernt. Man müßte annehmen, daß jeder Kleinanleger solch eine einfache Sache erklären könnte, aber ich machte eine Umfrage unter einigen wenigen Freunden und zog dabei ebenfalls nur Nieten. Auf der Investmentkonferenz in Fort Lauderdale war niemals über die Kursmechanik diskutiert worden. Vielleicht haben Millionen von Menschen Aktien gekauft, ohne die geringste Ahnung zu haben, warum sie die Preise zahlten, die sie gezahlt hatten. Um derentwillen und um meinetwillen beschloß ich, daß dieses Mysterium aufgeklärt werden mußte.

Ich kehrte in die Bücherei zurück, um der Sache nachzugehen, und traf einen der glücklosen Individuen, die ich bereits beschrieben habe. Er nannte sich Bannister. Herr Bannister erzählte mir, daß er unter freiem Himmel schlafe, wenn möglich auf einer öffentlichen Bank, und darauf wartete, daß jemand ihn mit etwas Risikokapital versorge, damit er sich etwas zu essen kaufen könne. Ich investierte einige Dollar und fragte ihn dann, ob er wisse, warum Aktien stiegen und fielen. Er verblüffte mich mit folgender Antwort:

„Das ist wie bei einer Auktion, Mann. Schau's dir doch mal von dieser Seite an. Jemals auf 'ner Auktion gewesen? Eine Couch, ein Stuhl, was auch immer, verkauft an den Höchstbietenden? Mit Aktien ist es das gleiche, bloß daß die alte Ware immer wieder auf den Markt gebracht und wieder und wieder verkauft wird."

Nachdem ich Herrn Bannister verlassen hatte, fand ich einige Bücher, die seine Ansicht mehr oder weniger bestätigten. Während ich mir die Börse als Auktionshaus vorstellte, versuchte ich zu erfassen, was mit meinen Angstroms passiert war. Bei $ 1 15/16, dem Preis, zu dem ich eingestiegen war, muß es eine Menge Käufer, aber nicht so viele Verkäufer gegeben haben. Dann muß ein ängstlicher, beunruhigter Käufer das Gebot auf $ 2 erhöht haben. Dieser kleine Extraprofit schmeichelte noch ein paar anderen Verkäufern, aber immer noch nicht genügend vielen, um alle Käufer zufriedenzustellen, bis schließlich der letzte gierige Käufer sein Gebot auf $ 2 1/16 anhob. Diese $ 2 1/16 zogen noch ein paar Verkäufer an, aber der Vorrat muß schnell versiegt sein, da ein nachfolgender Käufer gezwungen war, sein Gebot auf $ 2 $ 1/8 zu erhöhen. So ging es weiter, bis der Kurs schließlich $ 2 3/4 erreichte, seinen Höchststand.

Zu diesem Zeitpunkt hatten viele Verkäufer ihre Aktien für $ 2 3/4 abgegeben, aber die Käufer waren verschwunden. Der ängstlichste der Verkäufer mußte den Kurs auf $ 2 11/16 fallen lassen, um die nächsten Käufer anzuziehen. Andere Verkäufer, die sahen, daß bei $ 2 11/16 kein weiterer Handel mehr zustande kam, waren dazu bereit, ihren Kurs auf $ 2 5/8 zu senken. Nachdem die Käufer aus diesem Deal verschwunden waren, bot jemand seine Aktien für $ 2 9/16 zum Verkauf an. Inzwischen hatten die Leute, die sich bei $ 2 3/4 noch geweigert hatten, sich von ihren Angstrom zu trennen, Angst bekommen und verschleuderten ihre Aktien zu viel niedrigeren Kursen.

Ist der Kurs so niedrig, daß niemand mehr verkaufen will – ich hoffte, daß das bald eintreten würde –, wären neue Käufer wieder gezwungen, ihre Gebote zu erhöhen, um neue Verkäufer anzulocken. Das würde den ganzen Prozeß zur Umkehr veranlassen, die Aktie würde einen wünschenswerten Aufwärtstrend beginnen und der clevere Anleger wäre bestätigt.

Bald erkannte ich, daß der Satz „mehr Verkäufer als Käufer" nur bedeutete, daß es zum gegenwärtigen Preis mehr Leute gab, die verkaufen, als solche, die kaufen wollten. Wenn ich nur die zukünftigen Verkäufer von Angstrom kontaktieren könnte, um sie von dem großen Regierungsauftrag zu überzeugen, der sich in Arbeit befindet, dann würden sie vielleicht damit aufhören, die Preise herunterzutreiben. Wenn ich nur die Leute finden könnte, die mir meine 5.000 Aktien anfänglich verkauft hatten, dann könnte ich ihnen sagen, was ich wußte, das sie nicht wußten, und vielleicht würden sie wieder ins Geschäft einsteigen.

Mir wurde bewußt, daß Aktien- und Anleihenverkäufe zu den wenigen Transaktionen gehören, wo eine Partei die andere nicht direkt treffen kann. Bei Autos, Möbeln, Häusern, Kleidung, Schmuck, Basketballkarten und anderen allgemeinen Waren haben wir die Möglichkeit, von Angesicht zu Angesicht zu feilschen – Käufer fragen Verkäufer, warum sie verkaufen, Verkäufer geben eine Begründung. Warum konnten wir nicht mit unserem Aktienkapital dasselbe tun? Warum sollten wir nicht unsere Aktien aus unseren Tresorschließfächern zusammensammeln, sie mit Stereoanlagen und Rollerskates im Garten ausbreiten und Pappschilder aufstellen, auf denen steht: NUR HEUTE! 100 IBM ZU $ 135 7/8 DAS STÜCK oder: GENERAL MOTORS, SPEZIALPREIS, 50 CENTS RABATT AUF $ 65. Warum sollten wir nicht unsere Aktien zum Flohmarkt fahren und sie für Wasserski eintauschen oder sie direkt gegen Bargeld verkaufen und dabei die Brokerkommission sparen?

Diesen Gedanken fand ich so aufregend, daß ich die Securities and Exchange Commisson, die staatliche Börsenaufsichtsbehörde, in ihrem New Yorker Büro anrief und mich erkundigte, ob es legal sei, meine Aktien auf einem Flohmarkt zu verkaufen. Ich wurde mit einem hilfsbereiten Rechtsanwalt namens Robert Anthony verbunden. „Es gibt nichts, was dem im Wege steht", sagte er. „Nichts, sofern sie dieses Unternehmen nur einmal durchführen. Sollten sie aber eine Gewohnheit daraus machen und beginnen, professionell mit Aktien zu handeln, dann müssen sie sich als Wertpapierhändler registrieren lassen. So sieht die Rechtslage in ihrem Fall aus."

Bevor ich damit einen Schritt weiterkommen konnte, sah ich eine Fernsehwerbung für die Zeitschrift *Barron's,* in der der Herausgeber sagte: „Sie kaufen eine Aktie in der Überzeugung, daß sie steigen wird. Das Problem ist, daß die Person, von der sie sie gerade gekauft haben, der Meinung ist, daß sie fallen wird.“ Ich erkannte, daß die Idee eines Garagenflohmarktes unpraktisch war. Wenn ich die Verkäufer von Angstrom von Angesicht zu Angesicht treffen würde, würden sie mir wahrscheinlich erzählen, daß es eine miserable Firma ohne Verkaufsabteilung und ohne Aussicht auf einen Regierungsauftrag sei. Wir würden streiten und diskutieren und niemals zu einer Übereinstimmung kommen; und für den Fall, daß wir uns einigen konnten, dann gäbe es niemals einen Verkauf.

Wenn ich zum Beispiel versuchen würde, Ihnen meine Angstroms zu verkaufen, dann würden Sie mich fragen, warum. Wäre ich ehrlich, müßte ich Ihnen gestehen, daß mir das KGV nicht gefällt oder daß die Charts verdammt schlecht aussehen oder was auch immer, und dann würden Sie nicht kaufen wollen. Ich könnte vielleicht damit durchkommen zu sagen, daß „ich von dieser Aktie genug habe“, oder „ich mein Portefeuille alle zwei Jahre erneuere“, oder „ich umziehe“, was die üblichen Entschuldigungen sind, die wir gebrauchen, um uns gegenseitig unsere Autos, Häuser oder Möbelstücke zu verkaufen. Ein Autoverkauf oder ein Hausverkauf kann beiden Beteiligten einen Gewinn bringen. In einem Aktienhandel gibt es einen Gewinner und einen Verlierer, und die Positionen sind sehr schnell klar.

Vielleicht existieren die offiziellen Börsen – die New York Stock Exchange und so weiter – nur, um den direkten Kontakt zwischen Käufern und Verkäufern zu verhindern, da sonst niemand mit Aktien handeln wollen würde. Vielleicht liegt hier der Grund dafür, daß jede Partei in einem Aktienhandel einen eigenen Professionellen engagiert, um die Geschehnisse zu interpretieren, so daß mein Broker mir sagen kann, „der clevere Anleger hält“, während der Broker des Verkäufers seinem Kunden mit derselben hundertprozentigen Überzeugung dazu gratuliert, „eine Niete abgestoßen zu haben.“

Mit diesen Vermutungen mitten in der Nacht war es nun weit genug gekommen. Da alles, was ich bisher über die Börse gehört hatte, aus zweiter Hand kam und manchmal sehr seltsam gewesen war, beschloß ich, zur Wall Street zu reisen, um mich mit eigenen Augen umzusehen.

11

Ein Narr an der Börse

Ich unternahm meine Reise Ende Februar 1986, mitten im Winter. Zu diesem Zeitpunkt hatte ich bereits mit genügend Gewinn gerechnet, um mir ein Zimmer im Plaza Hotel am südlichen Rand des Central Parks leisten zu können. Den Umständen entsprechend bezog ich statt dessen als Untermieter das leere Apartment eines Freundes in der 96. Straße, der eine barmherzige Monatsmiete verlangte. Anstelle des Burberry-Mantels, den ich gehofft hatte, mir leisten zu können, reichte es nur für einen fünf-Dollar-Cashmere aus einem Ramschladen. Die Mottenlöcher waren außer in direktem Licht kaum zu sehen. Ich tröstete mich mit dem Gedanken, daß ich in Kürze von einem Wissen aus erster Hand umgeben sein würde, von dem der Kleinanleger nur träumen kann. Dadurch könnte ich mein Vermögen eventuell aufbessern.

Um die Kosten für ein teueres Taxi zu sparen, nahm ich die U-Bahn-Linie Lexington Avenue nach Downtown. Die äußere Erscheinung der Mitfahrenden verbesserte sich mit jedem Halt, bis nur noch Leute in frisch gereinigten Burberrys mit einer makellosen Aktenmappe unter dem Arm und vertieft in das *Wall Street Journal* übrigblieben. An der Station Wall Street stiegen sie alle auf einmal aus, und ich ging hinterher.

Immer noch unter der Erde, stapften wir an einem Glasschaukasten vorbei, in dem die Geschichte der Börse dargestellt wurde. Ich blieb stehen, um die Details zu betrachten, verursachte dabei einen kleineren Verkehrsstau und mußte einige Beschimpfungen über mich ergehen lassen. Ich ignorierte sie und las weiter. Hier wurde bestätigt, daß unsere ersten Investoren Kriegsobligationen gekauft hatten. Diese Kriegsobligationen wurden gemeinsam mit den ersten Aktien in Kaffeehäusern und unter den Bäumen der Wall Street gehandelt. Es hörte sich an, als ob die Börse als Flohmarkt begonnen hätte und vielleicht einer geblieben wäre, wenn die Broker nicht beschlossen hätten, sich zu organisieren.

Die Pionierbroker verfaßten das sogenannte Buttonwood Agreement, eine Art Wall Street Magna Charta. Darin wurde die historische Verteidigung eines der Grundrechte des Menschen bestätigt: „die Errichtung regulärer Kommissionen."

Das Buttonwood Agreement war offensichtlich am 17. Mai 1792 unterzeichnet worden. Die Broker waren sehr erleichtert. Von nun an verließen sie den Flohmarkt im Freien unter den Maulbeerbäumen vor den Anwesen Wall Street 68–70 und bezogen vorübergehend einige Häuser. Im Jahre 1863 wurde die gegenwärtige New York Stock Exchange für den Handel geöffnet. 1867 wurden die ersten Kursanzeigetafeln installiert und am 15. Dezember 1886 wurden erstmals eine Million Aktien an einem Tag gehandelt.

Bevor ich damit fertig war, mir diese ganzen Informationen aufzuschreiben, brachen erneut Beschimpfungen über mich herein. Immer mehr Ungeduldige wurden hinter mir aufgehalten, nachdem zwei oder drei weitere U-Bahnen Hunderte von Passagieren mit *Wall Street Journals* unter dem Arm ausgespuckt hatten. Schließlich tauchte ich in die Menge ein, die mich die Treppe hinauf und auf den kalten Bürgersteig drängte. Sollten Sie die Fernsehwerbung kennen, in der man sieht, wie eine Investor bei Tagesanbruch alleine an dieser Stelle steht und ungeduldig darauf wartet, sich auf seine Konkurrenten zu stürzen, dann wissen sie bereits, daß die vielerorts gepriesene Wall Street eigentlich ein schmaler krummer Weg ist. Man hat mir erzählt, daß es hier früher eine richtige Wand gegeben hat zum Schutz gegen Wölfe, Plünderer und andere Feinde, die einen Überfall im Schilde führten. Dieser Schutz ist nicht mehr nötig, und die Wand ist schon lange abgerissen worden. Wenn man die aktuellen Investmentnachrichten liest, könnte man meinen, daß all die Wölfe, Plünderer und Feinde, die einen Überfall im Schilde führten, von der täglichen Geschäftsroutine absorbiert worden sind. An einem Ende des krummen Weges steht die Trinity Church mit Friedhof, am anderen Ende fließt der East River. Dazwischen galoppieren Menschenmassen hastig zu ihren Arbeitsplätzen. Aktentasche an Aktentasche wie Vollblüter in einem Wettrennen, die zusammengepfercht an einer Deichsel ziehen. Ich fragte mich, wie viele alte Collegefreunde wohl darunter seien, Menschen, die ich einst dafür getadelt hatte, daß sie reich anstatt glücklich werden wollten, und die nun $ 350.000 und mehr im Jahr verdienten und dabei genauso glücklich waren wie ich. In der Zeitung las ich, daß einer dieser alten Collegefreunde namens John Brim zum geschäftsführenden Teilhaber von Salomon Brothers ernannt worden war, dem großen und mächtigen Investmenthaus gleich gegenüber. Hätte ich ihm doch ab und zu eine Weihnachtskarte geschrieben oder losen Kontakt gepflegt, dann hätte ich nun wenigstens eine Ausrede, um sein millionenschweres Wissen anzuzapfen.

Es ergab sich, daß ich meinen ersten Kontakt mit der Wall Street durch Anatoli hatte, dem ein Süßigkeitenstand vor der New York Stock Exchange auf der Broad Street gehört. (Aus irgendeinem Grund wimmelt es im ganzen Finanzbezirk nur so von Süßigkeitenverkäufern.) Anatoli ist ein ehemaliger Mechaniker aus Rußland, der mir erzählte, daß er $ 25 am Tag damit verdient, indem er gelierte Früchte, Gummifrüchte, Gummitiere, Gummischlangen und sonstige Nascherei an Millionäre verkauft. „Haben sie irgendeinen guten Tip gehört?“ fragte ich ihn. Anatoli grinste breit, und ich konnte seine Inflationsvorsorge in Form von Goldzähnen sehen. „Keine Tips“, sagte er, „keine Tips.“ Er betonte, daß er noch nie in seinem Leben eine Aktie gekauft habe. Geben wir ihm Zeit. Er ist erst seit zwei Jahren in diesem Land und lernt gerade Englisch. Bald wird er genug verstehen, um den Wirtschaftsteil der Zeitung zu lesen.

Hinter Anatoli sah ich einige Männer und Frauen am Eingang des Börsengebäudes herumlungern. Sie trugen farbige Arbeitskittel mit großen Namensschildern an den Taschen. Man hätte diese Leute für forschende Chemiker oder für ein Reinigungskommando halten können, aber sie entpuppten sich als Händler aus dem Börsensaal, die den realen Kauf und Verkauf der Aktien ausführten. Ich fragte einige von ihnen nach ihren Tips, aber sie gaben mir keine Antwort. Vielleicht durften sie das nicht.

Die Fassade der NYSE ist einem Tempel der Minerva ebenbürtig. Hier haben wir kein aufgeputzes Geschäftsgebäude, sondern einen nüchternen Schrein aus weißem Granit. Über den griechischen Säulen thront ein Relief. Eine geschäftige kleine Szene, die so ungewöhnlich ist, daß ich ein Bild davon zeichnete. In der Mitte befindet sich eine Dame mit Ohren, die wie Flügel aussehen. Neben ihr starren zwei nackte Männer auf einige Babies. Neben dem nackten Mann auf der rechten Seite steht eine vollständig bekleidete Pilgerfrau, während der nackte Mann auf der linken Seite von einer anderen vollständig bekleideten Person verdeckt ist, die ein großes Rad hochhält. Im Hintergrund sind zwei weitere nackte Männer in ein Spiel vertieft, das wie Schach oder Backgammon aussieht, und im Vordergrund scheint ein ähnliches Duo Brandstiftung zu begehen. Ob diese Szene die Gefahren der Börse illustrieren sollte oder eine Gruppe von Aktionären, die ihre finanziellen Ziele erreicht haben und sich nun im Himmel befinden, war schwer zu sagen.

Ich ging durch den Eingang für die breite Masse und fuhr mit einem Aufzug zur Besuchergallerie im dritten Stock. Diese Gallerie ist vom Boden bis zur Decke mit rotem Teppich ausgekleidet und erinnerte mich an die Kinderbetreuung in einer Bowlingbahn oder an das Spezialzimmer eines Bordells. In die vertikalen Teppiche sind lehrreiche Schautafeln eingebettet. Ich studierte all die alten Fotografien und drückte all die Knöpfe, die die Tonbandaufzeichnungen aktivierten. Zwei Ratschläge gruben sich in mein Gedächtnis ein: „Vergewissern sie sich, daß sie genügend Reserven für familiäre Notfälle beiseite gelegt haben, bevor sie investieren", und: „Handeln sie mit Fakten, nicht mit Tips oder Gerüchten."

Im geschichtlichen Abriß der New York Stock Exchange wurde sehr offen eine tückische Vergangenheit beschrieben, in der Gerüchtemacher, Schurken und Betrüger den Kleinanleger schikanierten und ihm den größten Teil seines Geldes abnahmen. Über die Gegenwart äußert sich die Börse optimistisch. Von einem großen Fortschritt ist hier die Rede und von den besseren Chancen der Aktionäre. „Investitionsziele", so beschließt eine Tonbandaufzeichnung ihren Vortrag, „haben sich vom schnellen

Gewinn hin zu langfristigen Anlagen entwickelt, die Sicherheit garantieren.“

Gegenüber der lehrreichen Schautafel hängt unter der Decke ein Tickerband, ähnlich denen, die ich in den Brokerbüros gesehen hatte. Eine Gruppe von Besuchern saß aufmerksam da und starrte voller Respekt nach oben, und ich setzte mich glücklich dazu. Wie erheiternd war es doch zu beobachten, wie die Kursnotierungen genau im Gebäude ihres Ursprungs über die Wand zogen. Man sagte mir, daß jeder Handel mit über 100 Aktien und mehr, egal ob bedeutend oder unbedeutend, der von irgendeinem Investor irgendwo auf der Welt getätigt wird, hier und auf tausend anderen Bildschirmen auf der Welt aufleuchtet und sein ruhmvolles Echozeichen erhält. In diesem kurzen Moment werden Millionen von Zuschauern dazu inspiriert zu stöhnen, sich zu freuen und vielleicht aktiv zu werden, wenn sie etwa das Ergebnis IBM 133 1/2 oder SLB 40 lesen. Wenn man doch nur feststellen könnte, welche der IBM 133 1/2 einem eigentlich gehört!

Es gab eine Führerin, die auf einer halbrunden Plattform unter der Kursanzeigetafel stand und uns mit interessanten Fakten unterhielt. Sie erzählte, daß die New York Stock Exchange elf große Computersysteme besitze, die 415 Millionen Aktien pro Tag bewältigen könnten, eine Kapazität, die in Kürze auf 500 Millionen gesteigert würde. Es war noch nicht vorgekommen, daß an einem einzigen Tag 500 Millionen Aktien gehandelt wurden, aber man bereite sich darauf vor. In den sechziger Jahren wäre zum Beispiel ein 150 Millionen-Handel noch undenkbar gewesen und sei heute die Norm. In den frühen zwanziger Jahren konnte man froh sein, wenn man innerhalb eines Jahres einen 150-Millionen-Handel erreichte. Was damals noch ein ganzes Jahr dauerte, passiert heute innerhalb einer Woche, wenn die Geschäfte gutgehen. 150 Millionen Aktien wechseln dabei ihren Besitzer.

Als Gründe für diesen phänomenalen Zuwachs an Verkäufen und Käufen sehe ich zwei Erklärungen. Erstens gibt es heute mehr Aktien als damals. Allein an der New York Stock Exchange werden 51 Milliarden Aktien von 1.500 Firmen gehandelt. An der nahegelegenen American Stock Exchange sind weitere sieben Milliarden Aktien im Umlauf, und ungefähr 30 Milliarden werden beim Freiverkehrshandel, dem sogenannten Over-the-Counter-Handel (OTC), verzeichnet. Zählen sie dazu noch die Penny-Stocks und Familienunternehmen, die nicht öffentlich gehandelt werden, und es muß Milliarden von Aktien aller möglichen Arten von Unternehmen geben. Die meisten davon werden entweder als fungible Masse von den Maklerfirmen verwaltet (wobei alle Aktien aller Kunden auf einen undifferenzierten Haufen geworfen werden) oder separat in den Sparschweinen oder unter den Matratzen der Bevölkerung verwahrt.

1959 waren im ganzen Land nur 10 Milliarden Aktien im Umlauf, ein Fünftel dessen, was man heute allein an der New York Stock Exchange zählt. Vor einem Jahrundert etwa gab es von Küste zu Küste insgesamt nur wenige Millionen Aktien. Das Drucken von Aktien war ein sehr populäres Geschäft gewesen und zog weitaus mehr nach sich als all unsere Gold- und Öl-rushes zusammen.

Rechnet man alles zusammen, dann waren alle unsere Aktien insgesamt einige Billionen wert. Die Firmen, die an der New Yorker Börse gehandelt werden, sind insgesamt mehr als zwei Billionen Dollar wert, eine Summe, die fast so groß ist wie die Haushaltsschulden der USA. Die Aktien an der American Stock Exchange waren gut über 100 Milliarden Dollar wert und der OTC Handel kam auf etwa eine Drittelbillion.

Heute verwahren wir nicht nur mehr Aktien in unseren Sparschweinen und unter unseren Matratzen, sondern wir handeln sie auch häufiger. Man kann sogar sagen, wir transferieren fanatisch hin und her. Mehr als 35 Milliarden Aktien haben im letzten Jahr an der NYSE den Besitzer gewechselt. Viele dieser Aktien wechselten den Besitzer mehr als einmal. Da insgesamt 51 Milliarden Aktien an der Börse aufgelistet waren, kann man davon ausgehen, daß beinahe 3/5 aller Aktien in einem Jahr den Besitzer gewechselt haben. Weitere 28 Milliarden Aktien gehen über den OTC-Handel von Hand zu Hand. Wenn wir diese Zahlen zu den Milliarden, die an der American Stock Exchange gehandelt werden, dazuzählen, dann erreichen wir eine ausufernde Unbeständigkeit. Und dabei haben wir bisher nur die Aktien betrachtet.

Ich konnte nicht verstehen, wie diese Tatsachen mit der Tonbandaufzeichnung auf der Besuchergallerie harmonieren sollte, die mir erklärt hatte, daß wir „den schnellen Dollar“ zugunsten „langfristiger Anlagen, die Sicherheit garantieren“, aufgegeben hatten. Wenn Aktien sich so gut als langfristige Anlage eignen, dann frage ich mich, warum wir nicht damit aufhören können, sie ständig hin- und herzuhandeln, anstatt einfach an denen, die wir besitzen, festzuhalten?

Die letzte Frage war natürlich theoretischer Natur. Was Angstrom betraf, so war ich ganz persönlich wankelmütiger denn je und entzückt von der Vorstellung, diese Aktien gemeinsam mit Milliarden anderer Aktien zu versteigern. Nachdem die NYSE-Führerin ihre Vorführung beendet hatte, wartete ich mit etwa einem Dutzend anderer amerikanischer Investoren in einer Schlange darauf, einen der drei Quotrons zu bedienen, die für die Öffentlichkeit bestimmt waren. Der Mann vor mir machte einen verzückten kleinen Hüpfer als er den Tageskurs seiner Aktie abrief. Ich hackte „ASTI“, das Symbol für Angstrom, in den Computer ein, nur um zu sehen, daß die Aktie um ein weiteres Sechzehntel von 1 3/4 auf 1 11/16 gefallen war und damit unter meinem Glattstellungspunkt lag.

Meine Aufmerksamkeit wurde von einem Mann am Nachbarquotron abgelenkt, der mich fragte: „Kennen sie das Symbol für Brooklyn Gas?“ Ich antworte, daß ich es nicht kannte. Der Mann war groß und schlacksig und trug einen langen Mantel, der zerfetzter war als meiner. Als ich ihn murmeln hörte: „Sie fällt, wo sie doch eigentlich steigen sollte“, nahm ich an, daß er ein Kleinanlegerkumpel war. Er identifizierte sich als Lester Schwartz, ein Mathematiklehrer aus Brooklyn, der die Börse gerne in seiner Mittagspause besuchte.

Während wir gemeinsam die Rampe zur Aussichtsgallerie hinaufgingen, erzählte mir Herr Schwartz von seinem Anlegerschicksal. Es war eine traurige Geschichte, die folgendermaßen begann:

„Ich verdiente $ 10.000 mit einem dieser Anleihen-Rückrufdeals. Das war großartig.“ Von da ab sind die Ereignisse von „großartig“ zu „ganz gut“ bis hin zu „ziemlich beschissen“ abgesunken. Schon bald war er an der Stelle angelangt, wo er über seine Entscheidung, allen Aktien aus dem Weg zu gehen, berichtete. Er hatte sie gefällt, als er sich nach einer endlosen Kette von unvorstellbaren Verlusten glücklicherweise glattstellen konnte. „Ich habe mein ganzes Geld jetzt in Schatzwechseln angelegt, und den Rest kann man total vergessen“, sagte er. „Außer dieser einen Sache – Brooklyn Union Gas. Eigentlich war zu erwarten gewesen, daß die Aktie steigt, und jetzt ist sie auf Abwärtskurs.“

Als wir auf das große Glasfenster zugingen, von dem aus man den Börsensaal überblickt, gestand mir Herr Schwartz, daß er mich größtenteils angeschwindelt hatte. Er beichtete, daß er immer noch kräftig im Aktiengeschäft sei, und nicht nur mit der Brooklyn Union Gas Company. „Setzen sie mir einen Floh ins Ohr, und ich bin verloren“, gab er zu. Er gestand mir ebenfalls, daß er kein Mathematiklehrer sei. Er war nur so lange Mathematiklehrer gewesen, bis er sich mit dem Börsenfieber infiziert hatte und seinen Job aufgab. Ein guter Freund hatte ihn inspiriert. Dieser würde aus dem Koffer leben, in seiner Corvette schlafen und an der Börse spekulieren.

„Ist ihr Freund reich geworden?“ fragte ich. „Nein, eigentlich nicht“, sagte Lester. „Aber er hat einen Broker, der das geschafft hat.“ „Hat er Tips gegeben?“ fragte ich verwundert. „Manchmal.“ „Und, sind sie seinen Empfehlungen gefolgt?“ „Na ja, ab und zu. Zumindest habe ich noch mein Auto, habe immer noch mein Haus. Wissen sie, daß meine Ex-Frau dort unten arbeitet?“ Er deutete auf den Börsensaal. „Sie mußte sich einen Job suchen. Ich treffe sie überhaupt nicht mehr. Sie ist jetzt da unten.“

Wir standen zusammen am Glasfenster und schauten dort hinunter, wo Herrn Schwartz’ Ex-Frau sich aufhalten sollte. Unter uns spielte sich das wilde Spektakel des geschäftigsten Wertpapiermarktes der ganzen Welt ab. Wenn man die Ornamente an den Wänden und der dekorierten Decke betrachtet, dann könnte man diesen Raum für einen Ballsaal aus dem 19. Jahrhundert halten, der mit Tragbalken, Röhren und Kabeln vollgestopft ist, als ob eine Raumstation durch das Dach gefallen sei. Unter unseren Füßen gab es ein wirres Durcheinander aus blauen, roten und gelben Kitteln, aus hektischen Menschen, phlegmatischen Menschen und Menschen, die sich an bestimmten Stellen in einer Reihe angestellt hatten. Genau wie potentielle Käufer vor der Abendkasse einer ausverkauften Broadway-Show.

Eine Informationstafel erklärte die Szene: Die Läufer und Boten bringen Kauf- und Verkaufsorders zu den Floor Tradern, die sich ihrerseits um die Spezialisten – Kursmakler, die sich auf Geschäfte mit bestimmten Aktien „spezialisiert" haben – scharen. Auf der Tafel stand außerdem, daß jedes einzelne Wertpapier durch diese einsamen Individuen, die dort auf dem Börsenparkett stehen, gekauft und verkauft wird. Offensichtlich werden die kleineren Transaktionen sofort vom Computer registriert; jedoch alles, was über 100 Aktien hinausgeht, wird von einem Spezialisten abgeschlossen. Der für IBM zum Beispiel kauft alle IBM-Aktien, die von den Verkäufern angeboten werden, dann dreht er sich einmal um die eigene Achse und verkauft sie an interessierte Käufer weiter. Ein einziger Mensch hat damit das ausschließliche Monopol auf den Gesamtumsatz dieses Millionenunternehmens. Darüber hinaus muß ein und derselbe Verkäufer mit mehreren verschiedenen Aktien handeln, und es gibt 400 Spezialisten, die an insgesamt 14 Börsenständen alle Aktien, die an der NYSE gehandelt werden, verwalten.

Für mich war dies eine sehr verblüffende Situation. Jeder der Spezialisten muß an jedem einzelnen Arbeitstag Millionendollar-Beträge bewegen.

Über den Börsenständen der Spezialisten sind Bildschirme angebracht, über den Fußboden verstreut sich eine fantastische Unordnung zerknüllter Papierfetzen, und wir konnten selbst hinter der dicken Glasscheibe, 150 Meter vom Treiben entfernt, noch das allgemeine Fußgetrappel und Stimmengewirr hören. Ein gigantisches elektronisches Schriftband umspannt die ornamentierten Wände des Saals und rechts davon befindet sich die Glocke, die geläutet wird, um den Börsentag zu eröffnen und zu schließen. Einige Minuten lang beobachtete ich gebannt das Treiben, fasziniert von dieser exzentrischen Fusion aus Mensch und Maschine – dieses weltumspannende Netz aus Computern, Bildschirmen und Telefonen, die man in diesen anachronistischen Straßenbazaar integriert hatte, über dem der einsame Spezialist thront, mit den Fingern gestikuliert, die Ergebnisse seines Handels auf winzige Papierstückchen kritzelt und sich dabei nicht sehr von den alten Händlern in Alexandria oder Khartago unterscheidet.

„Das ist ein Flohmarkt“, rief ich Herrn Schwartz zu. Herr Schwartz schaute sich um und schüttelte den Kopf. „Das ist doch alles Lug und Trug“, sagte er. Irgend etwas, das er auf dem Parkett gesehen hatte, mußte ihn daran erinnert haben, daß die Japaner unsere Industrie erobert haben. „Wissen sie“, sagte er, „in meinem Haus ist nur der Küchentisch in den USA hergestellt. Alles andere kommt aus Japan, Singapur, Korea. Die Japaner, die haben nicht einmal ein Wort für Urlaub in ihrer Sprache. Die Japaner haben noch keinen Urlaub gehabt seit es Japan gibt. Wenn sie Erholung brauchen, dann gehen sie in die Berge, setzen sich in kleine Kabinen und befestigen Elektroden an ihrem Kopf, um neue Ideen zu bekommen. Kein Wunder, daß wir da hinterherhinken.“

„Wir sollten besser sehen, daß wir mit unseren eigenen Angelegenheiten zurechtkommen“, warnte Herr Schwartz, während er wie Moses seine Arme ausbreitete, um die ganze Länge und Breite der NYSE zu umfassen. „Das ist doch alles Lug und Trug.“ Er ging die Rampe hinunter zu den kleinen Quotrons und überprüfte nochmals den Preis von Brooklyn Union Gas. Das war das letzte Mal, daß ich ihn gesehen habe.

12

Auf dem Parkett

Als ich vor dem Glasfenster auf der Besuchergallerie stand, fing ich bereits an, darüber nachzudenken, wie man wohl in den Börsensaal gelangen könnte. Alles schien sich um diese Handvoll Spezialisten zu drehen, die den gesamten Handel unter sich ausmachten und so isoliert arbeiteten, daß der Kleinanleger nie von ihnen gehört hatte. Wenn es nur einen Weg gäbe, ihnen über die Schulter zu blicken und herauszufinden, wie sie arbeiteten. Wer weiß, was man an nützlichen Gerüchten oder profitablen Tatsachen aufschnappen konnte, wenn man diese Händler dabei beobachtete, wie sie inmitten des Papierwustes ihre Orders ausführten.

Mit diesen Gedanken im Hinterkopf rief ich das Pressebüro der NYSE an und bat höflich um eine Führung durch den Börsensaal, einschließlich eines kleinen Schwatzes mit einem Spezialisten. Unglücklicherweise hatte ich keinen Erfolg damit. Man sollte meinen, daß diese Leute sehr daran interessiert seien, den Kleinanleger zufriedenzustellen, den sie ständig als Rückgrat des amerikanischen Kapitalismus preisen, aber man ließ mich abblitzen. Man sagte mir, daß die Spezialisten in der Regel keine Interviews gäben und am besten von der Außenwelt zu isolieren seien. Aufgrund von rechtlichen Problemen und so.

Da ich nicht so leicht aufgeben wollte, wählte ich die Nummer des Pressebüros noch ein paar Mal und wurde mit ebenso vielen verschiedenen Verantwortlichen verbunden. Die beste Antwort, die ich erhielt, war: „Schreiben sie uns einen Brief." Da ich nicht die Geduld hatte, einen Brief zu schreiben, begrub ich alle Hoffnung auf eine offizielle Erlaubnis.

In der Zwischenzeit war ich in der *New York Times* auf einen Artikel über die Wall Street gestoßen, in dem ein Experte namens William Hayes einige Male zitiert worden war. Obwohl Herr Hayes nichts über Spezialisten sagte, klang er im allgemeinen so schlau, daß ich ihn anrief und mich vorstellte. Der glückliche

Zufall wollte es, daß Herr Hayes selbst für eine Spezialistenfirma arbeitete.

Er erzählte mir, daß er nicht mehr in allen Geschäftszweigen aktiv sei und mir nicht garantieren könne, ob er mich auf das Parkett bekommen würde. Er bot mir jedoch an, mich wenigstens zum Mittagessen mit in das NYSE-Casino zu nehmen. Das brächte mich meinem Ziel schon ein Stück näher.

Bereits hierfür mußten wir eine Sicherheitskontrolle passieren und ich mußte eine Besuchererlaubnis einholen, um den Aufzug betreten zu dürfen. Wir stiegen in einem der höheren Stockwerke aus und Herr Hayes führte mich in einen dunklen, aristokratischen Raum, der den Geruch von Walnußpolitur und Lederlehnstühlen verströmte. Er erinnerte mich an den Yale Club oder den New Yorker Jachtclub oder die Empfangshalle des „21". Alte Männer in blauen Blazern hatten sich in diese ganz spezielle ruhige, snobistische Haltung geworfen, die von den schrillen, gestikulierenden Ungetümen, die ich im großen Saal gesehen hatte, weit entfernt zu sein schien. Von dort aus hier her zu kommen war in etwa so, als ob man in die Residenz des amerikanischen Botschafters eintreten würde, nachdem man einem Straßenaufstand in einem chronisch instabilen Landes entkommen war. Ich ging mit Herrn Hayes zum Ende des Casinos, wo uns ein Maitre an unseren Tisch geleitete. Einem Mann mußten die Kellner vorkommen, als ob sie direkt aus alten Pullman Speisewagen entsprungen seien. An den Wänden hingen die ausgestopften Köpfe vieler ursprünglich wilder Tiere und die Leiber einiger großer Fische. Es kam mir in den Sinn, daß man diese eigentlich durch Büsten oder Wachsfiguren bestimmter Investoren ersetzen müßte, besonders durch die der Unglücksraben, denen man genug Geld stibitzt hatte, um die Walnußvertäfelung, die Lederlehnstühle und all die Jagdausflüge nach Afrika zu bezahlen.

Mein neuer Freund erzählte mir soviel er wußte über Spezialisten. Es stellte sich heraus, daß sie exklusive Konzessionen von der New York Stock Exchange hatten. Herr Hayes nannte dies das „ultimative Inventargeschäft". Es erkärte, daß ein Spezialist dafür zuständig sei, den „Markt zu machen." Zum einen, indem er über genügend Aktien verfügt, um an jeden interessierten Käufer zu verkaufen, und zum anderen, indem er alle Aktien von interessierten Verkäufern aufkauft. Dadurch, daß ein Spezialist ein Achtel jeder Aktienbewegung selbst einsteckt, könne er sehr viel Geld verdienen.

Jahrzehntelang lag dieser Zweig des Börsengeschäfts in den Händen weniger Familien, die die Konzessionen kontrollierten. Die Söhne übernahmen von den Vätern, genauso wie es in Lebensmittelgeschäften, Apotheken oder an den Zeitungsständen um die Ecke üblich war. Vor kurzem, sagte Herr Hayes, hatten die alten Spezialistenfamilien ihr Monopol an größere Firmen verkauft. Der größte Teil des Geschäfts wurde nun durch finanzkräftige Handelshäuser wie Spear Leeds oder Wagner Stott ausgeführt, die wahrscheinlich mehrere Spezialistenposten gleichzeitig besetzten, und somit für Dutzende verschiedener Wertpapiere den Markt machten.

Das Interessanteste für mich war, daß jeder Spezialist ein „Buch" über jede Aktie mit sich herumtrug. In diesem Buch waren alle Order aufgelistet, die von verschiedenen Käufern und Verkäufern eingetroffen waren – hauptsächlich von institutionellen Anlegern, die mit Tausenden von Aktien handelten. Herr Hayes sagte, das Buch würde jeden Spezialisten dazu befähigen, auf einen Blick zu sagen, „wer einen großen Verkauf oder Kauf tätigen wird, zu welchen Kursen und wo die entsprechende Aktienmenge zu finden sei."

Ich dachte, daß es ein wunderbarer Vorteil wäre, ein solches Buch zu besitzen. Herr Hayes pflichtete mir teilweise bei, wies aber auch darauf hin, daß Kursmakler sogar trotz eines solchen Buches Geld verlieren könnten und betonte, daß „ihre größte Angst einseitige Märkte sind, wenn sie ihre Position nicht umkehren können" und daß „sie nur einen Teil des ganzen Puzzles sehen können". Trotzdem dachte ich mir, daß sie sicherlich einen nützlicheren Teil des Puzzles zu Gesicht bekamen als ich, wenn ich den Wirtschaftteil von *Barron's* oder *Forbes* las. Tatsächlich war ich nach meinem Mittagessen mit Herrn Hayes mehr den je entschlossen, einen Spezialisten in Aktion zu besuchen.

Herr Hayes versuchte, mir mit der Telefonnummer eines aktiven Spezialisten weiterzuhelfen, den er kannte. Als ich diesen Menschen anrief und meinen Wunsch vorbrachte, verwies er mich jedoch an das Pressebüro, und ich war wieder dort, wo ich begonnen hatte. Inzwischen war ich bereit, alles zu probieren, auch den folgenden Trick.

Ich hatte schon früher erfahren, daß die New York Stock Exchange durch einen Gang mit der New York Futures Exchange verbunden ist, eine verwandte Organisation, an der Termingeschäfte, Optionen und andere mysteriöse Objekte gehandelt wurden, die ich entschieden meiden wollte. Ein professioneller Terminhändler namens Daniel Gressel machte mich auf diesen Gang neugierig. Herr Gressel war mit Claudia Rosett verheiratet, die beim *Wall Street Journal* als Redakteurin für die Buchbesprechungen arbeitete und die, sofern sie noch auf dem gleichen Posten saß, wissen sollte, daß sie meiner Meinung nach brilliant ist und ein großes Gespür für die Besprechung von Büchern hat, wobei sie eventuell dieses hier in Betracht ziehen könnte.

Jedenfalls erzählte mir ihr charmanter Gatte, daß Terminhändler routinemäßig in die Wertpapierbörse hinübersprängen, „um ihre Positionen abzusichern", und daß in dem Gang ein reger Durchgangsverkehr herrschen würde. Er bot mir an, mich in die Terminbörse zu bringen. Von dort plante ich, mich auf eigene Faust zur Wertpapierbörse durchzuschmuggeln.

Es war nicht besonders schwer, in die Terminbörse zu gelangen, außer daß ich eine Krawatte und ein Jackett tragen mußte. Beides lieh ich mir von einem Sicherheitsbeamten. Herr Gressel kam heraus, um mich an der Tür zu empfangen. Er hatte einen Lockenkopf, war Anfang vierzig und hätte eine Rasur gebrauchen können. Er trug einen roten Arbeitskittel mit einem Schild am Revers, auf dem EGG stand. In seiner Jackentasche steckten lange rechteckige Karten, ähnlich denen beim Bingo.

„Was sind das für Karten?" fragte ich. „Meine Handelsabschlüsse. Man muß darüber Buch führen."

„Bedeutet EGG etwas?"

„Das ist mein Handelsakronym. Jeder auf dem Parkett hat

eines. Dadurch identifizieren wir uns gegenseitig, durch BOY oder FOX oder ZIT. Manchmal bedeutet es etwas. Ich habe das Zeichen EGG, weil meine Vater mit Eiertermingeschäften handelte. Ich wurde mit Eiertermingeschäften großgezogen."

„Handeln sie immer noch Eier auf Termin?"

„Es gibt keine Eiertermingeschäfte mehr. Eier haben nicht genügend Liquidität. Zu viel Druck auf den Markt. Manchmal wünsche ich mir, ich würde noch mit Eiertermingeschäften handeln."

Ich folgte Herrn Gressel an den Rand eines Terminkontraktbörsenstandes, wo sich einige seiner Kollegen drängelten und schrien. Es gab einen plötzlichen Kursumschwung, der Herrn Gressels volle Aufmerksamkeit erforderte. Das war mein Glück. Er übergab mich an einen Kollegen namens Gollner, der vor einer Telefonzelle im hinteren Teil des Raumes herumstand.

Herr Gollner war ein sympathischer junger Mann. Er begann mir das Termingeschäft zu erklären, aber ich konnte ihn wegen des Lärms kaum verstehen. Ich brachte mein Ohr näher an seinen Mund heran und begriff, daß Herr Gollner einer jener Leute war, die Futures kauften, dann durch den Verbindungsgang in die Wertpapierbörse stürmten, um Aktien zu kaufen, und dann wieder zurückstürmten, um den Vorgang umzukehren. Das war die Chance, auf die ich gewartet hatte. Während einer Flaute im allgemeinen Gebrüll fragte ich ihn, ob ich mich bei seinem nächsten Rundtrip an seine Fersen heften könnte.

Kurz darauf trotteten wir gemeinsam durch den Gang, Schulter an Schulter in einer großen Herde trottender Händler. Herr Gollner führte die Herde an. Als wir den Börsensaal der NYSE erreichten, stieß ich insgeheim einen kleinen Freudenschrei darüber aus, daß ich das Pressebüro überlistet hatte.

Schon jetzt konnte ich sehen, daß es im Saal der Wertpapierbörse im Vergleich zum Saal der Terminbörse relativ ruhig war. Es ging aber immer noch lauter zu als in den meisten Nachtclubs. Herr Gollner schien auf Signale von seinem Piepser, den er in der Hosentasche hatte, zu warten. Wir passierten verschiedene „Posten", wo die Aktien gehandelt wurden, und die Kurse, die sich daraus ergaben, wurden auf Bildschirmen angezeigt, die von der Decke hingen. Es gab zahlreiche sogenannte Kiebitze, die Kittel in satten Farben trugen. Herr Gollner erklärte mir, welche dieser Leute für Maklerfirmen arbeiteten, welche Boten waren, welche als freie Händler arbeiteten, welche Beobachter waren und welche zur Sicherheitspolizei der Börse gehörten.

Hin und wieder kamen wir an einem Telefon vorbei, das an einem Metallpfosten angebracht war, so wie man es an jeder Straßenecke finden kann. Das Telefon klingelte, Herr Gollner nahm ab – und das Gespräch war für ihn. Woher er wußte, daß der Anruf für ihn war und wodurch der Anrufer seinen genauen Aufenthaltsort auf dem Parkett kannte, konnte ich nie herausfinden. Jedenfalls sprach Herr Gollner ungefähr eine Minute lang, hängte auf, ging auf einen der Börsenstände zu, machte einige merkwürdige Auf- und Abbewegungen mit seiner Hand, kam zu mir zurück und verkündete:

„Gerade ist sie ausgeführt worden."

„Was ist gerade ausgeführt worden?"

„Meine Order."

„Was für eine Order?"

„Holiday Inn, 57 3/4."

„Ich habe nichts gesehen."

„Vielleicht sehen sie es beim nächsten Mal. Passen sie nur gut auf und hören sie gut zu."

Herr Gollner schrieb die Ergebnisse seines offensichtlichen Handels auf eine kleine Karte, die er einem Mann in einem grauen Kittel gab. Vor uns stand der Spezialist für Holiday Inn-Aktion. Ich würde sagen, er war Mitte vierzig: dunkle Hosen, dunkles Hemd, Reebook-Turnschuhe. Er hatte das Buch in seiner Hand. Ich hätte mir nichts sehnlicher gewünscht, als einen Blick hineinzuwerfen, aber ich konnte nicht nahe genug an ihn herankommen. Zwischen mir und dem Spezialisten tummelte sich eine Menge von Käufern und Verkäufern, die um Aktien feilschten. Ich versuchte, hochzuspringen und zu winken, um ihn auf mich aufmerksam zu machen, aber er schien ins Leere zu starren und meine Signale nicht zu beachten.

„Sehen sie das?“ sagte Herr Gollner

„Sehen was?“

„Den Mann dort. Hat gerade ein Kaufangebot gemacht. Die Order kam von einem der äußeren Stände, wahrscheinlich von einer Maklerfirma. Mit zehntausend Aktien zu 57 7/8 ist er eingestiegen. Da, jetzt ist es gerade akzeptiert worden. Sehen sie? Jetzt wird es angezeigt.“ Er zeigte auf einen anderen Mann in einem grauen Kittel, der die Ergebnisse des Handels in eine Maschine eingab, die in der Nähe stand. Kurz darauf blinkte es vom Bildschirm über uns: 10.000 HOL, 57 7/8.

Wieder hatte ich nicht die Bohne davon mitbekommen, außer dem Anzeiger im grauen Kittel und dem Kurs auf dem Bildschirm. Es dämmerte mir, daß es keine gute Methode für meine nächste Aktienwahl sei, auf dem Parkett herumzulungern und um die Spezialisten herumzuschleichen. Obwohl mir Herr Gollner geduldig erklärte, wie der Käufer den Spezialisten am Börsenstand auf sich aufmerksam macht, wie das Angebot abgegeben wird, wie der Spezialist antwortet und wie die Order angezeigt wird, konnte ich immer noch nicht sagen, wer was an wen verkaufte. Tausenderblöcke von Aktien wurden durch Wackeln, Blinzeln, Flüstern sowie durch Blicke und Handsignale, die sich schneller abspielten, als das gewöhnliche Auge folgen konnte, bewegt. Herr Gollner sagte, daß es an diesem Tag sehr ruhig zugehe.

Da Herr Gollner es eilig hatte, zu den Termingeschäften zurückzukehren, eskortierte er mich den Gang zurück und lieferte mich an dem Kontrollpunkt ab, an dem ich hereingekommen war. Ich gab Jacke und Krawatte zurück und machte mich auf den Weg nach draußen, mehr im Rausch als je zuvor.

13

Mein zweites Investment

Nach meinem Streifzug mit Herrn Gollner entdeckte ich zufällig einen Artikel über Wahrsager und Astrologen, die Beratung in Investmentangelegenheiten erteilen. Ich hätte diesen Hinweis ignorieren können, vor allem nachdem sich das Omen im Waschsalon als falsch herausgestellt hatte – aber was im Wirtschaftsteil der *New York Times* erscheint, das nimmt man ernst. In diesem Artikel wurde beschrieben, wie verschiedene Wahrsager, Mystiker und ähnliche über die Bereiche Gesundheit und Glück hinaus Vorhersagen über den Goldmarkt, die allgemeine Entwicklung der Zinssätze und die zukünftigen Aktienkurse machten.

In erster Linie aus Neugierde beschloß ich, wenigstens einen Wahrsager zu kontaktieren. Ich schrieb mir die Namen aus dem Artikel ab und fand ein paar weitere Telefonnummern im New Yorker Telefonbuch. Nachdem ich ein paar eigenartige Ansagen auf Anrufbeantwortern abgehört hatte, spürte ich Carole Jayson-Koerber in ihrem Haus in einem Vorort auf. Irgendwie schien mir die Vorstellung von einer Wahrsagerin, die in einem Vorort lebt, vernünftiger als von einer, die mitten im Zentrum lebt. Ich mußte dabei immer unmittelbar an diejenigen denken, die sich in der Nähe von Busstationen und Blutbanken einen Raum mieten.

Ich hatte Frau Jayson-Koerber in der Absicht angerufen, einen Termin zu vereinbaren, aber irgend etwas an unserer Unterhaltung veranlaßte mich, meine Meinung zu ändern. Mag sein, daß es am Hundegebell im Hintergrund lag, mag sein, daß es an ihrer Bemerkung lag, daß ihr Spezialgebiet sei, Leichen für Polizeistationen aufzuspüren. Diese Dinge sollten mich nicht beunruhigen, doch aus irgendeinem Grund taten sie es. Als ich einwarf, daß wir uns vielleicht nicht persönlich treffen sollten, erklärte sie mir, sie habe „telepathische Fähigkeiten". Die Telepathie ist eine wiederentdeckte Fähigkeit unter den Wahrsagern, welche ihnen erlaubt, die Wahrheit per Telefon zu erfühlen und dadurch die Ausgaben und Umstände eines persönlichen Besuches zu vermeiden. Bald wird es selbst unter den Übernatürlichen keine Hausbesuche mehr geben.

Als wir über Belanglosigkeiten weiterschwatzten, fing ich an zu glauben, daß Frau Jayson-Koerber tatsächlich telepathische Fähigkeiten besaß. Zweifelsohne war meine eigene Phantasie mit mir durchgegangen, stimuliert durch die Angst, daß Frau Jayson-Koerber vielleicht schon etwas Schreckliches über mich erfahren hatte, von dem ich selbst noch nichts wußte. Meine Nervosität brachte mich dazu, herauszuplatzen: „Wenn sie diese Leichen finden, haben sie dann nicht Angst, daß die Killer ihnen nachstellen?“ Frau Jayson-Koerber erklärte, daß dies eine sehr negative Frage sei, und aus dem Ton ihrer Stimme hätte man annehmen können, ich selbst hätte ihr gerade ein Messer zwischen die Rippen gestoßen. Das war das Ende jeglichen lohnenswerten Austausches zwischen uns.

Als nächstes rief ich Bill Attride an, einen professionellen Astrologen, der in Brooklyn lebte. Er telefonierte eine halbe Stunde lang kostenlos mit mir, wofür ich ihm dankbar bin.

Herr Attride sagte einige sehr provozierende Dinge. Zum Beispiel hatte er Wirtschaft studiert und hielt das Fach für eine schlampige, nachlässige Pseudowissenschaft, voller Ammenmärchen und irrationalen Denkmustern, während sich die Astrologie in jeder Hinsicht als weitaus genauer, vernünftiger und praktischer erwiesen hatte. „Das rührt daher, daß Ökonomen sich nur mit dem Phänomen beschäftigen“, erklärte er. „Astrologen dagegen gehen über das Phänomen hinaus und steigen direkt in das Nomen ein.“

Nomen, so fand ich später heraus, bedeutet, „der Kern der Dinge.“ Herr Attride erwähnte einen seiner Kunden, einen Ex-Broker bei Shearson, der mit einer kleinen Lebensmitteltechnologiefirma à la Hausse spekuliert hatte, bis Herr Attride den Hintergrund des Firmenkerns untersuchte. Während viele Analysten die Aktie positiv bewertet hatten, entdeckte Herr Attride ungünstige kosmische Konstellationen. Er überredete seinen Freund, nicht zu kaufen, was ein Glück war, da die Firma plötzlich bankrott machte.

Ich fragte Herrn Attride, ob er dafür, was zwischen mir und Angstrom passiert war, eine nomenische Erklärung habe – da der Tageskurs inzwischen weit unter meinem Einkaufspreis lag. Er erklärte mir, daß eine solche Einschätzung nicht einfach sei. Zuerst müsse ich Angstrom anrufen und ebenso meine Mutter, um beide nach einschlägigen Geburtstagen, Tagen und Zeiten von Vereinigungen, Tagen, an denen es Aktiensplits gegeben hatte, meiner genaue Geburtsstunde und anderen wichtigen Details zu fragen.

Würde ich all diese Daten an ihn weitergeben, dann könne er Geburtscharts für die Firma, für so viele wichtige Angestellte wie möglich und für mich aufstellen. Erst dann könne er die interplanetarischen Konflikte, negativen oder positiven Aspekte des Saturns oder Uranus', den Weg der Sonne durch die vier Kardinalzeichen, die Beziehung zwischen der Sonnenwende der Firma und der meinigen analysieren. „Selbst wenn eine Firma einen guten Aspekt hat, muß das nicht heißen, daß es sich für sie lohnt, sie zu besitzen", sagte er. „Einige Leute sind überhaupt nicht dazu geeignet, Aktien zu besitzen. Ihre Charts zeigen es ganz deutlich. Wenn diese Menschen etwas kaufen – egal wie positive die Sache ist –, wird sich irgendein Haken herausstellen und sie verlieren Geld."

Ich bezweifelte, daß die Nachforschungen sich lohnen würden, besonders nachdem Herr Attride mir sagte, er könne es nicht kostenlos für mich machen. Außerdem hatte ich Angst davor zu hören, daß ich mich aufgrund meiner kosmischen Konstellationen überhaupt nicht für das Börsengeschäft eignete, wobei ich hinsichtlich meiner Resultate auf Erden befürchtete, daß das der astrologische Schluß sein würde. Ich gab Herrn Attride gegenüber meine Befürchtung offen zu und fragte ihn weiter, ob er mir nicht einen weniger rigorosen und eventuell billigeren Ratgeber empfehlen könne. Er empfahl Herrn Arch Crawford.

Er sagte, daß Herr Crawford nicht so sehr ein Astrologe, sondern vielmehr ein Student der Ionosphäre sei. Herr Attride hatte gehört, daß Herr Crawford einen Börsenbrief herausgebe, der Anlegern mit Ratschlägen zur Seite stehe und auf atmosphärischen Verhältnissen beruhe.

Ich traf mich mit Herrn Crawford in einem eleganten kleinen Cappuccinoshop namens Sacco's an der Kreuzung 77. Straße/ Lexington Avenue. Er kam zehn Minuten zu spät, was er dem Umstand, daß „die Optionen um 16.10 Uhr und die Termingeschäfte um 16.15 Uhr schließen" zuschrieb. Er trug eine Brille mit einer dünnen Metallfassung, Cordsamthosen, ein blaues Hemd mit Knopfleiste und einen stolzen Spitzbart. Er hatte das rote Haar und die helle Haut eines Appalachen, den zerknautschten Blick eines Akademikers, der bei Brooks Brothers arbeitet, und er sprach mit einem leichten, professoralen Südstaatenakzent.

Er erzählte mir, daß er Mathematik und Physik an der Universität von North Carolina studiert hatte. 1963 hatte er dann begonnen, mit Robert Farrell, dem berühmten technischen Analytiker von Merrill Lynch, zusammenzuarbeiten. „Ich markierte eine Kreidetafel bei Merrill Lynch, indem ich die Aktienkurse anschrieb. Das war noch vor der Zeit der elektronischen Anschreibetafeln. Dann schickte mich Merrill Lynch auf die Abendschule, und ich kehrte zurück, um Herrn Farrell mit seinen Charts zu helfen. Das Chartführen wurde damals in der Street für Hexerei gehalten, aber heute ist diese Methode sehr anerkannt. Das gilt auch für Herrn Farrell."

In der Zwischenzeit ging Herr Crawford nach Vietnam, kam 1969 nach New York zurück, um selbständig mit eigenem Depot zu spekulieren, und gewann und verlor zweimal ein Vermögen. Irgendwo dazwischen hatte er die elektrischen Kräfte in der Atmosphäre entdeckt. Er hatte ebenfalls entdeckt, daß er viel besser anderen Ratschläge geben konnte, als selbst zu investieren. Das war der Punkt, an dem er mit der Veröffentlichung seines Börsenbriefes begann.

Herr Crawford bestellte sich eine Tasse Kräutertee und ein Brötchen und beschrieb seine Börsentheorie wie folgt:

Die breite Masse wird sowohl von Sonnenflecken beeinflußt, die eine ionisierende Strahlung aussenden, als auch von den Mondphasen. Elektrisch aufgeladene Investoren polen sich positiv oder negativ in Übereinstimmung mit der positiven oder negativen atmosphärischen Polarität, mit dem Mond, der die Luft anzieht, und mit den planetarischen Konstellationen.

Indem er die Planeten und elektromagnetischen Ausstrahlungen verfolge, so sagte Herr Crawford, habe er jedes größere Börsentief seit 1977 vorherbestimmen können. Durch dasselbe Verfahren könne er den Dow Jones Industrial Average auf 15 Punkte genau vorhersagen. Aufwärtsbewegungen zu bestimmen, sei schwieriger gewesen, aber er habe vorhergesagt, daß die Börse 1982-83 steigen und 1984 einen Höchststand erreichen würde, was alles eingetroffen war. Er bot mir an, als Beweis Zeitungsausschnitte aus seinem Büro, das sich gleich um die Ecke befand, zu holen. Falls das nicht ausreichen würde, könnte ich den Wall Street-Kolumnisten Dan Dorfman anrufen, der Herrn Crawfords Ergebnisse einmal untersucht hatte und davon sehr beeindruckt war.

Was die Zukunft betraf, so vertrat Herr Crawford die grimmige Ansicht, daß wir „aufgrund eines Saturn und Neptun in Konjunktion zum Steinbock und in Opposition zum Krebs mit hoher Wahrscheinlichkeit mit dem Verfall des Bankwesens konfrontiert werden würden.“ Glücklicherweise nicht vor dem 13. November 1989. Unmittelbarere Prognosen beinhalteten „ein Börsenhoch im April/Mai und von dort an definitiv eine Korrektur und sehr wahrscheinlich eine Baisse.“

Herr Crawford erweckte in mir großes Vertrauen, obwohl er mir die Rechnung für sein Brötchen überließ und sich weigerte, mich in sein unordentliches Büro einzuladen, und obwohl ich nicht an elektrische Erscheinungen glaubte. Vielleicht lag es an seiner freundlichen Lässigkeit. Vielleicht lag es daran, daß er nichts verkaufte. (Tatsächlich verkaufte er seinen Rat an gebildete Investoren, die, wie er sagte, Tausende pro Jahr dafür bezahlten, aber ihre Namen wollte er mir nicht nennen. Dann gab es da noch seinen Börsenbrief, und er bot mir an, mich in die Liste der kostenlosen Empfänger einzutragen.)

Aus welchem Grund auch immer, ich wollte unbedingt wissen, wie Herr Crawford an meiner Stelle handeln würde. „Kaufen sie am Freitag nachmittag Calls“, sagte er ohne eine Spur von Zögern oder Unsicherheit. „Das würde ich tun, wenn ich Geld hätte.“ Ganz besonders empfahl er die Calls auf den März 225 S&P-100. Ich wußte nicht, was das bedeutete, aber von allen Möglichkeiten, die mir seit Angstrom über den Weg gelaufen waren, zog mich diese am meisten an. Ich notierte mir den guten Rat Nummer Zwölf:

»Je mehr der Investor berauscht ist, desto mehr absolute Klarheit wird er von seinem Berater fordern.«

Weder rief ich Dan Dorfman an, noch überprüfte ich Herrn Crawfords Zeitungsausschnitte. Sobald Herr Crawford das Restaurant verlassen hatte, lief ich eilig nach draußen und führte aus einer öffentlichen Telefonzelle ein Ferngespräch mit meiner Brokerin, Frau Garrett. „Kaufen sie Calls auf den März 225 S&P-100“, sagte ich, wobei ich genau das wiederholte, was ich mir aufgeschrieben hatte.

„Wie viele?“

„Wie viele? Ich weiß nicht wie viele. Wie teuer sind sie?“

„Lassen sie mich nachsehen. Sie werden etwas unter 1 1/2 gehandelt. Das bedeutet zwischen ungefähr $ 125 und $ 150 je Kontrakt.“

„Ich nehme fünf davon.“

Auf meinem Prudential-Bache-Konto war kein Geld verfügbar, da meine Ersparnisse immer noch in meinem Konto bei der Bausparkasse steckten. Ich nahm einen Bus zur nächsten New Yorker Filiale und schrieb einen Privatscheck über $ 777,16 an Prudential-Bache aus, was dem exakten Betrag meines Kaufes entsprach. Dann stellte ich einige Nachforschungen an, um herauszufinden, was ich gekauft hatte.

Ich hatte sogenannte Aktienindexoptionen gekauft. Diese entzückende Investition gab es erst seit fünf Jahren, da sie in den frühen achtziger Jahren in Chicago erfunden worden war. Es handelte sich dabei um etwas anderes als die Optionen auf Terminkontrakte, die ich bereits erwähnt habe, denn dann würde ich nichts damit zu tun haben wollen.

Während die Optionen auf Terminkontrakte es ermöglichen,

mit den plötzlichen Kursveränderungen einer Aktie – zum Beispiel IBM – zu spekulieren, erlauben die Aktienindexoptionen dem Anleger, mit dem großen Markt zu spekulieren, indem er auf einen der bekannten Aktien-Indexe setzt. Da der Standard- und Poors-100-Index eine kollektive Maßeinheit für den Wert von Hunderten wichtiger Aktien auf einmal war, bedeutete eine S&P-100-Option eine Wette darauf, daß der Index in kurzer Zeit steigen würde.

Es gab ähnliche Pakete rivalisierender Indexe, und wie es schien, wurden alle zwei Monate neue Indexoptionen erfunden, aber ich hatte mich auf Herrn Crawfords Rat für den S&P-100 entschieden.

An den verschiedenen Termin- und Optionsbörsen, wie zum Beispiel der, in die ich mich vor kurzem eingeschmuggelt hatte, werden Kontrakte auf zahlreiche Indexoptionen zu unterschiedlichen Kursen und Fälligkeitsterminen verkauft und gekauft. Ein März-225-Kontrakt berechtigt mich zum Beispiel vom Zeitpunkt des Kaufs an, $ 225 für einen Anteil am Index oder „Aktienpaket" zu bezahlen, bis zu dem Tag, an dem der Kontrakt ausläuft. Sollten in diesem Zeitraum meine Aktien im S&P-100-Index im Wert steigen, wäre das auch für meine Optionen der Fall. Sollten die Aktien im Wert fallen, so wäre auch das für meine Optionen der Fall, bis die Optionen schließlich wertlos werden würden.

Den Besitzern von Optionen werden niemals echte „Aktienpakete" geliefert, wie wohl kaum echte Schweinebäuche an die Händler der Warentermingeschäfte geliefert werden. Das ganze Unternehmen läuft hypothetisch mit Käufern und Verkäufern ab, die das Geschäft vor dem Verfallstermin in Geld begleichen.

Da Sie als Leser oder Leserin vielleicht ebenso von Aktienindexterminkontrakten gehört haben, muß ich den Unterschied zwischen diesen und den Optionen klarstellen. Ein Termingeschäft ist eine Vereinbarung, etwas in der Zukunft zu einem heute vereinbarten Preis zu kaufen. Bei Termingeschäften sind beide Parteien der Transaktion verpflichtet und müssen sich dem Schicksal der betreffenden Ware ergeben, egal ob es sich um eine Wagenladung Schweinebäuche oder ein Aktienpaket handelt. Sollten sich die Preise negativ entwickeln, können die Parteien weitaus mehr Geld verlieren, als sie ursprünglich investiert hatten.

Eine Option ist eigentlich ein Vertrag für einen Vertrag. Er berechtigt den Käufer, etwas zu erstehen, das vielleicht wertvoll wird – in diesem Fall ein Aktienpaket –, ohne den Käufer dazu zu verpflichten, während der gesamten Transaktion dabeizubleiben. Auf diese Art und Weise ist der Kauf einer Option sicherer als der Kauf eines Terminkontrakts. Im Vergleich zu einem Termingeschäft könnte eine Option sogar als konservativ bezeichnet werden, da der Käufer der Option nur sein gesamtes Ursprungskapital verlieren könnte, aber keinen Pfennig mehr.

Ich hatte im jetzigen Fall fünf Optionen auf fünf Aktienpakete der S&P-100-Aktien gekauft. Dadurch konnte ich die fünf Pakete zu je $ 225 bis Mitte März einlösen. Sollten die Aktien des S&P 100-Index dann weniger als $ 225 wert sein, wäre es sinnlos, die Optionen einzulösen. Sollten die Aktien mehr wert sein als $ 225, dann hätte ich Geld gewonnen. Wie bereits erwähnt, wurden die Indexoptionen in Bargeld gehandelt.

Wäre das alles, wäre es schon kompliziert genug. Aber da gab es auch noch das Geschäft mit den „Put“-Optionen und den „Call“-Optionen. Ich zögere noch, diese Sache anzusprechen, aber es muß sein. Eine Call-Option, das was ich gekauft hatte, gab mir das Recht, den Aktienindex von jemandem zu KAUFEN. Die Put-Option gab mir das Recht, den Aktienindex an jemanden zu VERKAUFEN. Man konnte auch das Recht, zu KAUFEN, verkaufen (einen Call verkaufen), das Recht, zu VERKAUFEN, kaufen (einen Put kaufen), das Recht, zu VERKAUFEN, verkaufen (einen Put verkaufen) und das Recht, zu KAUFEN kaufen (einen Call kaufen). Vielleicht kann ich das Ganze mit meinem guten Rat Nummer Dreizehn auflösen:

***»Kaufst du einen Call oder verkaufst du einen Put, dann willst du, daß es aufwärts geht.
Verkaufst du einen Call oder kaufst du einen Put, dann willst du, daß es abwärts geht.
Solltest du im Zweifel sein, tue keins von beiden.«***

Ich versuchte, das alles besser zu verstehen und suchte Herrn Gressel auf, den Futures und Optionenhändler, durch den ich in den Börsensaal der New York Futures Exchange gelangt war. Da ich seine Telefonnummer im Clearinghaus verloren hatte, mußte ich seine Frau Claudia, die Redakteurin für Buchbesprechungen, bemühen, mir die Telefonnummer nochmals zu geben. Sollte sie dieses Buch zwecks einer möglichen Besprechung lesen, möchte ich mich nochmals für ihre Geduld und Freundlichkeit bedanken. „Ich muß sie warnen“, sagte sie. „Gressel ist vielleicht im Moment nicht sehr erfreut über einen Anruf. Das letzte, was ich gehört habe, war, daß er heute eine gehörige Schlappe eingesteckt hat.“

Das Clearinghaus ist der Ort, an dem die Händler sich am Nachmittag einfinden, um ihre Verluste und Gewinne zu betrachten. In diesem besonderen Haus befand sich die Firma Wagner Stott, eine von vielen Firmen, die ganze Stockwerke in der Wall Street für teures Geld anmieten und von denen die Öffentlichkeit niemals erfährt. Die Sekretärin hatte frei, so daß ich mich selbst dazu aufforderte, durch die Lobby in den hinteren Raum zu gehen.

Das Hinterzimmer war voll von Arbeitstischen, und diese Arbeitstische waren mit Ausdrucken und Styroporkaffeebechern überhäuft. Männer in roten Arbeitskitteln lehnten in ihren Klappstühlen, die Füße auf den Ausdrucken und beobachteten die Quotrons über ihren Köpfen, während sie träge die Knöpfe der Keyboards auf ihrem Schoß drückten.

Herr Gressel tauchte bald auf. Ich erkannte ihn von unserer ersten Begegnung: immer noch Locken, immer noch ein roter Arbeitskittel, immer noch unrasiert. Diesmal machte er ein Gesicht, als hätte man ihn gerade eben dazu gezwungen, bei einer Autopsie zuzusehen. Er fummelte nervös an seinem Namensschild EGG herum, das an seinem Revers steckte.

„Ich bin gerade kaputtgegangen“, sagte er, „vielleicht $ 10.000, vielleicht mehr. Absolut, total abgesoffen. Verdammter Mist! Zehntausend Dollar. Können sie sich das vorstellen? Ich sollte den Beruf wechseln, ich sollte wieder lehren.“

Herr Gressel rannte wie ein durchgegangenes Pferd hin und her, hängte seinen roten Arbeitskittel in einen Schrank und beruhigte sich schließlich so weit, um sich auf einen der Tische unter einem Quotron zu setzen. Ich setzte mich neben ihn. Er gab halbherzig ein paar Zahlen ein, und die Ergebnisse ließen ihn noch deprimierter in seinem Stuhl zusammensinken. „Ich sollte wieder lehren", sagte er. „Ich sollte wirklich wieder lehren. Die bezahlen einem wenigstens was. Man bekommt wenigstens ein Gehalt."

Er erklärte mir, daß er eine gute Stellung an der wirtschaftswissenschaftlichen Fakultät der Universität von Chicago aufgegeben hatte, um nach New York zu gehen und an der New York Futures Exchange mit Optionen und Termingeschäften zu handeln, während seine Frau ihren Superjob beim *Wall Street Journal* bekommen hatte. „An manchen Tagen kommt Claudia nach Hause und ich sag zu ihr, sie soll losziehen und all die neuen Klamotten kaufen, die sie gerne haben möchte. An anderen Tagen muß ich ihr sagen, daß wir gerade bankrottgegangen sind. So wie heute. Heute habe ich den Markt gefüttert. Ich hasse es, den Markt zu füttern."

Ich sagte ihm, ich wisse wie er sich fühle, denn da ich gerade selbst Aktienindexoptionen gekauft hatte, stand ich unter einem ähnlichen Druck. „Was halten sie von den März 225 Calls?" fragte ich. „Ist das ein guter Deal?" Er gab mir eine unverständliche Antwort, die Fragmente beinhaltete wie „Optionen abstoßen" und „implizierte Volatilität" und „was spielt das verdammt nochmal für eine Rolle, wenn der Markt nicht rational ist." Ich merkte ganz deutlich, daß er nicht in der besten Verfassung für ein ausführliches Gespräch war, und wir verabschiedeten uns. An der Tür lud er mich ein, ihn am nächsten Tag auf dem Parkett zu besuchen, wenn er hoffentlich etwas habe, worüber er sich freuen könne.

Wieder empfing mich Herr Gressel an der Sicherheitsstation, und diesmal hatte ich an Jacke und Krawatte gedacht. Vom ruhigeren äußeren Gang aus konnte ich das Geschrei und die Rufe hören, so daß ich mir wie ein Besucher im Wartezimmer einer Irrenanstalt vorkam. Herr Gressel führte mich durch einen Haufen von Terminkontrakthändlern. Einige irrten ziellos umher, einige gingen auf und ab, und einige rannten eiligst herum, wobei sie wie aufgeregte Moleküle voneinander abprallten. Wir suchten in einem kleinen Gang zwischen zwei Börsenständen an der Seite des Raums Zuflucht.

Herr Gressel sagte, daß dies ein ruhiger Morgen sei, obwohl ich mir nicht vorstellen konnte, wie es hier noch chaotischer zugehen konnte. Er nahm sich die Zeit, mir die allgemeine Umgebung zu erläutern: die Maklerschranke für Optionen auf der einen und die Maklerschranke für Terminkontrakte auf der anderen Seite. Er sagte, daß es an der Schranke für Optionen ruhiger sei, weil die Optionen nach einem Spezialverfahren gehandelt werden – eine Person nimmt alle Order an – im Gegensatz zum „offenen Zuruf" an der Terminschranke. Über jeder zeigten riesige Anzeigentafeln die Kurse von Hunderten von Termingeschäften und Optionen mit verschiedenen Verfallsdaten an. Darunter fand ich meine März 225iger und war entzückt zu sehen, daß meine Investition bereits von $ 700 auf $ 900 angewachsen war.

Herr Gressel zeigte mir die verschiedenen Händlertypen: einige, die einfach Aufträge von Maklerfirmen ausführen und von den Kommissionen leben; andere, die als „Scalper" bekannt sind: sie kaufen und verkaufen blitzschnell und profitieren von den winzigen Preisunterschieden; Tageshändler, die ihre Positionen jeweils bis zum Ende eines Nachmittags halten; und „Glücksritter", die eine an den Haaren herbeigezogene Strategie anwenden und langfristig investieren – was hier ein oder zwei Wochen bedeutet. Er machte mich mit einigen Händlern bekannt, die mir nur noch als REP, TAD, GOB und HAL in vager Erinnerung sind. Dadurch, daß wir auf dem Gang sehr dicht beieinander standen und uns brüllenderweise verständigten, erfuhr ich, daß manche unter ihnen ehemalige Schullehrer waren und manche einen Doktor hatten. Die meisten waren Terminhändler geworden, um in der Mitte ihres Lebens eine neue Karriere zu starten. Sie erzählten mir, daß alles, was man dazu brauche, $ 25.000 Einsatz seien, plus $ 700, um einen Börsensitz zu kaufen; und ein paar Tage Training in Handsignalen. Was für eine einfache Art, sich seinen Lebensunterhalt zu verdienen, dachte ich mir insgeheim.

Tätsächlich hörte ich einige Beschwerden über diesen Job, die ich erzählen sollte. Die drei Hauptpunkte dabei waren: wunde Füße, weil man den ganzen Tag auf den Beinen ist; wunde Hälse, Erkältungen und Halsinfektionen durch das Husten und Herumschreien auf engem Raum („Die Stände sind eine richtige Bazillenschleuder.“); und Geldverlust. Der Geldverlust war eine ständige Bedrohung und das einzige wichtige Gesprächsthema. „Erzählt jemand, er habe ein Verhältnis, sagen alle anderen ‚ach ja'?“ Hat jemand einen Unfall, wird ausgeraubt, überfallen oder vergewaltigt, ist es das gleiche ‚ach ja?‘“, erklärte Herr Gressel. „Aber erwähnen sie mal, daß der Soundso heute bankrott gemacht hat, dann gibt es erst ein großes Schweigen, und dann stammeln alle ‚WIE?‘“

Genau als Herr Gressel das sagte, wurden wir durch einen großen Tumult unterbrochen, und meine Gesprächspartner verstreuten sich in alle Winde. „Das ist die Geldmenge!“ rief Herr Gressel. „Die Höhe der Geldmenge wird bekanntgegeben.“ Er rannte davon, um sich die Nachrichten auf dem Tickerband über unseren Köpfen anzusehen, und kam nach ein paar Minuten wieder: „Der Markt steigt. Die Fed setzt vielleicht den Diskontsatz herab. Wir müssen uns später treffen. Ich muß an die Arbeit.“

Herr Gressel beschränkte sich nicht auf die Schranke für Terminkontrakte oder die Schranke für Optionen. Ich beobachtete, wie er von der einen zur anderen hetzte, dabei Zahlen in einen Rechner eingab, den er in der Hand hielt und etwas von einer „implizierten Volatilität“ murmelte. Später erfuhr ich von ihm, daß es durchaus geregelte Kurse für Optionen und Terminkontrakte gibt, und obwohl der Markt dies nicht immer wußte, würde er doch letztendlich die Wahrheit erkennen. Dadurch, daß Herr Gressel die Kurse rechtzeitig erkannte, machte er seinen Gewinn. Er bezeichnete das als „darauf warten, daß der Markt sich in Rationalität auflöst.“ Es war schon bald offensichtlich, daß das Steigen und Fallen des Marktes für ihn wenig Bedeutung hatte. Der Markt stieg allerdings tatsächlich und ich beobachtete, wie meine kleinen Optionen an Wert zulegten. Man konnte auf der Anzeigetafel mitverfolgen, wie die Preise minütlich stiegen. Herrn Gressel schien das nicht zu gefallen, so daß ich zunächst annahm, daß er sich wünschte, der Markt würde sinken. Das war falsch. Tatsache war, daß Herr Gressel auf einer höheren Ebene agierte.

Das entdeckte ich größtenteils am Ende des Tages, als wir beschlossen, noch etwas trinken zu gehen. Er schlug vor, daß wir anstelle eines Taxis die U-Bahn nach Uptown nehmen sollten, und ich wußte, daß die Dinge für ihn nicht gut gelaufen waren. Offensichtlich war der Markt irrational und ignorierte geregelte Kurse, was ihm jetzt schon den zweiten Tag hintereinander einen Geldverlust einbrachte.

„Zehntausend Dollar", wiederholte er immer wieder. „Nochmal zehntausend Dollar. Können sie das verdammt nochmal glauben?"

Während wir den Broadway hinab zur U-Bahnstation gingen, fing er erneut an, von seinem wunderbaren Leben in Chicago zu erzählen, von den Vorteilen des Universitätslebens im allgemeinen und den Vorzügen, die das Unterrichten in den Wirtschaftswissenschaften mit sich bringt. Seine Nostalgie deprimierte ihn nur noch mehr.

Sogar die Bar, die er wählte – einen frechen, mit Farnen geschmückten Singletreff auf der Fifth Avenue –, konnte ihn nicht aufheitern. Er redete immer weiter darüber, einen „richtigen Job" anzunehmen. Ich versuchte, ihm aufregende Geschichten über Termingeschäfte zu entlocken. Die einzigen aufregenden Geschichten, an die er sich erinnerte, handelten von einem orthodoxen Juden, der mit Schweinebäuchen reich wurde, und von einem Händler, der sich in seine Krawatte schneuzte.

Wir gingen schließlich in Herrn Gressels Appartement, wo wir darauf warteten, daß Claudia vom *Wall Street Journal* nach Hause kommen würde. Die beiden bewohnten eine Zweizimmerwohnung an der Kreuzung 28. Straße/Fifth Avenue, nicht im geringsten das Penthouse, das ich erwartet hatte. In der Küchenzeile zerstückelte Herr Gressel einen alten Leib Brot und hackte ein paar Käsestücke ab. Wir setzten uns auf ein weiches Sofa und aßen die Häppchen, während wir uns über Lateinamerikapolitik unterhielten.

Herr Gressel hatte gerade eher linke chilenischen Folkmusik aufgelegt, so daß ich überrascht war, als er sagte, daß er ein großer Fan des rechten chilenischen Diktators Pinochet sei. Es dämmerte mir erst später, daß dies eine politische Version der Hoffnung ist, daß der Markt gleichzeitig steigt und fällt. Die gebildeten Terminkontrakt- und Optionenhändler leben ein sehr kompliziertes geistiges Leben.

Einige Stunden später schalteten wir die Musik aus und schalteten den Fernseher ein, um die letzte Folge von *Miami Vice* anzusehen. Herr Gressel war in Gedanken immer noch bei seinen Verlusten. Mit einem Auge verfolgte er die Handlung, gab es dann auf und ging zu seinem Schreibtisch, wo er sich niedersetzte, um einen Haufen von Comtputerausdrucken zu betrachten. Schließlich rief er einen seiner Händlerkollegen an, was ich leider nicht überhören konnte. Zwanzig Minuten lang sprachen die beiden über implizierte Volatilität und wie eine „16“ eigentlich eine „13“ hätte sein sollen, und Herrn Gressels Stimmung hob sich merklich. Nachdem er aufgelegt hatte, drehte er sich zu mir um und rief: „Ich habe mich geirrt! Die ganze Zeit geirrt! Ich habe heute gar keine $ 10.000 in den Sand gesetzt. Tatsächlich habe ich $ 10.000 Gewinn gemacht.“

Der Rest des Abends verlief sehr fröhlich. Als Claudia nach Hause kam, sagte ihr Herr Gressel, sie solle morgen losgehen und sich neue Klamotten kaufen. Wir drei genossen ein wunderbares Abendessen in einem Restaurant.

14

Die Pläne der FED

Ich schlenderte die Wall Street entlang, als ich an einem offenen Platz mit dem Namen Liberty Square vorbeikam und einem großen Steinpalast gegenüberstand, wie ihn die Medicis in Florenz gebaut hatten. Vor diesem Palast hatten Arbeiter einen heruntergekommenen Umzugswagen geparkt, den sie gerade um seinen Inhalt erleichterten – Paletten voller Silberbarren –, so unbekümmert und lässig, als würde es sich um eine Lieferung Billigregenschirme handeln. Silberbarren waren auf der Straße aufgestapelt. Ich konnte keine Sicherheitskräfte entdecken, aber vielleicht waren sie als Penner verkleidet, von denen es in dieser Gegend viele gab.

Die meisten Passanten ignorierten die Silberhaufen, was nur beweist, wie unpopulär Edelmetalle geworden sind. Ich machte einen geistigen Vermerk, nicht in sie zu investieren.

Eine bronzene Platte identifizierte den Steinpalast als die New York Federal Reserve Bank. Sie war eine Filiale der berühmten Fed, über die jeder spricht. Ihr prunkvolles Zuhause war durchaus angemessen, da die Florentiner Medicis selbst Zentralbankiers gewesen waren.

Menschen aus der ganzen Stadt schienen sich gegenseitig zu fragen, was die Fed wohl plante. Ich konnte mir bereits Herrn Gressel vorstellen, wie er sich wegen einer simplen Ankündigung der Fed in eine wilde Aufregung hineinsteigerte. In einer Zeitschrift las ich, daß sogar die Farmer im Mittleren Westen sich den Kopf über die Fed zerbrachen, mindestens so häufig oder sogar noch häufiger, als sie sich über das Wetter Sorgen machten. Man sagt, daß einige unter ihnen sogar für eine Herabsetzung des Diskontsatzes beteten.

Vor zehn Jahren, als M-1 noch ein Gewehr und nicht die Geldmenge war, hatte Otto Normalverbraucher noch nie von der Fed gehört. Plötzlich sind alle unsere Bankkonten, Geldmarktpapiere, Hypotheken, Wertpapiere, Anleihen, Rentenpläne, Collegepläne, Pensionen und Weihnachtsersparnisse von der Fed beeinflußt. Für mich war diese Organisation völlig mysteriös. Wäre ich nicht rein zufällig an dem Gebäude vorbeigestolpert, hätte ich nicht gewußt, daß es in New York eine Fed gibt.

Hinter den großen stahlverstärkten Doppeltüren befand sich eine gigantische Halle. Abgesehen von einem Metalldetektor am einen und einer Statue des verkommen aussehenden jungen Sophokles am anderen Ende war sie leer. Rechts von der Statue gelangte man durch einen Bogengang in eine Promenade aus Videoleinwänden, wo ununterbrochen kurze Lehrfilme gezeigt wurden. Aus diesen kurzen Lehrfilmen lernte ich, daß es zwölf Fed-Distrikte gibt, daß die Hauptzentrale der Fed in Washington sitzt, daß die Organisation die Geldmenge regelt, zahlreiche Bankangelegenheiten in Übersee kontrolliert, alte Geldscheine zu kleinen Schnitzeln verwertet und durch neue ersetzt, und daß sie ein Drittel aller Schecks, die auf Banken im ganzen Land ausgestellt werden, abfertigt.

Die spezielle New York Fed hatte 200 Alarmanlagen, eine Sicherheitstruppe von der Größe einer Großstadtpolizeieinsatztruppe (die exakte Anzahl der Sicherheitskräfte wurde aus Sicherheitsgründen geheimgehalten), eine Bowlingbahn, ein Feuermeldesystem und eine Turnhalle. In die Wand über meinem Kopf war das inspirierende Motto der Fed eingemeißelt: DEM ERHALT EINER ELASTISCHEN WÄHRUNG.

Während ich in der Informationshalle herumlungerte, wurde ich Zeuge eines plötzlichen kuriosen Vorgangs. An den verschiedenen Schaukästen huschten erst ein Paar, dann zwei Paare und schließlich eine ganze Gruppe junger Männer in Tweedmänteln mit blassen Wintergesichtern vorbei, die ihre Geldbeutel herumschwangen wie ein Zugschaffner seine Kelle. Sie befanden sich auf einer Mission, die sie so vollständig absorbierte, daß ein Mann, als ich ihn fragte, was er hier tue, murmelte: „Salomon Brothers“, und weiter auf einen Raum am Ende der Halle zulief.

Ich folgte ihm und beobachtete intensiv, wie der Salomon-Mann und seine Kohorte in Tweed sich auf einen hölzernen

Transportkarren stürzten, auf dem Telefone aufgestapelt waren. Jeder von ihnen nahm sich ein Telefon, trug es zu einer langen Reihe hüfthoher Kabinen und steckte es in eine vorhandene Anschlußbuchse.

Sobald eine Verbindung zustandekam, begannen die Telefone zu läuten und die Gruppe, die sie installiert hatte, hob die Hörer ab. Nichts wurde von ihrem Ende aus gesagt. Größtenteils hörten die Männer zu und machten sich Notizen. Kurz darauf verließen einer oder zwei von ihnen das Telefon und spazierten durch den Raum auf etwas zu, das wie eine primitive Wahlurne aus Metall aussah, wie man sie bei ländlichen Wahlen verwendet. Neben der Kiste stand eine große Stechuhr, die von einer Frau auf einem Hochstuhl kontrolliert wurde. Während die Männer große Briefumschläge in die Urne warfen, gab ihnen die Frau Papierabschnitte, auf denen die genaue Zeit aufgestempelt war. Die Männer überprüften diese Abschnitte sorgfältig auf ihrem Rückweg zu den Telefonabteilen. Dieser Vorgang wiederholte sich einige Male.

Dann zog plötzlich ein Mann mit einer grünen Krawatte und einem passenden Arbeitskittel, der die Mütze eines Fed-Angestellten trug, seine eigene Casio-Taschenuhr heraus und synchronisierte sie mit der Uhr auf der Wahlurne. „Drei Minuten, drei!" schrie er – und verursachte dadurch eine neue Flut des Umschlagstopfens –; dann: „Zwei Minuten, zwei!" Als er bei 45 Sekunden angelangt war, rannten die Stempler und Stopfer schneller zwischen den Telefonabteilen und der Wahlurne hin und her, bis der Zeitnehmer schließlich sagte: „Fünf, vier, drei, zwei, eins, und das war's." Auf das Wort „das" hin stürzte ein letzter Mann mit einem Umschlag herbei. Danach brachten die etwa dreißig Konkurrenten in diesem merkwürdigen Marathon die Telefone zurück, klemmten sich ihre Aktentaschen unter den Arm und verschwanden genauso schnell durch die Eingangstür, wie sie gekommen waren.

Der Zeitnehmer im Arbeitskittel, der sich nur als „Wehe man ruft mich zu spät zum Essen"-Typ beschreiben läßt, war freundlich genug, um mir zu erklären, was ich gerade beobachtet hatte.

Die Bundesregierung hatte soeben $ 13,6 Milliarden in Schatzwechseln versteigert (die Hälfte davon fällig in drei Monaten, die andere Hälfte in sechs Monaten). Schatzwechsel sind kurzfristige Kredite, die Investoren der US-Regierung einräumen.

Die Männer mit den Aktentaschen waren Emissäre großer Investmenthäuser – unter anderem Salomon Brothers und Merrill Lynch. Sie füllten die Wahlurne mit konkurrierenden Angeboten hinsichtlich des Zinssatzes, den sie auf die Schatzwechsel akzeptieren würden. Die Angebote wurden per Telefon von ihren Bossen abgesegnet. Die Kiste würde später am Nachmittag geöffnet werden, wenn die Fed die Schatzwechsel an die Anbieter verkauft, die den niedrigsten Zinssatz geboten hatten.

Ich wunderte mich über die große Eile und zu welchem Zweck die Stoppuhr eingesetzt würde. „Gibt es zwei identische Angebote, dann wird das mit dem früheren Zeitstempel akzeptiert", sagte Wehe-man-ruft-mich-zu-spät-zum-Essen, „daher die Eile. Aber das war noch gar nichts. Wenn sie einen Massenansturm erleben wollen, sollten sie hier sein, wenn es um die Schatzanleihen geht." Schatzanleihen sind die Langzeitversionen der Schatzwechsel, die von den Inhabern zwei bis zwanzig Jahre gehalten werden.

Offensichtlich ziehen die Auktionen der Langfristanleihen Massen von Anbietern aus kleineren Investmenthäusern an, die ihre Anweisungen in den öffentlichen Telefonen vor dem Gebäude erhalten und von der Straße hereinsprinten. „Es gibt immer viel Konkurrenz – obwohl keine der Firmen mehr als 35 Prozent der Anteile bekommen kann", sagte meine Quelle. (Auf der Auktion, die ich gerade beobachtet hatte, wären 35 Prozent knappe $ 4 Milliarden gewesen.)

„Kann jeder mitbieten?" fragte ich.

„Jeder mit einem Scheck über zehntausend Dollar. Sogar sie könnten ein Angebot abgeben, wenn sie wollten."

Daß jeder Idiot in die Fed hineinmarschieren und mit Salomon Brothers an Bondauktionen teilnehmen kann, ist ein wundervolles Charakteristikum unserer Finanzdemokratie. In der Praxis, so sagte mein Informant, kann der Kleinanleger kaum gegen die großen Häuser bieten. Kleinanleger können ihre Schatzwechsel am Schalter für kleine Fische auf der anderen Seite des Gebäudes ordern, wo ihnen ein mittlerer Zinssatz garantiert wird, der sich aus dem Inhalt der nächsten Wahlurne ergibt. Das wird als nichtkonkurrierendes Angebot bezeichnet. Das ist das, was man bekommt, wenn man die sogenannten T-Bills oder T-Bonds bei einer Federal Reserve Filiale oder über den Börsenmakler kauft.

Die Auktionen der T-Bills und T-Bonds finden so häufig statt, wie die Regierung Geld ausgibt, das sie nicht besitzt – was in den letzten Jahren sehr oft der Fall war. Tatsächlich steht der Staat mit dem größten Teil seiner Multibillionendollarschuld bei den Inhabern jener Wechsel und Anleihen in der Kreide. Vielleicht sind Sie ja über die wundersame Art und Weise der Geschäftstransaktion ebenso erstaunt wie ich es war. Unsere gesamte Regierung wird von diesen altmodischen Wahlurnen gestützt, und diese wöchentlichen Auktionen bestimmen die Zinssätze, die alle anderen Zinssatze in der ganzen Wirtschaft festsetzen.

„Wenn sie schon hier sind, dann sollten sie auch den Rest der Führung noch machen", sagte mein Führer. „Haben sie das Gold schon gesehen?"

Nach seinen Auskünften standen wir auf dem größten einzelnen Golddepot der ganzen Welt. Ich hätte vermutet, daß das größte Golddepot sich vielleicht in Südafrika oder Fort Knox befindet, aber in Wirklichkeit sitzt es auf dem Grund der Insel Manhattan, fünfzehn Meter unter dem Meeresspiegel, im Keller der New Yorker Fed.

In der Lobby hatte sich eine Führung eingefunden und es wurde mir gestattet, mich anzuschließen. Wir wurden an den Sicherheitsbeamten vorbeigetrieben, mit den Aufzügen hinuntergefahren und durch eine dicke Tresortüre in einen offenbar typischen New Yorker Kellerlagerraum hineingeführt. Es gab fahrbare Wäschekörbe und Gepäckwagen, große Plastikbehälter und Metallschließfächer, aber diese Körbe, Behälter und Schließfächer waren alle bis zum Rand mit Gold gefüllt. Insgesamt beinhalteten sie 960.000 Goldbarren, die ein kumulatives Gewicht von 12.000 Tonnen haben. Der Führer sagte, daß das Gold zum „offiziellen

Preis" von $ 42 pro Unze einen Gesamtwert von $ 120 Milliarden habe, der offizielle Preis aber ein künstlicher Bezugspunkt sei, der mit dem tatsächlichen Preis nichts zu tun habe. Nach dem tatsächlichen Preis berechnet, der damals $ 350 pro Unze betrug, war das Gold $ 1,2 Billionen wert. Ein Viertel allen Goldes, das in der freien Welt aufbewahrt wird, war wie Klafterholz in diesen Behältern aufgestapelt.

Offensichtlich gehörte jeder einzelne Behälter einem der 86 verschiedenen Länder, die die Fed als Tresor benutzten. Einige hatten ihr Geld während des Zweiten Weltkrieges hierhermanövriert, andere während verschiedener Aufstände und Revolutionen. Der Führer wollte uns nicht verraten, welcher Behälter zu welchem Land gehörte.

Wenn ein Land einem anderen Geld schuldet, so wird die Rechnung wie folgt beglichen: drei Menschen sperren den Behälter auf, ein Revisor durchtrennt das Siegel und eine Anzahl von Barren, die der Höhe der Schulden entsprechen, werden vom Stapel genommen. Dann werden die Barren auf einer gigantischen Waage gewogen, zum Behälter des Gläubigerlandes geschleppt und dessen Stapel hinzugefügt. Alle Schlösser werden wieder verschlossen, alle Siegel wieder versiegelt und die Schuld ist bezahlt.

Diese Methode, eine Rechnung zu begleichen, war sehr mühsam, und die Goldträger benutzten niedrige Transportkarren und Rollensysteme zur Unterstützung ihrer Anstrengungen. Außerdem trugen sie Spezialschuhe und glatte Ganzkörperanzüge, so daß winzige Goldpartikelchen sich nicht an ihrer Kleidung festhängen konnten. Sonst hätten sie ein kleines Vermögen damit machen können, in ihren Waschmaschinen zu Hause nach Gold zu schürfen.

Die Aufzüge brachten uns wieder über die Erde in die oberen Stockwerke der Fed, wo die Schecks abgefertigt werden. Haben Sie sich jemals überlegt, was mit einem Scheck passiert, nachdem Sie ihn ausgestellt oder hinterlegt haben? Aller Wahrscheinlichkeit nach wird er einen Zwei- oder Dreitagestrip unternehmen und eine der Feds oder ein ähnliches Clearinghaus passieren. In der New Yorker Fed waren im unteren Stockwerk Hunderte von Säcken angekommen, die Millionen von Schecks enthielten, die noch in dieser Nacht bearbeitet werden sollten. Jeder Sack wurde schnell in die Buchhaltungsabteilung geschoben, wo die Schecks ausgeschüttet wurden und dann einer nach dem anderen in die Hochgeschwindigkeitsmaschinen wanderten, welche die elektronischen Codierungen lesen können. Nach dem Zählen und Sortieren werden die Schecks gebündelt und zu den Banken zurückgebracht, wo sie ihre Reise begonnen haben und wo wir sie am Ende des Monats wieder zurückerhalten.

Inzwischen besitzen alle Banken bei der nächstgelegenen Fed ein Konto, das als Reservekonto bezeichnet wird. Diese Reservekonten sind dazu da, Lasten und Gutschriften aus allen Schecks, die im Land ausgestellt und hinterlegt werden, zu begleichen. Falls an einem beliebigen Tag von Ihrer Bank aus mehr Geld per Scheck die Bank verläßt, als wieder hereinkommt, dann schuldet Ihre Bank den anderen Banken einen Betrag, der von ihrem Reservekonto bei der Fed abgezogen wird. Falls Ihre Bank mehr Geld durch Gutschriften einnimmt, als sie durch Abbuchungen verliert, vergrößert sich für diesen Tag ihr Reservesaldo.

Die Fed handelt auch mit Bargeld. Man kann sie als die Niere der Währung betrachten – sie regelt den Geldfluß und reinigt zusätzlich das Geld. Wenn eine lokale Bank zuviel Bargeld in der Kasse hat, schickt sie einen Haufen davon an die Fed. Die Fed zählt das Geld in ihrer Hochgeschwindigkeitszählmaschine und schreibt es auf dem Reservekonto der Bank gut.

Sind die Geldscheine sauber, werden sie gebündelt und an Banken weiterverschickt, die mehr Bargeld benötigen, während ein entsprechender Betrag vom Reservekonto der entsprechenden Bank abgezogen wird. Sollten die Geldscheine eingerissen, beschädigt, feucht, glitschig, durchnäßt oder schmutzig sein, werden sie aussortiert und zum Reißwolf gebracht. Allein die New Yorker Fed zerkleinert pro Tag Geldscheine im Wert von $ 40 Millionen. Wegen der Chemikalien, die in Tinte und Papier enthalten sind, ist dieses zerkleinerte Geld als Giftmüll klassifiziert. (Was diese Tatsache bedeutet, sollte man unbedingt erforschen.

Aber ich überlasse diese Angelegenheit Theologiestudenten und Philosophen.)

Um das zu ersetzen, was auch immer zerkleinert wird, beauftragt die Fed das Bureau of Engraving and Printing damit, neues Geld zu drucken – aber ziehen sie jetzt keine voreiligen Schlüsse. Der allgemeine Verdacht, daß die Regierung ihre Haushaltsprobleme mit Hilfe einer Druckerpresse löst, stellt sich als unbegründet heraus. Tatsächlich hat die Regierung es nicht nötig, Geld drucken zu lassen, um die Währung zu verbilligen. Statt dessen kauft sie einfach für Milliarden von Dollars Anleihen mit Geld, das gar nicht existiert.

Und so läuft die Sache ab. (Ich verwende hier „kaufen" und „bezahlen" in Anführungszeichen, da tatsächlich keinerlei reales Geld fließt.) Sollte es mit der Wirtschaft völlig bergab gehen oder sie sich in einer Rezession befinden, und die Fed möchte sie durch Geldzufuhr stimulieren, dann werden einige bevorzugte Bondhändler angerufen und einige Anleihen von ihnen gekauft. (Dabei handelt es sich um real existierende Anleihen, im Gegensatz zu denjenigen, die wöchentlich in der Lobby versteigert werden.) Die Fed „bezahlt" diese Anleihen dadurch, daß sie Milliarden von Dollars auf den Reservekonten der Banken gutschreibt, bei denen die Bondhändler ihre Konten führen. Das ist ebenso schmerzlos wie einem Kontostand ein paar zusätzliche Nullen anzuhängen.

Mit diesen „Extramilliarden" auf ihren Reservekonten kann die Bank mehr Geld verleihen was es für den Rest von uns einfacher macht, Kredite zu erhalten, und die Zinsätze herunterschraubt. Das ist hervorragend für das Geschäft, aber auch potentiell inflationär.

Gerät die Wirtschaft außer Kontrolle und die Inflation wächst, dann arbeitet die Fed oft darauf hin, die Dinge zu verlangsamen, was auch mit „einengen" bezeichnet wird. Wenn die Fed „einengen" oder die Zinssätze durch Druck erhöhen möchte, ruft sie dieselben Bondhändler an und kauft einige Anleihen zurück. Dann löscht sie einige Milliarden von den Reservekonten der betreffenden Banken. Dadurch ist die Geldmenge, die diese Banken verleihen können, reduziert und es wird schwieriger für die Kunden, einen Kredit zu bekommen, außerdem steigen die Zinssätze.

Ohne Zweifel ist diese Erklärung zu stark vereinfacht, aber immer noch kompliziert genug. Sollten Sie etwas über „einengen“ oder „lockern“ hören, denken Sie an die Anleihen und die sonderbare Art und Weise, wie sie „gekauft“ werden. Je weniger Sie über den „Clearingverkehr“, den „Kapitalabfluß“, die Reservekonten, den „Primär- und Sekundärmarkt“, das „Jumping“ der T-Bills, die Durchführungsmethode hinsichtlich der Rückkaufsvereinbarungen und weitere Funktionen der Fed wissen, desto besser. Ich verstehe von all dem bis heute nichts. Allerdings habe ich herausgefunden, daß der berühmte Diskontsatz schlicht und einfach der Zinssatz ist, den die Fed verschiedenen Mitgliedsbanken berechnet, die einen schnellen Kredit benötigen.

Ich durfte einen Blick in das spezielle Zimmer werfen, in dem die eben erwähnten Bondtransaktionen stattfinden. Es wird als der „Open-Market-Room“ bezeichnet und ist beinahe ebensogut bewacht wie die Goldstahlkammer im Untergeschoß. Im Inneren des Zimmers steht eine große schwarze Tafel, ähnlich den Abfahrts- und Ankunftstafeln auf den internationalen Flughäfen unterentwickelter Länder. Anschreiber stehen auf langen Leitern und radieren geschäftig alte Zahlen aus und schreiben neue an. Das waren die neuesten Tageskurse für Hunderte von bestehenden Anleihen. Vor der Tafel waren zwanzig oder dreißig Telefonisten damit beschäftigt, minütlich die Preise von Anleihenhändlern auf der ganzen Welt zu erfahren. Die Telefonisten gaben die Preise an die Anschreiber weiter.

Die Ergebnisse eines Arbeitstages der Fed – die Bondauktionen, die Kurse für die Schatzanleihen, das Lockern und Einengen der Reservekonten – sind für die Wall Street entscheidend. Die Fed überlegt sich sehr genau, wann sie diese Informationen veröffentlicht. So verkündet die Fed auf regelmäßigen Pressekonferenzen die neuesten Nachrichten, und keine der interessierten Parteien darf den Raum verlassen, bevor nicht jeder den Pressebericht in Händen hält. Auf diese Weise ist das Rennen zu den Telefonen fair.

Leider hatte ich die neueste Pressekonferenz an einem Donnerstag verpaßt. Ich war an einem Montag in die Fed hineingestolpert. Die Pressemappe erhielt ich trotzdem. Sie bestand aus acht oder neuen Seiten mit Zahlen, einschließlich der M-1-, M-2- und M-3-Werte zur Geldmenge und der aktuellen Gesamtsumme des Haushaltsdefizits, das sich auf $ 1.586,3 Billionen belief und der Gesamtverschuldung mit $ 5,1 Billionen. Ich konnte mit dieser Information nicht sehr viel mehr anfangen als mit einem Text in Sanskrit, so daß es völlig bedeutungslos war, ob ich die Information eine Woche zu spät oder ein Jahr zu früh bekommen hätte.

15

Der Freiverkehrshandel

Anfäng März stieg der Markt und mit ihm meine Optionen. Ich hatte sie am 21. Februar gekauft und zwei Wochen später voller Entzücken mit einem Gewinn von $ 400 eingelöst. Dafür war ich dem Astrologen und seinen elektrischen Empfindungen dankbar.

Ich hätte mich nochmals an Herrn Crawford wenden und noch mehr Optionen auf seinen neuesten Rat hin kaufen können, aber ich hatte doch das Gefühl, es sei genug. Ein Abend mit einem professionellen Händler wie Herrn Gressel hatte mich überzeugt, daß ich ziemlich kopflos in diese Sache hineingestürzt war. Nicht einmal Herr Gressel konnte schließlich von einem auf den anderen Tag hin sagen, ob er Gewinne oder Verluste machen würde. Ich vermutete, daß ich Anfängerglück gehabt hatte, und so stieg ich aus, während ich gut im Rennen lag. Es erschien mir vernünftiger, bei den einfachen Aktien zu bleiben, über die ich relativ gut Bescheid wußte.

Leider fielen die Angstrom-Aktien noch weiter, was mir einen Verlust einbrachte, der meinen $ 400 Gewinn, den ich gleichzeitig mit den Optionen gemacht hatte, übertraf. Obwohl die Regeln „Sei geduldig“ und „Verkaufe nie zu früh“ mich inspiriert hatten, meine Aktien nicht aufzugeben, wuchs in mir die Vermutung, daß ich mich etwas mehr auf „Es ist nie zu früh, um zu verkaufen“ und „Verringere deine Verluste“ hätte konzentrieren sollen. Ehrlich gesagt konnte ich es weiterhin genausowenig ertragen, diese Angstrom zu besitzen, wie Sie es wahrscheinlich noch ertragen können, davon zu hören. Die Gerüchte über den großen Regierungsauftrag, der bald unterzeichnet würde, und die internen Auseinandersetzungen, die bald geregelt sein würden, klangen immer unwahrscheinlicher.

Bevor ich mich jedoch zu einer drastischen Aktion hinreißen ließ, wollte ich einige Personen kennenlernen, die direkt mit Aktien zu tun haben, um ihren erfahrenen Rat einzuholen. Ich wußte, daß Angstrom im OTC-Handel, dem Freiverkehrshandel, verkauft wurde. Vielleicht könnte ich mich mit einem Angstromspezialisten unterhalten – aber wo fand ich diesen OTC-Markt? Ich nahm an, er müßte sich irgendwo um die Wall Street herum befinden, aber das stellte sich als Irrtum heraus. Ich fragte einige ignorante Fußgänger auf der Wall Street, bevor mir eine kluge Person sagte, daß der OTC-Hauptsitz in Washington sei. Später erfuhr ich, daß „Over-the-Counter" die populäre Bezeichnung für die National Association of Securities Dealers Automated Quotations ist, auch NASDAQ genannt.

Um den teuren Metroliner zu vermeiden, nahm ich den langsamen Zug nach Washington und teilte mir dann mit jemanden ein Taxi in die Stadt. Der Taxifahrer ließ mich vor einem kleinen Bürogebäude auf der K-Straße aussteigen und ich dachte, er hätte sich in der Adresse geirrt. Nachdem ich die wunderbare, beeindruckende Marmorfassade der New York Stock Exchange gesehen hatte, war ich nicht darauf vorbereitet, daß die NASDAQ aussah wie das Nationale Asphalt-Kommittee oder irgendeine ähnliche Nullachtfünfzehn-Organisation in Washington.

Im NASDAQ-Gebäude gab es keine Sicherheitsbeamten und kaum eine Vorhalle – nur einen leeren Gang und ein paar Aufzüge. Ich stieg in einen von diesen und fuhr hinauf ins Pressebüro. Dort wurde ich von Enno Hobbing empfangen, dem Vizepräsidenten der Nachrichtenabteilung, mit dem ich einen Termin vereinbart hatte.

Herr Hobbing trug einen zerknitterten Seersucker-Anzug und sah weitaus entspannter aus als irgendeine der Personen, die ich im Casino der NYSE gesehen hatte. Während er sich mit mir durch die üblichen Bürokabinen hindurchschlängelte, um Aktenschränke herum, am Kopierer vorbei, erzählte er mir von seiner früheren Karriere als Redakteur für das alte *Life*-Magazin.

In seinem Büro beschrieb Herr Hobbing, wie die NASDAQ im Vergleich mit den anderen Börsen aufholen würde, daß die Großanleger immer mehr im Freiverkehr kaufen würden und daß die NASDAQ auf 4.000 Firmen angewachsen sei, was der doppelten Zahl derer entspräche, die vom Rivalen NYSE repräsentiert würden. Er sagte, daß die NASDAQ-Wertpapiere am Tag meines Besuches insgesamt $ 360 Milliarden wert seinen. Die größten der Firmen, die an der NASDAQ gehandelt werden, gehörten zum, wie es Herr Hobbing bezeichnete, National Market System. Dieses lieferte genau wie die NYSE minütliche Berichte über Transaktionen. Es gäbe eine zweite Garde weniger wichtiger Papiere, die einfach als OTCs bezeichnet würden, und schließlich eine dritte Gruppe mit den kleinsten und unwichtigsten Emissionen, die als Nebenwerte bezeichnet würden. Ich wußte, daß Angstrom dieser Gruppe angehörte.

„Bedeutet ‚Nebenwert', daß irgend etwas daran negativ ist?" fragte ich. „Eigentlich nicht", sagte Herr Hobbing. „Nebenwerte sind kleine Wertpapiere, die keine allzu große Beachtung finden. Es handelt sich dabei um Firmen, die nicht den finanziellen Anforderungen entsprechen, um auf unsere anderen Listen zu kommen; aber das heißt nicht, daß sie unsicher oder insolvent sind. Immerhin sind sie ein Teil der NASDAQ." „Aber wo werden diese Aktien tatsächlich gehandelt? Im Keller etwa oder in einem anderen Stockwerk des Gebäudes oder wo?"

„Ich werde es ihnen zeigen", sagte Herr Hobbing. Er stand auf und geleitete mich aus seinem Büro hinaus. Wir machten ein paar Schritte und blieben an einem schmalen Tisch stehen. Er war nicht länger als eine reguläre Küchenarbeitsfläche und völlig mit Zeitungen, Katalogen und dem üblichen Büromüll überladen. Inmitten des Papiermülls stand ein Computerterminal.

„Das ist es", sagte Herr Hobbing und tätschelte den Terminal. „Das Herz der NASDAQ. Gibt es ein Papier, das sie auf den Tageskurs hin überprüfen möchten?"

Ich sagte ihm den Namen meiner Aktie plus das Symbol ATSI. Er setzte sich an den Terminal, gab ein paar Befehle ein und auf dem Bildschirm erschien eine Liste von Firmen, die Sie sicher erkennen würden: Merrill Lynch und Goldman Sachs boten an, Angstrom zu 1 3/8 zu kaufen oder zu 1 1/2 zu verkaufen, während drei oder vier weniger bekannte Firmen bereit waren, zu 1 5/16 zu kaufen und zu 1 7/16 zu verkaufen. Die Differenz zwischen diesem sogenannten „Geld-" und „Briefkurs" wurde als „Spread" bezeichnet.

„Das sind ihre Market-Maker“, sagte Herr Hobbing. „Nicht sehr viele für ihre kleine Aktie. Für einen große Aktie wie zum Beispiel MCI Communications würde es mehr geben.“ Als Beweis gab er die Codebuchstaben für MCI ein und zwei Bildschirmseiten mit circa 30 Käufern und Verkäufern erschienen vor unseren Augen.

„Aber wo sind die Spezialisten?“ fragte ich. „Wo haben sie ihren Platz?“

„Es gibt keine Spezialisten“, sagte er. „Das ist das Schöne daran. Unsere Market-Maker ersetzen die Spezialisten, und sie haben nirgendwo einen Platz. Sie sind über das ganze Land verteilt. Das Computernetzwerk ist der Börsensaal. Will man einige MCIs kaufen, erteilt man seinem Broker den Auftrag, und der Broker gibt ihn an den Order Desk weiter, der die Liste der Market-Maker auf einem Terminal abruft, genauso wie wir es gerade getan haben. Käufer und Verkäufer können die Liste durchgehen, sich den besten Preis heraussuchen und das Geschäft an Ort und Stelle über die Tastatur ausführen.“

„Wie entscheidet man denn, von welchem Market-Maker man kauft oder an welchen man verkauft?“

„Zuerst suchen sie sich natürlich den Anbieter mit dem besten Kurs heraus. Werden mehrere gleichzeitig angeboten, dann gibt es ein Rotationssystem dafür, wer den Zuschlag erhält. Es gibt keinen Handelsstillstand, keine Unausgewogenheit, es ist immer jemand da, der kaufen oder verkaufen möchte. Außerdem gibt es die Konkurrenz untereinander. Mit mehr als nur einem Spezialisten ist die Chance größer, daß man einen fairen Preis bekommt.“

So enttäuscht ich auch darüber war, daß mit Angstrom noch immer nichts Positives passiert war – und ich dabei nur einen Computer vor mir hatte, mit dem ich dieses Problem nicht diskutieren konnte –, war ich vom OTC-System beeindruckt. Kein wilder Handel, kein Drängeln und Stoßen im Börsensaal, keine alberne Zeichensprache, kein Nikotinnebel, keine vollgestopften Räume, kein Abfall und keine mysteriösen Spezialisten, die mit ihrem Buch auf ihrem Posten standen. Tatsächlich war es hier so ruhig, daß man das Summen des Kopierers hören konnte. Während ich Herrn Hobbing am Terminal beobachtete, begann ich die reguläre Börse in einem völlig neuen Licht zu sehen. Für einen gut organisierten Computermarkt bestand kein Bedarf an riesigen Gebäuden, Fersehbildschirmen, die von der Decke baumeln, Parketthändlern oder Boten. Vielleicht ist die NYSE ein strahlender Anachronismus, vergleichbar mit der britischen Königsfamilie oder der amerikanischen Pferdekavallerie, die nur als Touristenattrakion einen Zweck erfüllen.

Zurück in seinem Büro erzählte mir Herr Hobbing die Geschichte über den plötzlichen Umschwung des Freiverkehrshandels vom kleinen, primitiven Markt für vergessene Aktien hin zur fortschrittlichsten Form des Handels. Der OTC-Handel begann im Freien, als man Aktienzertifikate an langen Tischen, die unter Bäumen aufgestellt waren, verkaufte und die Kurse auf behelfsmäßigen Tafeln anschrieb. Die NYSE hatte genauso begonnen, aber als diese Börse im 19. Jahrhundert ein Haus bezog und ihre Methoden modernisierte, wurden die OTC-Märkte zu Alternativmärkten, diffus und ungeordnet. Käufer oder Verkäufer waren oft schwer zu finden, und wenn überhaupt Kurse existierten, fand man sie vor Ort auf sogenannten „pink Sheets“, die herausgegeben wurden und oft schon zu alt und/oder nicht besonders akkurat waren.

Herr Hobbing erzählte, daß der Freiverkehrshandel besser durchorganisiert wurde, als sich die Händler 1939 unter der Schutzherrschaft der Securities and Exchange Commission (SEC) – der US-Börsenaufsichtsbehörde – auf einen formalen Regelcode einigten. Die daraus entstehende Organisation überlebte anschließend mit zweitklassigen Emissionen und relativ obskuren Notierungen und zehrte bis zur Einführung des Computers von den Leckerbissen, welche die größeren Börsen ignorierten. Beinahe über Nacht wurde der Nachteil dieser losen Ansammlung von weitverstreuten Händlern zu ihrem größten Vorteil. Organisationen wie die NYSE und die AMEX, die so viel Geld in ihre Gebäude, ihre Börsensäle, ihre Börsensitze, ihren Prunk und Pomp und ihre Spezialisten investierten, zögerten von

Natur aus, dies alles für einen Telefonanschluß und einige verstreute Terminals aufzugeben. Die OTC-Händler waren jedoch darüber entzückt, die „pink Sheets" durch Computer zu ersetzen. Schon bald war die NASDAQ ihren einst allmächtigen Konkurrenten über den Kopf gewachsen.

Am dem Morgen, als ich mit Hern Hobbing sprach, waren die Zeitungen voller Berichte über einen Herrn Dennis Levine, einem Angestellten von Drexel Burnham Lambert, der die Chinesische Mauer durchbrochen hatte. Soweit ich es verstand, war die Chinesische Mauer eine Art Grenze für einen Gentleman, eine unsichtbare Schranke zwischen den Personen, die Wertpapiere verkaufen und jenen, die auf dem Gebiet der Unternehmensfusionen und Banken arbeiten und Dinge erfahren, die den Preis eines Wertpapiers beeinflussen könnten. Sich über diese Mauer hinweg zu unterhalten, lag nicht nur jenseits dessen, was ein Gentleman sich erlaubt, sondern war ebenfalls illegal. Herr Levine wurde dieser Straftat beschuldigt. Den Zeitungen zufolge hatten er und ein paar andere aufgrund von Insider-Informationen viel illegales Geld verdient.

Es war mir bis zu diesem Zeitpunkt noch nicht in den Sinn gekommen, mich selbst im Insiderhandel zu versuchen, aber ich fragte Herrn Hobbing, wie die NASDAQ mit diesem Problem umginge. Herr Hobbing sagte, daß das NASDAQ-Computerwarnsystem es Insiderhändlern und anderen Gesetzesächtern sehr schwer mache, ungeschoren davonzukommen. Er bot mir an, mich ein paar Stockwerke höher zur NASDAQ-Marktüberwachungsabteilung zu bringen, wo er mich an einen Bernard Thompson weiterreichte. Herr Thompson hatte gerade damit begonnen, mir das Büro zu zeigen und das Überwachungssystem zu erläutern, als die Alarmglocken losgingen.

Es hörte sich an wie das Warnsignal für eine atomare Attacke, und Überraschungsausrufe und Schreie ließen einige Leute eiligst zu den Computerkommandostellen und den Fernschreibern hasten. „Was passiert denn hier?" fragte ich Herrn Thompson. „Parameter", sagte er. „Die Parameter müssen durchbrochen worden sein."

Nachdem sich die Lage beruhigt hatte, erklärte Herr Thompson, daß den regulären Auf-und Abwärtsbewegungen aller Wertpapiere durch Parameter Grenzen gesetzt würden. Diese Parameter hatte sich die NASDAQ für ihre Tausenden von Emissionen überlegt und in den Computer eingegeben. Sollte ein Aktienkurs plötzlich über die Obergrenze steigen oder unter die Untergrenze fallen oder besonders viele Aktien gekauft oder verkauft werden, dann ertönt automatisch der Alarm. In diesem Fall war die Schuldige eine Aktie namens Berkshire Hathaway, die zum unglaublichen Kurs von $ 2.500 pro Stück verkauft wurde und dadurch zum teuersten Wertpapier auf der ganzen Welt avancierte. Als ich in den Raum eingetreten war, hatte Berkshire Hathaway offensichtlich gerade seine Parameter durchbrochen.

„Wahrscheinlich hat das nichts zu bedeuten" sagte Herr Thompson. „Vielleicht irgendeine kleine Neuigkeit. Wir werden das Ganze mit unserem Spezialsystem am Fernschreiber überprüfen. In der Regel handelt es sich um einen blinden Alarm."

Um Ereignissen wie diesem nachzuforschen, hatte die NASDAQ zwölf Vollzeitarbeitskräfte beschäftigt, die als erstes nach einer offensichtlichen Erklärung für den Vorfall suchten, wie zum Beispiel eine wichtige öffentliche Ankündigung. Bei einer wichtigen öffentlichen Ankündigung, wie zum Beispiel dem Abschluß eines Regierungsauftrages, konnte man davon ausgehen, daß eine Aktie aufgrund großer Kauf- und Verkaufsnachfrage im Kurs stieg. Sollte sich eine Aktie jedoch von ganz allein unregelmäßig bewegen oder, was noch schlimmer ist, aufgrund großer Kauf- und Verkaufsnachfrage vor einer öffentlichen Ankündigung in die Höhe schnellen, dann gab es allen Grund, eine Schwindelei zu vermuten. Durch Anrufe bei den Market-Makern können die Untersuchenden herausfinden, wer das größte Aktienpaket gehandelt hat. Bei diesen Untersuchungen wird der Weg einer Aktie über die Market-Maker zurück zu den Brokern und dann zu den individuellen Investoren verfolgt, die vielleicht sogar aufgefordert werden, ihr exaktes Timing zu erklären.

Herr Thompson sagte, daß es nicht lange dauern würde, um herauszufinden, warum ein Wertpapier seine Parameter durchbrochen hat und wer dafür verantwortlich war. Die Überwachungsabteilung würde am Ende eines Börsentages immer nach verdächtigen Aufwärtsbewegungen und anderen verräterischen Zeichen für eine Preismanipulation Ausschau halten.

Sind alle Fakten zusammengetragen, schicken die NASDAQ-Leute die verdächtigsten Fälle zur weiteren Untersuchung und möglichen strafrechtlichen Verfolgung weiter an die SEC. Herr Thompson erzählte mir, daß die SEC in diesem Jahr bereits 100 NASDAQ-Fälle vorangetrieben habe. Nachdem, was ich von der Überwachungsabteilung gesehen hatte, konnte ich mir nur schwer vorstellen, wie irgend jemand mit irgend etwas davonkommen könnte. Und ich war irgendwie erleichtert, daß Angstrom niemals seinen großen Regierungsauftrag bekommen und es in letzter Zeit keine Aufwärtsbewegungen gegeben hatte, die den Alarm auslösten und die SEC-Polizei in Aktion treten ließ.

16

Meine Sitzung beim Analysten

Als ich aus Washington nach New York zurückkehrte, fand ich auf meinem Anrufbeantworter eine Nachricht von William Hayes, dem Mann, der mich zum Mittagessen ins Börsencasino mitgenommen hatte. Er lud mich zu einem Treffen der Society of Security Analysts am Broadway Nr. 71 ein. Diese Einladung führte mich indirekt zu meiner dritten Investition.

Haben Sie jemals daran gedacht, Ihren Analytiker anzurufen? Ich meine natürlich den von der Börse, den man hier überwiegend „Analyst" nennt. Er ist derjenige, der die Berichte schreibt, die Ihr Broker Ihnen zusammen mit folgenden kleinen Notizen zuschickt: „Wie in der Anlage notiert, empfiehlt unsere Firma dringendst diesen Kauf." Aus irgendeinem Grund hatte ich niemals daran gedacht, daß ein Analyst ein Mensch aus Fleisch und Blut sei, den man kontaktieren kann, bis Herr Hayes mich über diese Tatsache aufklärte.

Ich besuchte das Treffen, das eigentlich eine kleine Versammlung eines der Komitees innerhalb der Society war. Ehrlich gesagt, es war deprimierend. Ein trauriger Haufen professioneller Kopfarbeiter, alle Mitte bis Ende Vierzig, alle arbeitslos. Sie sprachen davon, eine in Vergessenheit geratene Minderheit zu sein, und beschwerten sich darüber, gegen die jüngeren, aggressiveren Analysten verloren zu haben, welche die Maklerfirmen jetzt bevorzugen würden.

Während ich ihren Geschichten lauschte, fand ich mehrere nützliche Dinge heraus: (1) Im großen und ganzen gibt es in den USA 15.000 Analysten, die meisten davon in New York; (2) von den Analysten der Maklerfirmen wird erwartet, daß sie uns, der wertpapierkaufenden breiten Masse, dienen; (3) es gibt „fundamentale Analysten" und „technische Analysten", welche die gleichen Debatten führen, die ich auch auf der Investmentkonferenz gehört hatte. Es gibt ebenfalls sogenannte „Quants", die sich in einer Art Rechensprache unterhalten, so daß niemand außer einem anderen „Quant“ einen „Quant“ verstehen kann; (4) die meisten Analysten haben einen MBA-Abschluß und sind sehr gut informiert; und (5) sie sind möglicherweise die ersten, die wissen, wann man ein Wertpapier kaufen und wann man ein Wertpapier verkaufen sollte.

Diesen letzten Punkt fand ich sehr aufregend und ich bedauerte sehr, nicht früher davon erfahren zu haben. Zum Glück hatte Herr Hayes daran gedacht, mich mitzunehmen, denn am Tag nach dem Treffen kehrte ich auf die Besuchergalerie der New York Stock Exchange zurück und verspürte einen mächtigen Drang, Angstrom ein für allemal loszuwerden.

Der Dow Jones Industrial Average war an diesem Nachmittag um 41 Punkte nach oben geklettert. Insgesamt machte das inzwischen eine Steigerung um 300 Punkte aus, seitdem ich meine Reise begonnen hatte. Ich hatte versucht, diese Tatsache zu ignorieren. Schlimmer noch, als Geld in einem schlechten Markt zu verlieren, ist es, in dieser größten Hausse in der Geschichte der Börse – so bezeichnete man inzwischen das momentane Hoch – zu verlieren. Meine Frustration wurde von anderen Investoren geteilt, die den Quotronmaschinen auf der Besuchergalerie entgegenfluchten. Ich traf einige, die im Freiverkehrshandel kleine Nebenwerte gekauft hatten, die nicht mit dem Markt nach oben geklettert waren. Diese Leute drohten ebenfalls mit Verkauf.

Ungefähr um drei Uhr nachmittags machte ich mich auf die wilde Suche nach einem öffentlichen Fernsprecher. Ich rannte auf der Besuchergalerie umher, aber kein Telefon war zu sehen. Ein Führer, der wohl gedacht haben mußte, ich hätte einen Nervenzusammenbruch, schlug vor, ich solle den nächsten Aufzug nach unten in das Foyer nehmen. Es gab auch in der Lobby kein Telefon. In diesem Punkt ähnelt die New York Stock Exchange einer Rennbahn, wo es verboten ist, im Umkreis von soundsovielen hundert Metern von der Ziellinie öffentliche Telefone zu installieren. Im Freien angelangt, rannte ich an Anatoli und den anderen Süßigkeitenverkäufern vorbei, die mit den Märzwinden zitterten. Ich probierte es an einigen Apparaten im Freien, aber die Wahltasten verklemmten sich in der Kälte, und ich hätte mir bei dem Versuch, eine Nummer zu Ende zu wählen, Frostbeulen zugezogen. Ein instinktives Wärmebedürfnis führte mich zum Dienstboteneingang der Hausnummer 50 auf der Wall Street und von dort in einen hinteren Gang. Dort standen einige Waschkörbe mit Abfall. Dieser stellte sich als Computerausdrucke und anderer Ausschuß von Drexel Burnham Lambert heraus. Deren New Yorker Zentrale mußte sich direkt über mir befinden. Ich einer Ecke des Ganges gab es eine Telefonzelle.

Als ich den Hörer abnahm und begann, die Nummer von Frau Garrett zu wählen, wurde ich von gegensätzlichen Gefühlen überwältigt. Zuerst hatte ich ein schlechtes Gewissen, weil ich meine Prudential-Bache-Brokerin genau aus der Zentrale der Firma anrief, die ich hintergangen hatte. Dieses Gefühl wurde sehr schnell davon verdrängt, daß ich mir wie ein Idiot vorkam, weil ich Frau Garrett unter jeglichen Umständen anrufen mußte. Es hatte unserer Beziehung nicht gutgetan – zumindest nicht was meine Seite anging –, daß Angstrom in der größten Hausse der Geschichte den verkehrten Weg eingeschlagen hatte.

Dann war da das Dilemma, zu verkaufen oder nicht zu verkaufen. Jede Aktie, die man besitzt, kann am Ende vielleicht doch noch steigen, aber dadurch, daß man mit Verlust verkauft, wird man gezwungen, einen Fehler zuzugeben. In diesem schmerzlichen Moment der Wahrheit dachte ich an den Großen Gabelli und die winzige Chance, an der der clevere Anleger, zum Beispiel er und ich, weiter festhalten sollten.

Ich zögere, dies zu erwähnen, aber ich machte mir ebenfalls Sorgen, daß ich mit dem Verkauf von Angstrom Frau Garretts Gefühle verletzen könnte. Dann erinnerte ich mich an etwas, daß ich Ihnen als meinen guten Rat Nummer 14 überlassen möchte:

»Fahre nicht damit fort, Geld zu verlieren, nur um deinen Broker glücklich zu machen.«

Als ich schließlich mit dem Wählen fertig war, hatte ich mir beinahe ausgeredet, daß ich Angstrom verkaufen mußte. Just in dem Moment, als Frau Garrett abhob, war ich mit meinen gegensätzlichen Gefühlen zu einem vernünftigen Kompromiß gelangt: die Hälfte verkaufen.

„Wie steht der Kurs von Angstrom?“ fragte ich.

„1 13/16.“

„Gibt es irgend etwas, das ein Analyst empfehlen würde. Ich würde gerne mit einem Analyst zusammenarbeiten.“

„Es ist eigenartig, daß sie das erwähnen. Vor kurzem hörte ich einer Analystin zu, die beim ‚Morningcall‘ über unsere ‚squawk Box‘ sprach. Gillette. Nancy Hall sagt, unbedingt kaufen. Sie spioniert gerade die Firmengeschichte aus.“

(Die „squawk Box“ ist ein Lautsprecher in jeder Zweigstelle, der mit der Zentrale verbunden ist. Beim „Morningcall“ verkünden die Analysten ihre neuesten Empfehlungen an Tausende von Broker gleichzeitig. Aus diesen Informationen holen sich manche Broker die neuen Ideen, die sie an uns Investoren weitergeben.)

„Wer ist Nancy Hall?“

„Unsere Kosmetikanalystin in New York.“ Angesichts dieser Chance, auf den absoluten Tip einer Analystin hin früh einzusteigen, wurde ich so aufgeregt daß ich meine Gilletteorder sofort in Auftrag gab.

Wir verkauften 2.500 Angstrom Aktien zu $ 4.289,75 – mit einem Verlust von $ 781,82 – und investierten beinahe alles in 53 Gilletteaktien zu $ 79 1/4. Ich dachte daran, nach Gillettes KGV zu fragen, und Frau Garrett sagte, es liege bei 14. Sie nahm an, daß die 14 von Gillette nicht sehr viel niedriger seien als das KGV von Angstrom, und ich war zuversichtlich, daß Herr Frank den Wechsel gebilligt hätte.

Sobald ich die Aktie gekauft hatte, rief ich Frau Hall an. Einen Analysten persönlich zu sprechen war einfacher, als ich gedacht hatte. Die Telefonistin in der Zentrale von Prudential-Bache stellte mich direkt durch und Frau Hall antwortete von ihrem eigenen Apparat. Ich stellte mich als Schriftsteller und Prudential-Bache-Kunde vor, der ein größeres Paket einer ihrer Aktien gekauft hatte und sich nun versichern wolle, daß er das Richtige getan hat. Sie war freundlicherweise damit einverstanden, daß ich ihr einen Besuch in ihrem Büro abstattete.

Die Bemerkung über das größere Aktienpaket muß meinem Anliegen weitergeholfen haben, aber ich hätte diese Bemerkung nicht gemacht, wäre ich der Aktie gegenüber nicht eine substantielle Verpflichtung eingegangen. Falls Sie sich fragen, wie viele Aktien Sie besitzen sollten, bevor Sie einen Analysten mit einem Anruf belästigen, würde ich meinen guten Rat Nummer 15 vorschlagen:

»Belästige niemals einen Analysten oder eine Analystin, wenn du weniger als 53 Aktien besitzt.«

Prudential-Bache sitzt in einem der vielen Wolkenkratzer entlang der Wall Street an der Südspitze von Manhattan. Das Büro von Frau Hall befand sich in einem der oberen Stockwerke. Das Wartezimmer war mit Gegenständen überfüllt, die ich als elegante antike Möbel bezeichnen würden, aber ich kann ein Orginal nie von einer Kopie unterscheiden.

Nancy Hall kam durch die Tür am Ende des Zimmers, um mich zu begrüßen. Sie war groß und schön, und ein dünner, limonenfarbener Schal schmiegte sich wie eine Rückenfinne an sie an. In jeder Polizeiaufstellung hätte ich sie als Fotomodell ausgemacht und nicht als Aktienanalystin. Die hatte ich mir eher mit krummem Rücken und etwas angestaubt vorgestellt.

Sie führte mich einen Gang entlang in ihre Nische, die eine wunderbare Aussicht über den Hafen bot. Auf dem üblichen Haufen aus Flugblättern und Zeitungsberichten lagen Probemuster verschiedener Rasierer und Hygieneprodukte von den Kosmetikfirmen, die Frau Hall analysiert. Tatsächlich sah es so aus, als würde sie einen kleinen Kosmetikladen betreiben. Bevor ich noch Gelegenheit hatte, mich zu setzen, drückte sie mir den neuesten Wegwerfrasierer von Gillette in die Hand – er war braun und hatte Drehgelenke – und bot mir an, ihn auszuprobieren und ihr meine Meinung darüber zu sagen.

Frau Hall war ebenso charmant wie attraktiv. Sie erzählte, daß sie erst seit zweieinhalb Jahren Analystin sei und davor als Redakteurin bei *Harper's Bazaar* gearbeitet habe. Es tröstete mich, von ihr zu hören, daß der Job einer Aktienanalystin dem eines Journalisten sehr ähnlich sei. Ebenso wie der Journalist würde sie sehr viel arbeiten, zwischen 10 und 14 Stunden am Tag. Sie hätte ihren eigenen Fachbereich, die Kosmetik. Sie hätte „Stories“ über die zehn bis fünfzehn Firmen, die sie beobachte, zu schreiben. Was sie meiner Meinung nach vom Journalisten unterschied, war, daß ihr Grundgehalt irgendwo zwischen $ 125.000 und $ 200.000 pro Jahr lag, plus großzügiger Prämien, falls sich ihre „Geschichten“ als wahr erwiesen.

Als die Sprache auf Gillette kam, beglückwünschte mich Frau Hall zu einer weisen Entscheidung. Obwohl sie selbst vielleicht Avon vorgezogen hätte, war sie davon überzeugt, daß Gillette seine Aktionäre nicht enttäuschen würde. „Wir haben die Aktie positiv bewertet, seit sie bei $ 50 lag“, sagte sie, „und wir halten an unserer Meinung fest.“ Sie erklärte, daß es bei Prudential-Bache ein Notensystem von eins bis fünf gebe. Eine Eins für „aggressiver Kauf“, eine Zwei für „anhäufen“, eine Drei für „durchschnittliches Verhalten“, eine Vier für „austauschen“ und eine Fünf für „verkaufen“. Jede Aktie erhielt zwei Zahlen als Bewertung, die erste für eine kurzfristige Vorausschau bis zu sechs Monaten und die zweite für eine langfristige Vorausschau von sechs bis achtzehn Monaten. Avon war bei „1-1“ eingestuft, aber Gillette lag mit „2-2“ knapp dahinter.

Wichtiger als die Noten waren die geschätzten Jahresgewinne, die nach Frau Halls Einschätzung für Gillette zwischen $ 5,60 und $ 5,70 pro Aktie lagen. Ich ging von einem Verkaufspreis von $ 80 aus und berechnete das KGV. Ich teilte die $ 80 durch $ 5,60 und erhielt 14,3 – was nur knapp über dem lag, was man mir zuvor gesagt hatte.

Frau Hall fuhr damit fort zu erklären, daß die Gillette-Story des letzten Jahres davon zeugt, daß internationale Gewinne durch den Dollarfall in die Höhe getrieben worden seien, während die Story in diesem Jahr von Profiten innerhalb der USA zeuge, die durch die Marktanteilsgewinne bei Rasierklingen und Toilettenartikeln in die Höhe getrieben werden würden, besonders wenn der neue braune Rasierer gut ankommen sollte. Sie erwähnte neue Deodorantprodukte von Dry Idea und Make-ups von Brush Plus als große Geldbringer; erklärte, daß es soliden Verkaufszuwachs bei den alten Rasierern gebe; und sagte voraus, daß White Rain-Shampoo, -Conditioner und -Mousse ein Comeback erleben würden.

Intern, sagte Frau Hall, plane die Firma einen Aktiensplit und für den Fall einer Attacke durch Übernahmespekulanten hätte Gillette eine Giftpille vorbereitet, die zu schlucken wäre. Die Sache mit der Pille wirkte auf mich nicht sehr anziehend, aber Frau Hall bestand darauf, daß es einfach eine Möglichkeit wäre, bestimmte Anlagegüter so zu restrukturieren, damit Aktieninhaber besser geschützt seien. Ein Aktiensplit würde den Aktienpreis halbieren, wodurch es für Kleinanleger einfacher wäre, mehr zu kaufen.

Obwohl Frau Hall in einer überzeugenden Weise Partei für Gillette ergriff, dachte ich, daß es nicht schaden könnte, eine zweite Meinung einzuholen. Ich erwähnte das so taktvoll wie möglich, und Frau Hall gab mir freundlicherweise die Namen anderer Analysten, die die Aktie ebenfalls beobachteten. Tatsächlich schien sie ebenso neugierig auf deren Meinung zu sein wie ich. „Lassen sie es mich wissen, falls sie etwas Interessantes hören“, sagte sie. „Sie können mich jederzeit anrufen.“ Für mich war das eine sonderbare Aufforderung, da sie die Telefonnummern besaß und selbst mit ihren Kollegen hätte sprechen können; doch ich ließ das Thema fallen.

Der erste Name auf Frau Halls Liste war Deepak Raj von Merrill Lynch, den ich sofort anrief. Nachdem ich erwähnte, daß ich mit Frau Hall gesprochen hatte, lud er mich in die Merrill Lynch-Zentrale ein, die bis auf die antiken Möbel mehr oder weniger genauso aussah.

Wie Sie vielleicht schon angenommen haben, war Herr Raj indischer Abstammung. Für eine ausgedehnte, träge Konversation war er viel zu unruhig. Hätte ich meine 53 Aktien über ihn gekauft, hätte er vielleicht mehr Zeit gehabt. Er erzählte mir, daß er die Kosmetikfirmen seit 1979 beobachte, daß er in New Jersey lebe und daß er ebenfalls sehr viel arbeite. Ein Thema, das er mit offensichtlichem Vergnügen diskutierte, war, wie frühzeitig er bereits Gillettes Potential erkannt hatte. Analysten bezeichnen diesen Zeitpunkt als „Initiation zur Beobachtung“. Herr Raj wurde 1980 zu seiner Gillette-Beobachtung initiiert, als die Aktie um die $ 20 notierte, und hatte sie bis hinauf zu den derzeitigen $ 80 empfohlen. Ich wünschte, ich hätte damals seiner „squawk Box“ zugehört.

Was Gillettes Zukunftsaussichten anging, war Herr Raj vorsichtig, aber optimistisch. Obwohl er Gillette als „überdurchschnittlich“ einstufte – was in Merrill Lynchs Sprache irgendwo unterhalb von „kaufen“ und oberhalb von „verkaufen“ einzuordnen war –, schien er nicht so enthusiastisch zu sein wie Frau Hall. Er sprach seine Bedenken über die Konkurrenz laut aus: „Was macht Bic? Was hören wir von Schick? Das ist der Kampf. Marktanteile bekommen und Marktanteile verlieren.“ Herr Raj hatte keine Probemuster in seinem Büro und sagte, er habe sich noch nicht die Mühe gemacht, den neuen braunen Rasierer auszuprobieren.

Vielleicht hätte ich erwähnen sollen, daß Frau Hall sehr neugierig auf Herr Rajs Meinung gewesen sei, aber ich tat es nicht. Herr Raj schien nichts an Frau Halls Meinung zu liegen. Er war mehr daran interessiert, was Diana Temple von Salomon Brothers dachte und fragte, ob ich mit ihr gesprochen hatte.

Ich ließ mir einen Termin bei Frau Temple geben, was einfach war, nachdem ich ihrer Sekretärin erzählte, daß ich auf Empfehlung von Herr Deepak Raj anriefe. Frau Temples Büro befand sich wie üblich in einem der oberen Stockwerke eines Wolkenkratzers nahe am Wasser, aber man konnte den Hafen nicht sehen.

Frau Temple war eine handfeste Frau, die ein bißchen älter aussah als die beiden Kollegen, die ich bereits besucht hatte. Diese Vermutung wurde mehr oder weniger bestätigt, als sie sagte, daß sie bereits seit 15 Jahren in Toilettenartikeln tätig sei. Frau Temple war zudem weniger überschwenglich als die beiden anderen, sie schien Gillette nicht positiv zu bewerten.

Es war nicht so, daß sie Gillette per se nicht mochte, sondern daß sie der Meinung war, daß die Firma, was die Gewinne angehe, „hinter dem Markt herhinke.“ „Ich würde nicht unbedingt sagen ‚verkaufen‘, aber der Gewinnzuwachs wird unter dem Durchschnitt liegen“, sagte Frau Temple. „White Rain dagegen hat sich ganz gut entwickelt.“ Ihre eigene Gewinneinschätzung mit $ 5,60 pro Aktie deckte sich zwar mit der von Frau Hall, aber im Gegensatz zu Frau Halls Begeisterung war ihre Meinung über Gillette eher gemäßigt. Ich fand das verwirrend.

Ich kam auf Frau Halls Meinung zu sprechen, aber Frau Temple war daran nicht sehr interessiert. Sie war viel neugieriger darauf, was Herr Raj gesagt hatte. Weiter erwähnte sie eine Alice Beebe Longley bei Donaldson, Lufkin & Jenrette, wohin ich mich als nächstes auf den Weg machte.

Ich traf Frau Longley in einem der üblichen oberen Stockwerke. Sie war ebenso reizend wie Frau Hall, und sie hatte die sympathische Angewohnheit, ihre Schuhe auszuziehen und während des Gesprächs mit ihren Zehen zu wackeln. In manchen Berufen ist dieses Detail nicht erwähnenswert, aber an der Wall Street wird soviel Wert auf Äußeres gelegt, daß jegliche Form der Abweichung bemerkenswert ist.

Frau Longley erwähnte, daß sie ihren Doktor in Komparatistik gemacht hatte. Als ich sie fragte, was das mit dem Job einer Analystin zu tun habe, lachte sie und sagte: „Damals hatte ich mir Gedichte hergenommen und sie zu Tode analysiert.“ Sie gab einen Englischlehrstuhl für die Maklerfirma auf, angelockt durch eine beachtliche Gehaltssteigerung dafür, daß sie nun Kosmetikfirmen anstelle von Dylan Thomas analysierte.

Von Gillette war Frau Longley mittelmäßig begeistert und bezeichnete die Aktie als „moderaten Kauf“. Diese Aussage plazierte sie irgendwo zwischen Frau Temple und Frau Hall, aber zu diesem Zeitpunkt interessierte ich mich inzwischen weniger für Gillette per se als dafür, was die Analysten über einander erzählten. Ich war in ihren Intrigen gefangen, fasziniert davon, wie sie sich auf eine eigentümliche Art in die Meinungen ihrer Kollegen und Kolleginnen vertieften. Nun da ich mit hineingezogen worden war, sagte ich Frau Longley, daß ich mir wie ein Bote in einem diplomatischen Komplott vorkam. Ich erklärte, daß ich von

Büro zu Büro gezogen war und als unbezahlter Spion für Frau Hall agierte. Warum, so fragte ich mich, war so etwas notwendig?

Frau Longley erklärte mir, daß Analysten keine einsamen Statistiker seien, die, wie ich mir das vielleicht vorgestellt hätte, in Hinterzimmern über Jahresberichten grübelten. Sie seien ein geselliger Haufen und verbrächten die meisten der Stunden, in denen sie wach waren, am Telefon. Den ganzen Tag über würden sie mit wichtigen Investoren schwatzen, um sich Einfluß zu verschaffen. Mit jedem Stückchen Information – über einen ungewöhnlichen Anstieg in den Shampooverkäufen, einen unerwarteten Verlust auf dem Rasierersektor – hoffe der einzelne Analyst jetzt das meiste zu wissen und dadurch den vorangegangenen Anrufer zu übertreffen. Und obwohl es unter rivalisierenden Analysten und Analystinnen nicht Brauch ist, direkt miteinander zu kommunizieren, könnten ihre Jobs doch davon abhängen, was über sie erzählt wird. Jeder und jede wolle auf den neuesten Tratsch vorbereitet sein, bevor er aus dem Mund eines großen Kunden kommt.

Um das zu illustrieren erzählte Frau Longley, daß sie gerade von einem Besuch bei Avon zurückgekehrt sei. „Ich komme zurück, setze mich hin und rufe alle Aktionäre, die ich kenne, an und erzähle ihnen, was ich herausgefunden habe. Das dauert einen halben Tag." Es kann sein, daß ich einen Kunden anrufe, der gerade sein Telefongespräch mit Diana Temple beendet hat, erklärte Frau Loungley. „Ich erfahre dann von diesem Kunden, was Diana Temple gesagt hat. Er erzählt mir vielleicht, daß meine Gewinneinschätzung von $ 5,60 niedrig klingt und Diana mit $ 5,80 rechnet."

Was die Frage angeht, wo die Informationen ursprünglich herkommen, sagte Frau Longley, daß der größte Teil direkt aus den Firmenzentralen stamme. Jeder Gillette-Analyst ruft zwei-, drei-, manchmal sogar viermal in der Woche in Boston an, um mit Milton Glass zu sprechen. Herr Glass ist der Vizepräsident von Gillette und verantwortlich dafür, daß die neuesten Sensationsmeldungen über den Fortschritt der Firma, die erwarteten Gewinne und so weiter an die Wall Street weitergeleitet werden.

Kaum haben die Analysten nach einem Gespräch mit ihm den Hörer aufgelegt, rufen sie auch schon die Großaktionäre an und hoffen, ihnen mitteilen zu können, was passieren wird, bevor die anderen Analysten ein Freizeichen hören.

Ich fuhr nach Boston um Herrn Glass zu treffen. Er war ein perfekter Gentleman. Während unseres Schwatzes in seinem Büro gab er gegenüber den Analysten, die Gillette beobachten, eine väterliche Zuneigung zu erkennen. Da die meisten von ihnen ihn mindestens einmal pro Woche anriefen und ihn viermal im Jahr bei den Quartalstreffen trafen, hatte er sie sehr gut kennengelernt.

Während eines delikaten Mittagessens im Speisesaal der Führungskräfte berichtete ich Herrn Glass von meinen Eindrücken: daß Frau Hall von Prudential-Bache überschwenglich sei, Herr Raj von Merrill Lynch vorsichtig und Frau Temple von Salomon Brothers ein bißchen mürrisch. Er vertraute mir an, daß Frau Temple sich in einer persönlichen Krise befinde, was vielleicht ihre negative Stimmung gegenüber Gillette erklären könnte, obwohl ihre Gewinneinschätzungen hoch seien. „Im letzten Jahr hatte sie unser Body Flowers als Produkt des Jahres auserkoren, und es ist durchgefallen. Ich warnte sie, daß ich das Produkt selbst nicht sehr positiv bewertete“, sagte er. Frau Halls „Inlands-Story“ gefiel ihm am besten, da sie dieselben Informationen wie alle anderen enthielt, aber auf eine phantasievollere Art gestaltet war.

Schon nach ein paar Minuten mit Herrn Glass begann ich zu begreifen, warum Wall Street-Analysten dazu tendieren, das gleiche zu denken, und warum ihre Gewinneinschätzungen für Gillette sich in einer sehr geringen Bandbreite bewegten, wobei Optimisten und Pessimisten kaum mehr als 10 Cents auseinanderlagen. Es stammten nicht nur alle Informationen aus ein und derselben Quelle, sondern Herr Glass war weiter entschlossen, allen zur gleichen Zeit das gleiche mitzuteilen, so daß er niemanden bevorzugte.

„Einen bestimmten Analysten zu bevorzugen wäre eine sehr folgenschwere Sache, und ich mache das nicht“, sagte Herr Glass.

Er erinnerte mich an einen Collegeprofessor, der eine Prüfung beaufsichtigt. Seine Studenten – Frau Hall, Frau Longley und alle anderen – arbeiteten mit demselben Basismaterial, und es wurden ähnliche Ergebnisse erwartet, verziert mit einigen wenigen charakteristischen Schnörkeln.

Herr Glass bestätigte mehr oder weniger, daß es der Zweck eines Analysten sei, der Firma über die Dinge zu berichten, von denen die Firma bereits weiß, daß sie ihr passieren werden. Übertriebene Schmeichelei, Kritik oder ungewöhnliche Schlüsse könnten das Verhältnis zwischen einem Analysten und einer Firma, die er analysieren muß, eventuell vermiesen. Obwohl Gillette für die gerechte Behandlung seiner Analysten bekannt ist, bezweifelte Herr Glass nicht, daß skeptische Analysten bei manchen Firmen in Ungnade fallen könnten, genauso wie es dem skeptische Zeitungsreporter mit offiziellen Informationsquellen passieren könnte.

Das war alles so interessant, daß wir bereits beim Dessert angelangt waren, bevor ich überhaupt daran dachte, Herrn Glass über die Aktie zu befragen. Wenn Analysten ihren Großkunden erzählen, was Herr Glass ihnen erzählt, so saß ich hier direkt an der Quelle. Ich versuchte, nicht zu direkt zu sein, beugte mich über meine Kaffeetasse und flüsterte: „Vielleicht dürfen sie mir ja aufgrund ihrer Position keine Auskunft geben, aber glauben sie, daß ich mit 79 1/4 einen guten Deal gemacht habe?" „Ich weiß nicht", antwortete Herr Glass mit eher lauter Stimme. „Ich habe alle meine Aktien vor ein paar Monaten zu $ 60 verkauft."

Wieder zurück bei Prudential-Bache in New York, besuchte ich nochmals Frau Hall, berichtete ihr von meinen Erfahrungen und verbrachte einen Nachmittag und einen Abend damit, in ihrem Büro herumzuhängen und sie kreuz und quer durchs Haus auf ihren Gängen zu begleiten. Sie nahm mich mit zu einer extrafeinen Buffet-Party in einem der oberen Stockwerke, wo neue Broker in die rauhen Sitten New Yorks eingeführt wurden. Es gab Unmengen an Kaviar und kleinen Paté-Sandwiches und Alkohol, soviel man trinken konnte. Danach durfte ich mit in ihrer Nische sitzen, während sie telefonierte.

Ähnlich wie Frau Longley schien Frau Hall nichts anderes zu tun, als zu arbeiten. Morgens bereitete sie ihre Präsentationen für die „squawk Box“ vor und half mit, die in Kürze startende „Roadshow“ für Munsingwear vorzubereiten. „Roadshows“ sind häufige Trips, auf denen es so schnell durchs ganze Land geht, daß man keine Gelegenheit zum Luftholen hat. Analysten treffen sich dabei mit örtlichen Brokern und trommeln Interessenten für ihre bevorzugten Aktien zusammen.

Sogar auf dem Weg von und zum Aufzug oder zur Toilette war Frau Hall im Einsatz. Zufällig traf sie auf den Manager eines offenen Fonds und ich beobachtete, wie sie sofort die Gelegenheit beim Schopf ergriff, um ihm die Gillettegeschichte zu erzählen und ihm ein Probemuster des neuen braunen Rasierers zu geben. Sie hielt immer Ausschau nach potentiellen Käufern für ihre bevorzugten Aktien.

Die Aussage, daß die primäre Aufgabe eines Analysten sei, ein Aktie zu analysieren, könnte nicht weiter von der Realität entfernt sein. Nachdem ich einige Stunden mit Frau Hall verbracht hatte, erkannte ich, daß ein Analyst in erster Linie ein Verkäufer ist. Ganz sicher war der Verkauf der größte Teil von Frau Halls Beschäftigung. Das Empfehlen von Gillette war dabei der einfache Teil des Geschäfts. Danach mußte sie losziehen und die Nachfrage ankurbeln, so daß der Preis steigen und sich die Prophezeiung erfüllen würde.

(Offensichtlich sind Analyst nicht immer Verkäufer gewesen. Es gab eine Zeit, als man ihren Job mehr mit dem eines Steuerberaters vergleichen konnte, aber all das änderte sich am 1. Mai 1975, als die festen Kommissionen für Aktien abgeschafft wurden. Aus Gründen, die ich in einer Minute erklären werde, wurde der Beruf revolutioniert und Analysten verwandelten sich beinahe über Nacht von introverierten in extrovertierte Menschen.)

Durch meine Besuche bei Analysten wurden mir sehr viele Dinge klarer und ich verstand dadurch auch, womit es der Kleinanleger eigentlich zu tun hat. Zum Beispiel mag Ihnen aufgefallen sein, daß es sehr selten vorkommt, daß eine Maklerfirma das Wort „verkaufen“ in irgendeinem ihrer Berichte verwendet. Das Wort „verkaufen“ ist für den Analysten sehr lästig, besonders wenn er in die Rolle des Verkäufers schlüpft. „Ich glaube nicht, daß man zu oft ‚verkaufen‘ hören wird“, gestand mir Herr Raj. „Wenn wir von Merrill Lynch sagen ‚verkaufen’, beschuldigen uns die Leute, der Aktie das Wasser abzugraben.“

Irgendwo las ich, daß das Verhältnis von Kaufempfehlungen zu Verkaufsempfehlungen 50 zu 1 sei, und nach meinem vorübergehenden Aufenthalt vor Ort würde mich das nicht überraschen. Ruft ein Analyst „verkaufen“, ist es wahrscheinlich, daß er die Gunst der Firma verliert und aus seiner günstigen Plazierung in der Telefonkette gestoßen wird. Sogar falls er recht hat und die Aktien in Ungnade fallen, könnten sich die Großanleger, die die Aktie auf ein vorangegangenes Kauf-Signal hin gekauft hatten, wundern, warum der Analyst die Schwierigkeiten nicht schon damals vorhergesehen hatte.

Ich habe die „1-1“ und „2-2“ bei Prudential-Bache erwähnt, das „dem Markt angepaßt“ oder „herausragend“ bei Solomon, und das „durchschnittlich“, „überdurchschnittlich“ und so weiter bei Merrill Lynch. Die verschiedenen Bewertungssysteme, die von Maklerfirmen verwendet werden, sind eine Art Diplomatensprache, ähnlich den Schmeicheleien, derer sich Höflinge bedienen, um direkte Kritik zu tarnen. Anstatt zu sagen „verkaufen“, ist eine Maklerfirma besser dran, wenn sie sagt „halten“. Halten kann vielleicht eine höfliche Art sein, dem Kunden den Ausstieg aus einer Aktie zu empfehlen, ohne ihn, die Banker und andere Prinzipalen zu kränken. Einige Fimen, die das Vokabular „verkaufen“ und/oder „halten“ nicht benutzen, erfüllen den gleichen Zweck mit der Kombination „positiv/neutral“, wobei „neutral“ identisch ist mit „verkaufen“ oder mit einem numerischen Notensystem, wie dem, das bei Prudential-Bache angewendet wird. Weitere Substitute für „verkaufen“ sind unter anderem „könnte besser laufen“ und „geht vielleicht nicht mit dem Markt mit.“

Unter dem Siegel der Verschwiegenheit kann der Analyst die versteckte Bedeutung direkt in die Ohren bevorzugter Kunden hineininterpretieren. Nur in einem privaten Telefongespräch mit einem Großkunden kann der Analyst mit ruhigem Gewissen das gefürchtete Wort „verkaufen“ benutzen, aber davon wird der Kleinanleger niemals erfahren.

17

Ein Streifzug auf der Käuferseite

Ich habe diese Analystengeschichte sehr stark vereinfacht, um uns an den jetzigen Punkt zu bringen. Es gibt da eine weitere Komplikation. Den Analysten auf der Käuferseite. Diese Analysten werden von Großanlegern beschäftigt, nur um die Aussagen der Nancy Halls und Diana Temples, die sie fünfmal am Tag durchs Telefon gehört haben, zu analysieren. Ich hatte erst am Ende meiner Untersuchung herausgefunden, daß ich nur mit Analysten auf der Verkäuferseite gesprochen hatte.

Zu diesem Schluß gelangte ich folgendermaßen. Während meiner Unterhaltungen mit Frau Hall erzählte sie mir, daß Citicorp der größte Gilletteaktionär sei – mit ungefähr 1,6 Millionen Aktien. Was Citicorp mit seinen 1,6 Millionen Aktien vorhaben könnte, war für mich von großem persönlichen Interesse. Sollten sie beschließen, ihre 1,6 Millionen Aktien auf einmal abzustoßen, weil irgendein Analyst ihnen geraten hatte, zu verkaufen, so nahm ich an, daß dies vielleicht eine deprimierende Auswirkung auf den Wert meiner 53 Aktien haben könnte. Als ich meine Befürchtung Frau Hall gegenüber äußerte, gab sie mir den Namen der Person, die ich bei Citicorp kontaktieren sollte – die Analystin auf der Käuferseite, Valerie Molter. Das war das erste Mal, daß ich von einem Analysten auf der Käuferseite gehört hatte.

Ich rief Frau Molter an und rezitierte als Beweis für meine Wichtigkeit die Kette der Analysten auf der Verkäuferseite, die ich bereits besucht hatte. Sie erklärte sich bereit, mich zu empfangen. Kurz darauf befand ich mich in einem der oberen Stockwerke der Citicorp-Zentrale in der 53. Straße Ost, in dem Gebäude, von dessen Spitze ein Stück abgehackt ist. Auf Frau Molters Stockwerk gab es keine elegante Eingangshalle. Vielleicht lag das daran, daß die Käuferseite keinen Publikumsverkehr hat und auf den wirkungsvollen Eindruck verzichten kann. Vielleicht hat die Firma das Geld ja statt dessen in Roboter investiert; als ich mit

Frau Molter zu ihrer Kabine zurückging, stolperte ich fast über einen, als der versuchte, mir irgendeine Post zu übergeben.

Indem ich mich nach dem Gesamtportefeuille von Citicorps erkundigte, tastete ich mich langsam zu meiner eigentlichen Frage hinsichtlich der 1,6 Millionen Gillette-Aktien vor. Frau Molter sagte, gegenwärtig betrage das Gesamtportefeuille ungefähr $ 39 Milliarden, was annähernd dem Bruttosozialprodukt Griechenlands entsprach.

Frau Molter war eine erstaunliche Mischung aus jugendlicher Zuversicht, Streitlust und Gleichgültigkeit. Ich versuchte, sie für mich zu gewinnen, indem ich ihr erzählte, was Frau Temple, Herr Raj und die anderen gesagt hatten. Sie hätte sich kaum weniger dafür interessieren können. Nicht nur das – sie wußte bereits, was diese gesagt hatten. Analysten auf der Käuferseite dürfen direkt mit der Verkäuferseite sprechen. Tatsächlich wird von ihnen erwartet, mit der Verkäuferseite zu sprechen. Wie Frau Molter mir erklärte, sei es ihr Job, die relativen Meinungen auf der Verkäuferseite abzuwägen, überraschende Nachrichten und deren Ursprung zu vermerken und den Enthusiasmus und die generelle Kooperationsbereitschaft der verschiedenen Analysten zu bewerten.

Als ich zugab, daß mir der eigentliche Zweck der Käuferseite bislang entgangen war, bemerkte Frau Molter: „Die Verkäuferseite sieht nur die Bäume, aber es liegt bei der Käuferseite, den ganzen Wald zu erkennen." Präszise ausgedrückt heißt das, sie hört sich den ganzen Tratsch an; die Gewinneinschätzungen, die Nachrichten aus der Kosmetikgruppe, aber auch die der Automobilanalysten, der Medienanalysten und der zahllosen anderen Analysten, die Hunderte von Aktien beobachten. Dann empfiehlt sie den Citicorp-Portefeuillemanagern, welche Aktien sie wirklich kaufen sollten.

Hier lag letztlich der Schlüssel zum gesamten Analystenmysterium und besonders dazu, warum Frau Hall, Frau Longley und die anderen so sehr darum besorgt waren, ihre Großkunden zufriedenzustellen. Frau Molter war eine dieser Kundinnen, und sie vergab für jeden Analysten Noten, genau wie in der Schule. Es war dieses Notensystem, das die Analysten der Verkäuferseite permanent fürchteten. Sie machten sich aber nicht nur Sorgen darüber, welche Noten ihnen Leute wie Frau Molter gaben, sondern auch, welche sie von der Zeitschrift *Institutional Investor* erhalten würden. Mir war bereits aufgefallen, daß bei einigen Analysten Ausgaben dieser einflußreichen Publikation auf dem Tisch lagen – besonders wenn sie die besten Noten bekommen hatten.

Frau Molter nannte die Noten „Stimmen." In ihrer Firma hat sie 50 Stimmen zur Verfügung, die sie unter allen Analysten der Verkäuferseite aufteilen kann. Sie sagte, daß sie selten mehr als fünf Stimmen an eine einzige Person vergebe, aber vielleicht vier vergebe, „sofern sie immer da sind, wenn ich sie brauche", oder drei „wenn sie regelmäßig anrufen und hin und wieder etwas Ungewöhnliches tun", oder zwei „wenn sie anständige Berichte schreiben", oder eine „einfach dafür, daß es sie gibt." „Ich bemühe mich, nie eine Null zu vergeben", sagte sie. „Manchmal verteile ich eine Stimme an einen Analysten, nur weil er amüsant ist."

Was diese Stimmen so bedeutend macht, ist, daß sie sich in Dollar umrechnen lassen. Das geht auf jenen Tag im Jahre 1975 zurück, den ich bereits erwähnte, als die festen Kommissionen abgeschafft wurden. Wenn zum Beispiel Frau Hall eine gute Note von Frau Molter erhält, heißt das, daß Citicorp mehr Aktien über Frau Halls Firma, Prudential-Bache kaufen wird. Prudential-Bache wird dadurch eine höhere Kommission und Frau Hall einen ansehnlichen Bonus erhalten. Wenn Frau Hall hingegen eine schlechte Note bekommt, wird sowohl sie als auch ihre Firma darunter leiden. Der Jahresprofit großer Maklerfimen wie Merrill Lynch und Paine Webber hängt von den Noten ab, die deren Verkaufs-Analysten von den Analysten der Großunternehmen erhalten, die den größten Teil der Aktien kaufen.

Es ist also kein Wunder, daß so viele der Analysten auf der Verkäuferseite gesellig, redegewandt, schön und diplomatisch sind und ganz und gar nicht der Hinterzimmertyp, den ich mir vorgestellt hatte. Kein Wunder, daß sie soviel Zeit damit verbrachten, die Großkunden am Telefon zu hofieren. Sie kämpfen ständig um bessere Noten. Die einzige Möglichkeit, als Kleinanleger um ihre Aufmerksamkeit zu werben, wäre, selbst Berichte zu verschicken.

Frau Molter sagte das nicht direkt, aber ich hatte das Gefühl, daß sie von allen Gillette-Analysten Frau Temple von Salomon Brothers favorisierte. Sie pries Frau Temple so enthusiastisch, daß ich wette, Frau Temple erhält viele ihrer Stimmen. Frau Temples laue Meinung über Gillette hätte mich auf die folgende beunruhigende Nachricht vorbereiten sollen.

Als ich schließlich Frau Molter enthüllte, daß ihre Firma und ich etwas gemeinsam hatten – deren 1,6 Millionen Aktien und meine 53 Aktien – teilte sie mir vertraulich mit, daß die Citicorp-Portefeuillemanager die Aktie seither sehr schnell abgestoßen und ihr Paket auf weniger als 600.000 Aktien verringert hatten. Vielleicht sind ja 53 davon bei mir gelandet.

„Weiser, als den Orakeln zu glauben", wie Euripides sagte, „ist es, mit den Göttern befreundet zu sein." Aus irgendeinem Grund rezitierte ich diese Weisheit für Frau Molter, was allerdings ein weiterer Fehler war. Sie schien danach nicht mehr so begierig darauf zu sein, mich an einen der hauseigenen Portefeuillemanager verweisen zu wollen und behauptete, die besten seien entweder krank oder unterwegs. Da Gillette jedoch um vier Punkte gestiegen war und Citicorp verkauft hatte, wußte ich jedenfalls, daß ein weiterer Großkunde gekauft haben mußte und erwähnte, daß es sehr nett wäre, mit diesem zu sprechen. Frau Molter gab mir freundlicherweise den Namen von Ed Platt, einem befreundeten Portefeuillemanager bei Bankers Trust.

18

Unter den Milliarden-Dollar-Köpfen

Als ich von Frau Molter hörte, daß die Verkäuferseite kaum Ratschläge an die Käuferseite erteilt und die Käuferseite kaum Ratschläge an die Portefeuillemanager, wußte ich, daß ich nur einen Schritt vom einflußreichsten aller Anleger entfernt war. Meinem derzeitigen Kenntnisstand zufolge kontrollierten um die 9.000 Portefeuillemanager rund 75 Prozent der Wertpapiere an der New York Stock Exchange und mehr als 50 Prozent der NASDAQ-Wertpapiere. Sie treffen Investmententscheidungen für offene Fonds, Banken, Renten und die gesamte Industrie.

Ich machte mich nicht sofort auf den Weg zu Herrn Platt. Zuerst traf ich mich mit Michael Lipper, dem Experten für offene Fonds. Der jetzige Zeitpunkt eignete sich ebensogut wie jeder andere dafür, um jene populären Anlageinstrumente zu untersuchen. Bereits von Anfang an hatten einige Broker betont, daß die offenen Fonds der einzige Weg seien, auf dem Otto Normalverbraucher hoffen könnte, an der Börse mitzuhalten. Eine ganze Generation von Anlegern hatte sich in offene Fonds eingekauft, im Glauben, daß Portefeuillemanager für sie dasselbe leisten könnten wie für Citicorp oder Bankers Trust. Offene Fonds waren zur großen Chance des Kleinanlegers geworden.

Herr Lipper war der Duncan Hines, der ADAC, der Michelin der offenen Fonds. Seine Firma bewertete sie, analysierte sie und klassifizierte sie entsprechend ihrer Leistung. Sollten Sie jemals die Kurse von offenen Fonds vergleichen wollen, bevor Sie kaufen, dann ist der Lipper-Bericht, der regelmäßig im *Barron's* veröffentlicht wird, eine unschätzbare Quelle.

Mir schien, es gab so viele offene Fonds, daß die Wahl eines Favoriten genauso schwer war wie die der einzig wahren Gewinneraktie. Herr Lipper bestätigte mir das in unserem halbstündigen Interview. Nach seiner letzten Zählung gab es 2.500 unterschiedliche Fonds. Dies umfasse gebührenfreie und gebührenpflichtige Fonds, Aktienfonds und Anleihenfonds sowie

Mischungen davon, Off-Shore- und On-Shore-Fonds, Branchenfonds und allgemeine Fonds, ausländische und inländische Fonds sowie Wachstums- und Einkommensfonds. 1950 gab es nur insgesamt 98 solcher Fonds. 1965 wurden auf dem laufenden Markt bereits mehr offene Fonds als Aktien zum Verkauf angeboten.

Laut Herrn Lipper hatten nur 30 Prozent dieser offenen Fonds irgend etwas mit Aktien zu tun. Die anderen 70 Prozent legten in Anleihen, Bankzertifikaten oder auf dem Geldmarkt an. Diese sogenannten Einkommensfonds waren erfunden worden, damit die Leute die Qual der Wahl angesichts Tausender konkurrierender Anleihen und Schuldverschreibungen vermeiden konnten, und jetzt gibt es davon ebenfalls Tausende. Es gab sogar offene Fonds, die in andere offene Fonds investierten. Alles in allem schätzte Herr Lipper, daß sich $ 500 Milliarden in diesem Geschäft bewegten.

Während unseres Interviews hatte ich plötzlich diesen Gedanken: Angenommen, dein offener Fond beschließt, Gillette abzustoßen, während du gerade 100 Stück der gleichen Aktie für dein individuelles Depot gekauft hast? Vielleicht kämpfst du gegen dich selbst. Vielleicht hat ein Aktienabstoß durch offene Fonds die Kurse absinken lassen und dich aus lauter Angst dazu gebracht, deine eigenen Aktien mit Verlust zu verkaufen. Auf der anderen Seite könnte, wenn dein offener Fonds ein Papier kauft, das du selbst bereits besitzt, der Kauf sich zu deinen Gunsten auswirken.

Diese Komplikationen bedürfen eines intensiveren Studiums. Wenn sich die Kleinanleger darüber beschweren, daß die Wall Street von Großanlegern dirigiert wird, bedenken sie nicht immer, welche Rolle sie dabei spielen.

Neben den vielen neuen Arten von Fonds war einer der größten Fortschritte der offenen Fonds-Industrie, wie man den Kunden Gebühren und Ausgaben berechnete. Es gab Fonds, die im voraus eine Verkaufsgebühr erheben; Fonds, die erst später eine Verkaufsgebühr erheben; Fonds; die ihre Gebühren während des Jahres einziehen; und innovative schleppende Kommissionen, die nach und nach berechnet werden. Herr Lipper sagte, daß die meisten Kunden während einer Hausse mit ihren Gewinnen zufrieden sind und nicht so sehr auf Kommissionen und Gebühren achten. Für die nächste Baisse prophezeite er dann allerdings ein unsanftes Erwachen. „Geraten sie nur mit ihren Investitionen auf eine Durststrecke", sagte er, „dann können die Ausgaben für diese Fonds zu einer echten Unannehmlichkeit werden. Dann würden sie auf Leute stoßen, die nach offenen Fonds auf der Basis von Managementgebühren alleine suchen, was sie heute eben nicht tun."

Wenn man den Manager eines offenen Fonds bezahlt, besonders in einem Aktienfonds, der Kapitalzuwachs und so weiter verspricht, dann erwartet man bessere Ergebnisse, als man sie auf eigene Faust erzielen würde. Das bringt mich zurück zu Herrn Platt und der Frage, wie gut die Leistung der Portefeuillemanager im allgemeinen ist.

Nachdem ich mich jedoch von Herrn Lipper verabschiedet hatte, rief ich Herrn Platt noch immer nicht an. Statt dessen steuerte ich auf Salomon Brothers zu und machte eine Führung über deren Handelsparkett. Auf dem Handelsparkett werden die Entscheidungen der Großanleger ausgeführt, und ganze Stockwerke in teueren, exklusiven New Yorker Wolkenkratzern stehen für diese Aktiviät zur Verfügung. Salomon Brothers ist eines der größten Handelsunternehmen, weshalb ich sehr begierig darauf war, es zu sehen.

Diese einzelne Firma nimmt einen großen Teil der Quadratmeter im Haus New York Plaza 1 für sich ein. Einmal im Erdgeschoß angekommen, faßte ich den Mut, meinen alten Collegefreund Brim zu besuchen, von dem gemunkelt wurde, daß er als teilhabender Geschäftsführer $ 1 Million im Jahr machen würde. Das Vorzimmer allein hatte die Größe eines Durchschnittshauses. Tatsächlich war dies nicht einmal Herrn Brims ständiges Büro. Die Sekretärin erzählte mir, daß er in London arbeite, so daß das, was ich zu sehen bekam, der Ort war, an dem er auf Geschäftsreisen mal eben vorbeischaute.

Das Handelsparkett bei Salomon Brothers kann man sich folgendermaßen vorstellen: Man hänge ein Fußballfeld 45 Stockwerke über der Erde auf und rüste es mit Schreibtischen, Telefonen und Computern aus. Der Raum selbst ist rund 100 Meter lang und ungefähr 30 Meter hoch, so daß ein Freistoß kaum jemals die Akustikvertäfelung erreichen würde. Tennislobs könnten hier ihre vollen Bögen machen und Vögel würden niemals bemerken, daß sie eingesperrt sind.

Im oberen Bereich der Wände zu beiden Seiten des Raums gab es dort, wo normalerweise die Anzeigetafel angebracht wäre, das größte Tickerband, das ich bis heute gesehen habe. Während es sich bewegte, machte es ein Geräusch wie eine ungeölte Fahrradkette, die über die Zahnräder gezogen wird. Über das Hintergrundgeräusch hinweg verkündete ein Lautsprecher: „Zwanzig Millionen Ginnie Maes" und ebenso „Neun Prozent zu 116, jetzt aber los, Jungs", genauso wie die Kunden im Supermarkt über Sonderangebote informiert werden. Gelegentlich gab es schrille Schreie oder Juchzer von den Händlern an ihren Tischen und ich konnte ein paar Brocken aus den Unterhaltungen aufschnappen. „Ich würde meinen verdammten letzten Pfennig für ein paar davon hergeben", ist ein Satz, den ich mir aufschrieb.

Diese Händler sahen aus, als kämen sie frisch vom College, so daß es mich nicht überraschte, verschiedene lautstarke Obszönitäten zu hören oder einen schabernacktreibenden Spaßvogel dabei zu beobachten, wie er seinem Nachbarn den Stuhl unter dem Hintern wegzog, während ein anderer seinen Partner im Schwitzkasten hatte.

Es müssen 200 Schreibtische gewesen sein, einige mit einem Computerbildschirm, aber die meisten mit zweien oder mehr. Auf ein paar wenigen Tischen waren 15 Fernsehsets drei- oder vierfach übereinandergestapelt, einige zeigten Liniencharts, andere zeigten Charts mit Schlangenlinien und wieder andere lange Zahlentabellen. Die Computer wurden mit elektrischen Ventilatoren gekühlt, die auf den Tischen standen und im Vergleich zur übrigen Elektronik eher primitiv aussahen.

Es müssen tausend Telefonapparate gewesen sein, genug um eine kleine Stadt zu versorgen. Auf einigen Tischen waren ganze Schaltanlagen zwischen den Computerstapeln installiert. Da ich von einem Aufpasser aus dem Pressebüro um diese herum eskortiert wurde, war es unmöglich, viel zu erfahren, aber ich fand dennoch heraus, daß die Händler von Salomon rund um die Uhr auf der ganzen Welt Wertpapiere kaufen und verkaufen. Ihre Telefone hatten Direktverbindungen zu den Sälen verschiedener Börsen oder auch zu den Büros anderer Makler und Händler. War ein US-Markt geschlossen, dann konnten London oder Rom geöffnet sein, und danach gab es immer Singapur oder Japan oder Hongkong. Viele Angestellte handelten geschäftig mit Anleihen, doch diejenigen, die mit Aktien handelten, erhielten ihre Anweisungen von den Portefeuillemanagern, die nebenan zusammensaßen.

Aufgrund des ganzen Tumults um uns herum schien es sinnlos zu sein, mit einem Portefeuillemanager zu sprechen, so daß ich mich bei meiner Eskorte für die Tour bedankte und das Gebäude verließ. Aus der Empfangshalle im Erdgeschoß führte ich ein Telefongespräch, um einen Termin mit Herrn Platt zu vereinbaren.

Bankers Trust befindet sich in einem Gebäude in der Nähe der Grand Central Station, nahe der Fifth Avenue, auf halber Höhe zwischen Central Park und Hafen. Ich traf Herrn Platt in einem Konferenzraum und grüßte ihn recht herzlich von Frau Molter. Würden Sie ihn heute unter eine Menschenmenge mischen und mich bitten, ihn herauszusuchen, würde mir das nicht gelingen, also gibt es keinen Grund, warum ich vorgeben sollte, daß ich mich an seine Erscheinung erinnere. Ich bin sicher, er hatte einen vernünftigen Anzug an. Ich erinnere mich, daß er sagte, er sei 40 Jahre alt, lebe in Westchester und hätte eine nette Familie, einen Abschluß in Wirtschaftswissenschaften, hätte sein Grundstudium in Cornell gemacht, sei von Marine Midland zu Bankers Trust gekommen und arbeite seit sieben Jahren hier. Er erwähnte ebenfalls, daß er ein ungewöhnlicher Portefeuillemanager sei, da er als Analyst der Käuferseite doppelgleisig arbeite. Er bekäme Daten von der Verkäuferseite und der Käuferseite und investiere dann die $ 150 Millionen an Rentenfondsgeldern, für die er die Verantwortung trägt.

Herr Platt gab mir eine Führung über das Handelsparkett bei Bankers Trust – einer Miniaturausgabe der Salomon Brothers-Szenerie – mit je vier oder fünf Personen an einem Tisch. Er sagte, die Händler wären als Mini-Spezialisten sehr nützlich, da sie wüßten, wo große Aktienpakete sitzen würden und wer bereit wäre zu verkaufen, und zu welchem Preis. Die eigentlichen Bankers Trust-Aufträge, würden jedoch nicht hier ausgeführt. Sie würden durch die regulären Maklerfirmen weitergeleitet, so daß Bankers Trust die Kommissionen bezahlen und dadurch die Analysten der Maklerfirmen belohnen könnte, die die beste Beratung geliefert haben und die beste Bewertung verdienten.

Ich sagte, daß ich liebend gerne an seiner Stelle wäre – mit all diesem Nachrichtenmaterial im Hintergrund, wie könnte man da noch verlieren? Herr Platt lachte. Dann gestand er mir, daß ein Portefeuillemanager auf wackligen Beinen stünde und ständig einen Blick über die Schulter auf die anderen Portefeuillemanager werfen und dazu noch nachts wachliegen und sich Sorgen machen müßte, daß er seinen Job verliert. Tatsächlich hatten die ungefähr zehn Portefeuillemanager von Bankers Trust vor kurzem den Pakt geschlossen, daß alle die gleichen Aktien kaufen werden, so daß niemand im Vergleich zu den anderen schlecht aussehen würde. Dadurch sollte etwas vermieden werden, das Herr Platt als „diversifizierte Leistung" bezeichnete.

„Unser Abkommen funktioniert folgendermaßen: Ich bekomme Nachrichten von all meinen Quellen, gebe Empfehlungen ab, welche Aktien gekauft werden sollten, und dann schreibe ich es auf. Die anderen Portefeuillemanager tun dasselbe. Dann treffen wir uns und stimmen über unsere Empfehlungen ab. Was auch immer dabei herauskommt, es wird grundsätzlich in alle Portefeuilles aufgenommen."

Man könnte annehmen, daß ein Portefeuillemanager eine diversifizierte Leistung begrüßen würde, aber Herr Platt überzeugte mich, daß er diese Aussicht auf relativen Ruhm gerne für eine entsprechende Jobsicherheit aufgeben würde, die alle Portefeuillemanager als Gegenleistung dafür erhalten. Sie würden Höhen und Tiefen aus folgendem Grund lieber gemeinsam durchschreiten: „Wenn ein Kunde erfährt, daß ein anderer Portefeuillemanager im letzten Quartal bessere Ergebnisse erzielt hat als ich, dann überlegt er sich vielleicht, zu diesem anderen Manager zu wechseln. Kunden fordern Ergebnisse, und für Ergebnisse bezahlen sie uns.“

Als ich mich weiter in Herrn Platts offensichtliche Sorgen über Konkurrenz und Quartalsergebnisse vertiefte, begann ich mich zu fragen, ob der Kleinanleger mit all seiner Ignoranz nicht besser dran ist als diese Götter des Marktes. Anstelle des siegreichen Egos, daß ich zu treffen erwartet hatte, gewann ich den Eindruck, daß Herr Platt ebenso nervös war wie wir anderen und oft durch äußere Umstände dazu gewungen wurde, der Herde zu folgen. Tatsächlich sagte er soviel über die Schwächen des Portefeuillemanagements, daß ich nun beinahe glücklich war, als er mir schließlich sagte, er würde Gillette nicht kaufen.

Als er erwähnte, daß „Portefeuillemanager es schwer haben, den Marktdurchschnitt zu übertreffen“, konnte ich kaum meinen Ohren trauen. Wollte er damit sagen, daß all diese Schichten von Experten keine besseren Gesamtergebnisse erzielten als die breite Masse von Ignoranten und Ignorantinnen dort draußen, die nolens volens investieren?

Ich versuchte, etwas Abstand zu finden und das ganze logisch zu betrachten. Da gab es die Analysten auf der Verkäuferseite, die $ 150.000 und mehr in Abhängigkeit zu ihrer Benotung verdienten, die sie mit Empfehlungen erhielten, die von den Analysten auf der Käuferseite überprüft werden mußten, wobei diese genausoviel oder noch mehr verdienten. Dann wurden die Empfehlungen der Analysten auf der Käuferseite nochmals durch die Portefeuillemanager überprüft, die noch viel mehr Geld dafür verdienten, daß sie zweifelhafte Entscheidungen trafen, deren Konsequenzen sie dadurch vermieden, daß sie nur gemeinschaftlich handelten. Am Ende hat das alles nichts genützt und die meisten von ihnen haben den Marktdurchschnitt nicht übertroffen.

Ich diskutierte diese Sache weiter mit Herrn Platt und anderen und erhielt einige Erklärungen. Eine davon lautete, da die breite Masse nicht mehr so viele Aktien kaufe, konkurrierten nun die

Großanleger untereinander und konnten sich natürlich nicht gegenseitig im gleichen Spiel schlagen. Eine weitere war, daß Portefeuillemanager alle drei Monate bewertet würden und sich keine Risiken leisten konnten. Herr Lipper hatte erwähnt, daß „die meisten der großen Geldbatzen von Leuten gemanagt werden, die ähnlich denken, an den gleichen Orten ausgebildet wurden und für Kunden arbeiten, die ähnliche Dinge hören wollen." Dieses sogenannte Gruppendenken, sagte er, veranlasse viele Manager, identische Strategien anzunehmen. Auf diese Weise würden viele Portefeuillemanager versuchen, durchschnittlich zu sein, so daß sie den Durchschnitt auch unmöglich übertreffen konnten.

Einige Institutionen hatten versucht, das System der Kombination Verkäuferseite/Käuferseite/Portefeuillemanager abzuschaffen. Eine davon war Battery March Financial in Boston. Als ich Gillette dort besuchte, besuchte ich ebenso Battery March. Dort war der Portefeuillemanager durch einen Computer ersetzt worden.

Dean LeBaron, ein glatzköpfiger Veteran der Wall Street, der den Computer rekrutiert hatte, führte mich. Als wir das Büro besichtigten, bemerkte ich, daß hier weniger Angestellte als bei Bankers Trust tätig waren. Entlang der Wände des großen, offenen Raumes gab es ungefähr ein Dutzend Kabinen, in denen die Cheerleader und Babysitter des Zentralhirns saßen, das den gesamten Innenraum einnahm.

Herr LeBaron erklärte, daß der Battery March Computer Wertpapiere aussuche, Kurse beobachte, den Fortgang kontrolliere, entscheide, wann verkauft wird, dann die Aktien auf dem Markt anböte, die Preise festsetze, mit den Händlern feilsche und im allgemeinen die Arbeit einer gesamten Wall Street-Investmentfirma bewältige. „Wenn sie sich erst einmal der Forschungsabteilung entledigt haben, dann erkennen sie, daß sie nicht von Firmentreffen zu Firmentreffen rennen müssen, was eine zusätzliche Erleichterung bedeutet", fügte er hinzu. „Und eine weitere Sache, die uns gefällt, ist, daß die Broker uns niemals anrufen", fuhr Herr LeBaron fort. „Sie sprechen nur mit der Maschine."

Er erklärte mir dann, wie der Computer ausgerüstet sei, um mit 25 menschlichen Händlern von verschiedenen Märkten auf der ganzen Welt gleichzeitig Geschäfte zu machen. Nachdem diese 25 sich jeden Morgen mittels ihrer Computerterminals in die Schlange der Interessenten eingereiht haben, übersendet ihnen das Battery March-Gehirn eine Liste mit Kauf- und Verkaufsangeboten. Die einzelnen Händler machen ihre verschiedenen Angebote und der Computer beendet exakt um 11 Uhr die Kommunikation, um seine Antwort zu überdenken. Falls er einen gewünschten Kurs nicht erhalten hat, nimmt er das entsprechende Papier einfach aus dem Handelsangebot heraus. Falls er mit einem Kurs zufrieden war, schaltet er sich wieder ins Netz, um zu verkünden, daß das Angebot akzeptiert worden ist.

Während wir uns unterhielten, beobachtete ich, wie der Computer 892.800 Black & Decker-Aktien zu $ 23 1/4 je Aktie zum Verkauf anbot. Aber er zeigte nicht die Spur eines Interesses an Gillette.

Tage mit einem Millionenaktienumsatz waren für diese Maschine nicht ungewöhnlich. Von 9.30 Uhr morgens bis 16.00 Uhr nachmittags handelte sie auf den US-Märkten, danach trat sie am Abend in den internationalen Handel ein, wobei sie mit dem Sonnenlauf von Osten nach Westen wanderte. Sie kaufte und verkaufte Wertpapiere in London, Rom, Hongkong, Singapur und Japan. Nach 21 Stunden ununterbrochener Arbeit nahm sie sich dann drei Stunden frei, um sich auszuruhen und zu überdenken was sie getan hatte.

Die ganze Nacht schuftete der Computer allein im Büro, aber wenn es irgendein Problem gab, dann kannte er die Privatnummern von Dean LeBaron und anderen Battery March-Führungskräften. In einem Notfall konnte der Computer sie über einen Beeper erreichen. Wenn alles ruhig verlief, was meistens der Fall war, stellten die Angestellten erst am Morgen fest, was gekauft und verkauft worden war.

Offensichtlich hatte der Computer keine sentimentale Neigung zu irgendeinem Wertpapier oder Land. Ein Babysitter namens Mary Beth, die neben der Maschine in der Mitte des Zimmers saß, erzählte mir, er würde „ganze Länder verkaufen, wenn er beschließen würde, daß diese Länder nicht attraktiv sind.“

Der Handel über den Computer hatte eine sehr entspannte Büroatmosphäre produziert. Weder Mary Beth noch ihre Kollegen und Kolleginnen in den Kabinen hatten den gequälten Gesichtsausdruck, den ich bei den Analysten der Verkäuferseite gesehen hatte. Ich konnte mir nicht vorstellen, was die menschlichen Angestellten hier den ganzen Tag über zu tun hatten, außer Romane zu lesen. Da erinnerte mich Herr LeBaron daran, daß „irgend jemand ihn programmieren muß."

Es stellte sich heraus, daß die Leute von Battery March ständig am Computerprogramm herumbastelten. Dieses Programm hatte sich von einer „allgemeinen Werteinschätzungsstrategie" über ein „Dividenden-Discount-Modell" zu einer „Konzentration auf die Bilanz" und wieder zurück zu einem „Dividenden-Discount-Modell" entwickelt. „Genauso wie sie vielleicht mehr als eine Aktie besitzen, besitzen wir mehr als eine Strategie", sagte Herr LeBaron. „Damals, 1982, favorisierten wir Wachstumsaktien und konjunkturabhängige Aktien – jetzt bewerten wir Öl und Gas positiv." Er ordnete Battery March in das Fundamentalistencamp ein – eine Art High Tech-Spekulant mit Sachverstand.

Herr LeBaron gab mir die Ergebnisse, die allerdings in letzter Zeit enttäuschend gewesen waren. Obwohl das Battery March-System seit zehn Jahren beneidenswerte Handelsergebnisse erreicht hatte, war es dem Computer in der laufenden Periode nicht gelungen, den Marktdurchschnitt zu übertreffen. Als ich die Firma verließ, debattierten Herr LeBaron und seine Kollegen immer noch darüber, was schiefgelaufen war.

Ich begriff, daß es für einen Computer keine leichte Aufgabe war, den Markt zu übertreffen, keine leichtere als für Hunderte hochbezahlter Experten. Im *Wall Street Journal* las ich, daß die meisten Bond-Portefeuillemanager ständig daran scheitern, den Marktdurchschnitt zu übertreffen. Ein ähnliches Thema griff *Business Week* als Titelgeschichte auf und berichtete darüber, daß die Manager von Aktienportefeuilles den Marktdurchschnitt drei Jahre hintereinander nicht übertroffen hatten, wobei die Mehrheit eher schlechter abschnitt als der Durchschnitt.

Hier ist ein moderater Vorschlag für alle Institutionen und offenen Fonds: Feuern sie die Analysten und Portefeuillemanager und investieren sie in den Markt als Ganzes. Das würde viel Ärger ersparen, ganz zu schweigen von den Millionen an Gehältern und Kommissionen, die jetzt für eine verlorene Sache verschwendet werden. Herr Lipper erzählte mir, daß es offene Fonds gibt, die das bereits vollbracht haben. Diese Fonds kaufen einfach alle Aktien von der S&P-100 Liste oder alle Aktien, die den Dow-Jones-Industrials bilden, oder alle Bonds der verschiedenen Bond-Indexe, und sie sind dem Marktdurchschnitt per Definition gleichgekommen. Ihre Ergebnisse sind ebensogut oder sogar besser als jene, für die die meisten Anleger, groß und klein, viel Extrageld bezahlen, um sie zu erreichen.

Ob es sinnvoll ist, aus einem speziellen offenen Fonds auszusteigen und in einen einzusteigen, der den Marktdurchschnitt kauft, ist eine Sache, die jeder für sich selbst entscheiden muß. Was ich aus meinem Trip zu Bankers Trust für mich gewann, war das Verständnis für die schwierige Aufgabe eines Portefeuillemanagers. Angesichts der Tatsache, daß Herr Platt sich darüber Sorgen machte, den Marktdurchschnitt zu übertreffen, fühlte ich mit hinsichtlich meiner eigenen Leistung – mit der ich mich bisher noch nicht brüsten durfte – etwas besser.

19

Wie man Makler wird

Gillette hatte fünf Punkte zugelegt, und ich hatte mit meinen Optionen Gewinne gemacht, doch all das konnte die schrumpfenden Angstrom-Aktien noch nicht ausgleichen. Bis Ende April waren die $ 10.920,13, die ich investiert hatte, nur noch $ 9.019,88 wert, ein Verlust also von $ 910,42. An diesem Punkt wuchs in mir die Überzeugung, ich sollte Makler werden.

Als ich meinen miesen Gewinn betrachtete und die Stunden zusammenzählte, die ich gebraucht hatte, bis ich ihn erzielt hatte, klang dagegen beinahe jeder bezahlte Job in meinen Ohren gut. Zuerst erkannte ich, daß ich besser weggekommen wäre, wenn ich Tomaten gepflückt oder auf dem Bootsschrottplatz gearbeitet hätte. Sogar wenn ich meine Zeit umsonst für den United Way investiert hätte, wäre ich zumindest nicht um $ 910,42 ärmer. Ich dachte daran, daß Frau Garrett während dieses ganzen Kampfes einen angenehmen Verdienst gehabt hatte. Wie hoch auch immer ihre persönlichen Verluste durch Angstrom waren, so wurden sie doch durch einige Kommissionen, die ich bezahlt hatte, abgefedert. Tatsächlich war der Maklerberuf eine der wenigen als risikofrei erprobten Methoden des Geldanlegens, die mir bisher begegnet waren.

Ich fand heraus, daß zwischen dem Tag, an dem ein ehrgeiziger Makler seine Bewerbung abgibt, und dem Tag, an dem er oder sie den ersten Kunden berät, vier Monate liegen. Das klang sehr gut, verglichen mit den sechs Monaten, die man für ein Kosmetikzertifikat benötigt, und den zwei Jahren, die ein Klempner braucht, bis er per Zertifikat Abflußrohre reinigen darf. In der Zeit, die ich bis heute mit diesem Projekt verbracht habe, hätte ich bereits zweimal Makler werden können. Mit Sicherheit hatte ich mehr Stunden damit verbracht, mit meinen Investitionen herumzustümpern, als nötig gewesen wären, um das Examen an der Maklerschule zu bestehen.

Der ehrgeizige Makler wird von einem lokalen Büro eines

Brokerhauses, wie ich sie bereits besucht hatte, angestellt. Drei Monate dauert die Einarbeitungszeit: Aufträge bearbeiten, das Telefon bedienen, Büroarbeit erledigen und für die Series-7-Prüfung studieren. Die Series-7-Prüfung wird von der SEC durchgeführt und umfaßt Grundregeln und Vorschriften der Wall Street. Sechzig Prozent bestehen, also konnte es nicht zu schwierig sein. Die Überlebenden werden für drei Wochen formeller Einweisung in die Investmenttrainingslager geschickt, die sich meist in oder um New York herum befinden.

Dank Frau Garrett und ihrer Beziehungen gestattete mir Prudential-Bache ein paar Tage lang, in deren Trainingscenter im Süden von Manhattan ein- und auszugehen. Weiter wurde ich dazu eingeladen, drei Tage und vier Nächte im Merrill Lynch-Trainingslager in der Nähe von Princeton, New Jersey, zu verbringen. Es kostete mich mehrere Telefonanrufe durch verschiedene Abteilungen hindurch, um diese Erlaubnis zu erhalten, aber es hatte sich gelohnt. Merrill Lynch war die Nummer eins unter den Investmentfirmen mit $ 2 Milliarden an Vermögenswerten. Es gab bereits 10.000 aktive Merrill-Lynch-Makler, und jedes Jahr wurden 1.700 neue trainiert, um den Verschleiß auszugleichen.

Ich würde das $ 135 Millionen-Trainingslager mit 300 Zimmern als Urlaubsort empfehlen. Es gab einen Swimmingpool von olympischem Ausmaß, Raquetballplätze und eine spezielle Halle im Untergeschoß, die nur mit Billiardtischen ausgestattet war. Die Firma holte mich in einer nach Jasmin duftenden Fugazi-Limousine ab und wies mir ein entzückendes Doppelzimmer zu.

Die Broschüre auf dem Tisch versprach eine „informelle und entspannte Atmosphäre“. Unter „Kleidung“ nahm ich zur Kenntnis, daß während des Tages Freizeitkleidung angemessen war, während für den Abend normale Businesskleidung empfohlen wurde. Für mich bedeutete Freizeitkleidung Hemd, Hose, Schuhe und Socken und wenn ich mich unter Freunden befand noch sehr viel weniger. Als ich mich aber in Sporthemd und Hose aus meinem Zimmer wagte, wurde ich von zahlreichen erstaunte Blicken und einigen Kicherern empfangen. Außer mir trug jeder einen Businessanzug, und ich wurde als „der Mann ohne Krawatte“

bekannt. Zum Abendessen wechselte ich in einen blauen Blazer und Hose – für mich die normale Businesskleidung –, nur um herauszufinden, daß die anderen Anzüge angezogen hatten, die ich zu einer Beerdigung tragen würde.

Ich fand es kurios, daß von Maklertrainees – von denen viele nicht aus gutsituierten Verhältnissen stammten – verlangt wurde, sich derart formell zu kleiden. Die Theorie, die dahintersteckt, ist glaube ich folgende: Ein Makler, der sich wie ein Millionär kleidet, hat eine bessere Chance, einen wirklichen Millionär davon zu überzeugen, ihm etwas Geld anzuvertrauen – bis der Broker genug davon verwaltet, um seiner Garderobe entsprechend zu leben. Dabei fiel mir mein guter Rat Nummer 16 ein:

»Vertraue niemals einem Broker, dessen Anzug mehr wert ist als dein Portefeuille.«

Das Essen war vorzüglich und hätte auch dem Küchenchef des „21“ oder des Vier Jahreszeiten alle Ehre gemacht. Auf den Speisesaaltischen waren Eisskulpturen arrangiert (Schwäne, nicht Bullen), saftige kleine Küken mit pastellfarbenen Hularöckchen, riesige Lachsstücke mit Gurkenscheiben, die so aufgesteckt waren, daß sie die Schuppen des Fisches darstellten, und eine französisch/italienisch/kalifornische Weinkarte, so lang wie ein guter englischer Roman. Wir aßen mit Blick auf den Ententeich.

Bei diesem ersten Mahl traf ich einige der Trainees und ihrer Professoren, ein freundlicher Haufen. Die meisten waren sehr helle und konnten sich gut ausdrücken, obwohl einige direkt aus der Arbeitslosenwarteschlange kamen. Es gab einen Dichter aus Südkalifornien, Lance Jencks, der aus seinem Job als Telefonist für gebührenfreie Informationen über Öl- und Gasleasingprogramme entlassen worden war. Es gab einen 250 Pfund schweren Ex-Footballspieler, der Versicherungen verkauft hatte. Es gab ein paar wenige Ex-Autohändler (einer, Paul aus Wichita, sagte, daß Investitionen einfach ein „anderes Vehikel“ seien), ein oder zwei Computerverkäufer, einen Rancher, eine Ballettänzerin, einen Mann, der mit Weizenterminkontrakten bankrott gegangen war, einen „Syndikator“, der nichts mehr hatte, was er zu einem Syndikat vercinigen konnte, und einige ehemalige Schullehrer. Unter den 150 Gruppenteilnehmern zählte ich 25 Fauen, einen Schwarzen und sonst weiße Männer im Alter von 26 bis 60 Jahren. Unter den weißen Männern gab es mindestens 15 arbeitslose Texaner.

Nach dem Abendessen beobachtete ich die Trainees beim Billiardspielen, bis sie sich auf ihre Zimmer zurückzogen, um ihre Hausaufgaben zu erledigen, und dann schwamm ich mutterseelenallein in dem gigantischen Swimmingpool im Haus. Bis zum nächsten Morgen, als der Unterricht um 8 Uhr begann, sah ich niemanden mehr. Da ich ein Namensschildchen erhalten hatte, das mich an den zahlreichen Sicherheitskräften vorbeibrachte, konnte ich unbehelligt umherwandern. Ab und zu nahm mich ein Konferenzleiter beiseite und fragte mich nach meinen bisherigen Eindrücken.

Die erste Klasse, die ich besuchte, war wie ein Sprachlabor eingerichtet, mit Telefonen auf jedem Tisch. Diese Telefone waren mit ähnlichen Telefonen im nächsten Zimmer verbunden, so daß die Neulinge hin- und hertelefonieren konnten, um das Gelernte zu üben. Schon nach kurzer Zeit begannen die Apparate zu klingeln, und ich belauschte einige Unterhaltungen, bei denen man sehr an *La Familia de Tio Pepe* erinnert wurde, falls man jemals Spanischunterricht gehabt hat.

Diese Dialoge waren auf Englisch. Ich schrieb mir einen aus dem Trainingshandbuch ab, um Ihnen eine kleine Kostprobe zu geben.

Dr. MacIntyre, guten Morgen. Hier spricht Terry Harper von Merrill Lynch. Wie geht es Ihnen heute?
Danke gut. Was kann ich für Sie tun?
Dr. MacIntyre, viele Ärzte, die ich kenne, haben das Gefühl, daß sie zu viele Steuern auf ihr Einkommen bezahlen. Ich rufe Sie heute an, um herauszufinden, was Sie derzeit unternehmen, um den Steuerzugriff zu mildern.
Den Steuerzugriff zu mildern ... hmm ... naja, natürlich geht ein Teil meines Kapitals in meine Altersvorsorge. Das kann

man von der Steuer absetzen ... und mein Steuerberater redet schon ständig auf mich ein, öffentliche Anleihen zu kaufen, aber ich habe mich noch nicht dazu entschließen können. Hören Sie, ich würde mich gerne mit Ihnen darüber unterhalten, aber jetzt kommt gerade ein Patient. Können Sie mich zurückrufen?

ÜBERLEGEN SIE SICH ZU DIESER ÜBUNG EINEN SCHLUSS

Diese Art von Übungen gab es jeden Tag einige Stunden lang. Da ich am Ende eines dreiwöchigen Lehrgangs gekommen war, waren diese Trainees bereits sehr geschickt im Dialog. Einige von ihnen gingen über die Druckvorlagen hinaus und konnten einen eigenen Anfang und Schluß improvisieren. Sie hatten eine neue Fertigkeit erworben, die „Ausflüchte und Einwände überwinden" genannt wurde. Sie hatten gelernt, wie man offene Fragen stellt, die den Kunden zum Sprechen bringen („Was meinen sie?" „Was sagen sie dazu?" „Was halten sie von dieser Sache?"), im Gegensatz zu den geschlossenen Fragen, die es dem Kunden ermöglichten, einer Konversation mit Ja- oder Nein-Antworten aus dem Weg zu gehen. Sie waren darin unterrichtet worden, „auf anfänglichen Widerstand während eines Verkaufsgesprächs einzugehen". Sie hatten die „Kunst der Bestätigung", das „Bemühen um Kundenfeedback", die „Kunst des Überbrückens" („Sie haben vorhin erwähnt ...") erlernt.

Ich verweilte auch bei Prudential-Bache und fand deren Neulinge ebenso geschickt im Dialog, obwohl der Wortschatz etwas anders war. Hier sprach man über „den Bedarf betonen", „zu viele Einwände vermeiden", „Kaufsignale erkennen", „Unterstützung auf gleicher Ebene" und „Ausschau halten für das Gold in den Worten der Kunden." Außerdem gab es ein sorgfältig ausgearbeitetes System, um Kunden zu klassifizieren, das ich wie folgt aus dem Lehrbuch abgeschrieben habe:

Ein „Name" ist ein Stück Information. Ein „Interessent" ist

ein „Name“ mit einem dazugehörigen Gesicht oder einer dazugehörigen Stimme. Sobald Sie „Guten Tag“ gesagt und eine Antwort erhalten haben, wird aus dem „Namen“ ein „Interessent“. Ein „Interessent“ wird zu einem „qualifizierten Interessenten“, wenn Aussicht auf eine mögliche Geschäftsverbindung besteht. Hier ist ein einfacher Test: Wenn sie einen Grund finden, einen „Interessenten“ zurückzurufen, haben sie die Beziehung auf die Stufe des „qualifizierten Interessenten“ aufgewertet.
Ein „Kunde“ ist ein „qualifizierter Interessent“, dem sie mindestens einen Beleg über ein Wertpapiergeschäft ausgestellt haben.

Schon bald hegte ich den Verdacht, daß ich schlecht darauf vorbereitet war, ein Makler zu werden. Das hatte nichts mit meinem fehlenden Abschluß in Wirtschaftswissenschaften zu tun oder damit, daß ich im College im Rechnen durchgefallen war. Was am meisten gegen mich arbeitete, war, daß ich niemals ein Schauspielseminar besucht hatte. Der einzige Steuerberater in dem ganzen Haufen gestand mir, daß er sich ebenfalls fehl am Platz fühlte und seine Ausbildung ein Handicap sei. Während des Trainings hatte er Schwierigkeiten mit dem Bemühen um Kundenfeedback und stellte zu viele geschlossene Fragen hintereinander.

Lance Jencks, der Dichter aus Südkalifornien, mit dem ich mich angefreundet hatte, genoß den größten Vorteil. Da er sich bereits mit O'Neill, Becket und der Commedia del l'arte beschäftigt hatte, ganz zu schweigen von den Skripten für das Öl- und Gasleasing, konnte er Hindernisse überwinden und Bedürfnisse neu formulieren, ohne überhaupt darüber nachzudenken.

In den täglichen praktischen Übungsstunden spielte ein Trainee den Broker und ein anderer den Kunden, dann wurde gewechselt, und am Ende erfolgte eine gegenseitige Bewertung. Waren sie zu aufdringlich? Bremsten sie das Gespräch? Bauten sie eine gute Beziehung auf? Einmal gab es auf der Seite der Kunden eine Person zu wenig und sie luden mich ein, einzuspringen. Das machte Spaß. Es amüsierte mich, viele der vertrauten Schlagwörter und Argumente zu hören, die ich aus meinen früheren Unterhaltungen mit richtigen Brokern kannte. Sätze wie: „Es hat sich nichts geändert, obwohl ihre Aktie etwas gefallen ist", oder: „Wonach sie suchen ist etwas mit Wachstumspotential" oder: „Wir sind langfristig orientiert", stammen direkt aus den Dialogen und werden geübt, bis sie sitzen. Die neuen Broker könnten sie noch im Koma wiederholen.

Jene Teilnehmer mit einem schlechten Gedächtnis wurden ermutigt, Stichwortkarten vorzubereiten, die sie mit nach Hause nehmen und während eines Telefongesprächs mit einem echten Kunden durchblättern konnten. Ich sah Karten dafür, wie man die steuerfreie Anleihe einführt, was man über offene Fonds sagt, wie man Altersvorsorgedepots verkauft, und sogar eine Karte für den Fall, daß ein Kunde klagt: „Aber ich habe kein Geld." Bei Prudential-Bache erzählte mir der Trainingsleiter Al Levy – er ist inzwischen im Ruhestand – daß er einmal eine Kassette mit Sätzen besprochen hat, die man einem Kunden nach einem Verlust sagen konnte. Das könnte ich wahrscheinlich selbst reproduzieren, obwohl ich wünschte, ich hätte seine Version hören können.

Der Broker-Schule habe ich für meinen guten Rat Nummer 17 zu danken:

»Je unerfahrener der Broker, desto geringer ist die Wahrscheinlichkeit, daß er eine spontane Bemerkung macht.«

Seit einigen Jahren geht der Trend mehr und mehr zu vorgefertigten Antworten und zu einer Dialogvielfalt, die jede erdenkliche Investmentsituation erfaßt. Tatsächlich experimentierte ich, während die anderen Trainees studierten, damit, den Sätzen von Merrill Lynch einige der berühmten Klagen der Literaturgeschichte hinzuzufügen. Unter den vielen Skripten fand ich eine Merrill Lynch-Lösung für jedes erdenkliche Dilemma:

ELECTRA: O Hades und Persephones, Hermes – Hüter des Todes und des ewigen Zorns, Kinder der Götter, die ihr alle

Morde seht und alle ehebrecherischen Diebe. Kommt bald! Helft! Ich habe keine Kraft mehr, dieser Last aus Elend und Not alleine standzuhalten.

Merrill Lynch: Ich verstehe, wie sie sich FÜHLEN *(Einfühlungsvermögen zeigen)*. Andere Leute haben sich genauso GEFÜHLT (*zeigen, daß der Interessent nicht alleine ist*) und HERAUSGEFUNDEN, daß es eine Reihe von Investitionsmitteln gibt, die eine beachtliche Stabilität bieten.

Sokrates: Glaubst du denn wirklich, daß ein Mensch, der die Schlechtigkeit einer Sache erkannt hat, diese immer noch erwünscht?

Merrill Lynch: Viele Anleger bewerten das Bedürfnis nach einem Makler, der sich um seine Kunden kümmert, als eines ihrer größten Bedürfnisse. Was sind ihre Erwartungen?

Sokrates: Wissen jene, die glauben, daß man aus schlechten Dingen Nutzen ziehen kann, daß diese schlechten Dinge schlecht sind?

Merrill Lynch: Aufgrund der Größe und der Gründlichkeit unserer Organisation sind wir häufig in der Lage, Kunden Gelegenheiten anzubieten, zu denen sie durch ihre regulären Investmentkanäle keinen Zugang hätten.

Merrill Lynch: Bob Smith (oder ihr Partner, ihr Chef, ihr Teilhaber etc.) bat mich, sie anzurufen. Er dachte, sie wären eventuell an einigen unserer Strategien interessiert, die wir einsetzen, um (Steuern zu reduzieren, den Ertrag aus ihrer Kapitalanlage zu vergrößern, auf dem Markt Geld zu gewinnen etc. – suchen Sie sich eine aus.)

King Lear: Aus nichts kann nichts entstehen, sprich noch einmal ...

Merrill Lynch: Ich habe mit Anwälten in dieser Gegend über Möglichkeiten gesprochen, deren Steuern zu reduzieren und deren Einkommen zu vergrößern.

KING LEAR: Wie? Was? Halte deine Zunge etwas im Zaum, damit du deinem Glück nicht schadest ...

MERRILL LYNCH: Ich verstehe das Bedürfnis, vorsichtig zu sein. Und das ist der Grund, warum eine Anlage, die vorrangig Sicherheit bietet, angemessen sein könnte.

Am dritten Tag hatte ich beinahe jegliches Interesse daran verloren, ein Broker zu werden. Zuerst entdeckte ich meinen Mangel an Schauspielerfahrung. Dann fand ich heraus, daß Broker ihre Post nicht eigenhändig öffnen dürfen. Alles, was auf dem Postweg im Büro eingeht, sogar ein Liebesbrief, wird von den Bossen aufgeschlitzt auf der Suche nach Geld oder Schecks, die andernfalls vielleicht dem Firmenzugriff entwischen könnten. Darüber hinaus verbringt der Durchschnittsbroker in den Stunden, die er wach ist, die meiste Zeit damit, Fremde anzurufen. Diese „Blindanrufe" waren eine vertraute Erscheinung des Geschäfts, aber ich hatte keinerlei Vorstellung davon, wieviel Zeit sie verschlangen. Dem Musterplan zufolge, der bei Merrill Lynch ausgegeben wurde, sollte ein Broker an drei Arbeitstagen pro Woche fünf Stunden und an zwei zusätzlichen Abenden eine Stunde und fünfzehn Minuten damit verbringen, sich zu möglichen neuen Kunden durchzuwählen. Das empfohlene Minimum an Versuchen lag bei 180 Blindanrufen jeweils im Zeitraum von Montag bis Freitag.

Um genügend neue Personen ausfindig zu machen, die man anrufen könnte, wurde der Broker ermutigt, künftige Kunden aus den Unterzeichnern von Todesanzeigen, aus Artikeln über Empfänger großer gesetzlicher Abfindungen, aus Telefonbüchern eleganter Wohnviertel und von speziellen Versandlisten auszuwählen. Ein Listenkatalog, der bei Merrill Lynch ausgegeben wurde, enthielt unter anderem: „1,1 Millionen reiche Individuen", „Private Telefonanschlüsse von Flugzeugpiloten", „Araber, die spielen und investieren", „Leute, die in Rinder und neue Spielfilme investieren", „Inhaber von Blue Chip-Aktien" und „Zahnärzte, die stark investieren."

Bei Prudential-Bache hieß es, man könne die Zahnärzte vergessen. Zahnärzte würden heute nicht genug Geld verdienen, und Brokern wurde geraten, sie zu ignorieren. Ärzte waren ein Problem, da sie nie ans Telefon gingen, so daß es am besten war, mit einer geprägten Einladung zu einem Seminar auf die Frau Doktor zuzugehen. Prudential-Bache-Broker wurden ebenfalls ermutigt, ein „Notizbuch" anzulegen mit Daten, an denen Optionen ausliefen, Dividenden gezahlt wurden, Rentenfonds fällig wurden und so weiter, als Leitfaden dafür, wen man am besten wann blind anrufen sollte.

Vielleicht fragen Sie sich ja bereits: *Aber wie sieht es denn mit der Börse aus?* Mir ging es genauso. Während der Sprachlabor-Kaffeepausen hielten sich nur eine Handvoll Neulinge vor den Quotron-Maschinen auf, wo ich Stunden damit vebracht hatte, ATSI für „Angstrom" und GS für „Gillette" einzuhacken. Einmal gesellte sich David Beard aus Portland in Maine zu mir und erzählte mir, er sei mit Weizenterminkontrakten bankrott gegangen, bevor er zu Merrill Lynch kam. Er sagte, er könne es nicht erwarten, mit dem Arbeiten zu beginnen, so daß er seine Verluste ausgleichen könnte. Ich identifizierte mich sofort mit ihm.

Wie viele Broker historisch gesehen aus den Reihen gescheiterter Anleger stammen, konnte ich nicht genau einschätzen, obwohl ich bereits gehört hatte, wie ein Broker zugab, daß Broker die Verlierer an der Börse seien. Aus einem der Geschichtsbücher erfuhr ich, daß es die ersten Makler um 1.600 in Amsterdam gegeben hatte, aber es wurde nichts darüber gesagt, warum sie Makler geworden waren. In *The Common Sense of Money and Investments,* geschrieben von Rukeyser Senior, hatte ich gelesen, daß das Wort *Broker* sich von dem germanischen *Broc* ableitet, das eigentlich „Unglück" bedeutete.

Broker hatten unter einem allgemein schlechten Ruf gelitten – als Wichtigtuer, Schwindler oder noch Schlimmerem. In den ländlichen Städten und Dörfern der 70er Jahre des 19. Jahrhunderts veranlaßte der Sommerbesuch des Brokers viele Bürger dazu, „alarmiert ihre Fensterläden zu schließen", wie Matthew Josephson in *The Money Lords* schreibt. Während der 20er Jahre des 20. Jahrhunderts schrieb derselbe Autor: „Der typische Broker verstand es, sich einer gewählten Sprache zu bedienen, und war gut gekleidet im konservativen Stil, jedoch nicht übermäßig mit Intelligenz ausgestattet." In den letzten Jahren, und vielleicht dank der Hausse, hat sich das Ansehen des Brokers verbessert. In einer Meinungsumfrage darüber, welcher Beruf das Vertrauen der Öffentlichkeit verdient, landeten Broker auf dem 16ten von 30 Plätzen. (Sie schnitten genausogut ab wie Kongreßabgeordnete und Bauunternehmer, besser als Gebrauchtwagenhändler, aber viel schlechter als Priester.)

Es wäre falsch zu implizieren, daß die Merrill Lynch-Trainees in ihrem neugewählten Arbeitsbereich „Investment" niemals praktischen Unterricht erhielten. Es gab stundenlangen Unterricht zu verschiedenen Aspekten der Aktien und Anleihen, den ich an früherer Stelle erwähnt haben könnte. Als nachträgliche Gedanken eingeschoben, gewinnen Sie jedoch einen besseren Eindruck von der relativen Bedeutung, den er zum Beispiel gegenüber dem Verkauf hat.

Der Zweck dieses Unterrichts war, den neuen Brokern wenigstens einen kleinen Vorsprung gegenüber dem Kunden zu geben, den er bald beraten würde. Ich nahm an zwei oder drei Unterrichtsstunden teil, einschließlich einer über offene Fonds, einer anderen über die verschiedenen Kreditmöglichkeiten bei Merrill Lynch („Das machen wir den Banken nach", sagte ein Beauftragter namens Humm) und einer dritten zum Thema: „Wird die Börse steigen oder fallen?" Letztere bestand eigentlich aus einer Tonbandaufzeichnung Robert Farrells, dem Star unter den technischen Analysten bei Merrill Lynch. Seine Lektion über „antizyklische und defensive Wertpapiere" schaffte ebensoviel Verwirrung wie sie beseitigte.

Einige Zuhörer machten sich Sorgen, daß sie in drei Tagen einen eigenen Schreibtisch in einer der Filialen besitzen und die Kunden tatsächlich fragen würden, ob die Börse steigt oder fällt. Was würden sie dann antworten? In einer Abschlußstunde fragte der Lehrer, wie viele der neuen Broker sich qualifiziert fühlten, irgendein Wertpapier zu empfehlen, und nicht einer von ihnen hob die Hand. Der Lehrer versicherte ihnen, daß eine fantastische

Firma hinter ihnen stünde und Merrill Lynch sie mit all der notwendigen Führung und all den notwendigen guten Ideen versorgen würde. Dann zeigte er einen inspirierenden Dokumentarfilm, in dem sehr freundliche Jogger einen blinden Mann durch ein Querfeldeinrennen führten, über Stock und Stein, über Felder und an Bäumen vorbei, wobei der blinde Mann den Weg entlangstolperte und dann triumphierend die Ziellinie überquerte. Ich hielt den Film für äußerst passend, um die Konferenz zu beenden.

Um ehrlich zu sein, diese Neulinge erwarteten sicherlich nicht, daß sie verglichen mit Treuhandanteilen, Gesellschaftsanleihen, begrenzten Teilhaberschaften, Auslandsfonds, 1.700 verschiedenen offenen Fonds, einigen Optionen, Renten, Geldmarktinstrumenten und den verschiedenen „Angeboten der Woche", die die Maklerfirmen seit neuestem promoten, viele Aktien verkaufen würden. Zum damaligen Zeitpunkt bot Merrill Lynch 150 verschiedene Produkte an, und die Hälfte davon war in den letzten fünf Jahren erfunden worden. Man ermutigte die Trainees, Immobilien- und Versicherungslizensen zu erwerben, um ihre Produktlinie weiter zu expandieren. Darüber hinaus wurden sie ermutigt, ein Merrill Lynch-Eigenstudium zu absolvieren, die sogenannte „Donald Regan School", nach deren Abschluß sie lizenzierte Finanzplaner wären. (Der Berater des Weißen Hauses, nachdem dieser Kurs benannt wurde, ist seither in der Versenkung verschwunden, so daß das Ganze jetzt vielleicht einen anderen Namen trägt.)

Habe ich erwähnt, daß Merrill Lynch-Broker jetzt als „Finanzberater" bezeichnet werden? Seitdem Shearson Lehman als erste ihre Broker „Finanzplaner" nannte, hat es nun einen Umschwung in diese Richtung gegeben. Davor hießen sie „Depotverwalter" oder „eingetragene Repräsentanten". Die Bezeichnung „Kundenberater" bringt uns zurück in die 20er Jahre. Von den „Kundenberatern" zu den „Finanzberatern" werden Sie eine Beförderung im Format bemerken, zu denen Broker nicht weniger berechtigt sind als Gefängniswärter, die zu „Verhaltensforschern" wurden, Leibeserzieher, die zu „Sporttherapeuten" wurden, und Platzanweiser, die jetzt „Menschenmasseningenieure" sind.

Die Dialoge, welche die Trainees so schwer geübt haben, bereiteten sie auf den „beratenden Verkauf“ vor. Sollten Sie während der letzten Monate einen Blindanruf erhalten haben, dann ist Ihnen das aufgefallen: Der neue Broker, alias Finanzberater, scheint nicht zu versuchen, irgend etwas zu verkaufen. Er scheint sich damit zufriedenzugeben, am Telefon zu sitzen und über finanzielle Zielvorstellungen zu plaudern. „Wann wird er endlich zum Schlag ausholen?“ mag man sich fragen, aber er tut es nie. Sogar wenn man ihm erzählt, daß man unbedingt IBM kaufen möchte, wird er davon abraten, bis man in sein Büro gekommen ist und die eigenen finanziellen Zielvorstellungen überprüft hat.

Einer der Trainingsleiter formulierte es so: „In früheren Zeiten hätte der verkaufsorientierte Broker Dinge gesagt, wie ‚IBM steht kurz vor einer Aufwärtsbewegung und wir von Merrill Lynch meinen, sie sollten 100 Aktien kaufen.‘ Heute sagt der Finanzberater: ‚Herr Klient, was ist ihr dringlichstes Anliegen?‘“

Das bringt den zukünftigen Kunden mit einer kompletten Aufstellung seiner Kapitalanlagen ins Büro, da der „Finanzberater“ über diese Kapitalanlagen Bescheid wissen muß, bevor die Zielvorstellungen überprüft werden können. Von hier aus bietet er ihm vielleicht einen Kredit von der Kreditabteilung an, eine Versicherung von der Versicherungsabteilung, Immobilien aus der Immobilienabteilung. Letztlich liegt der Zweck, nichts zu verkaufen, darin, sehr viel mehr zu verkaufen, was den Zen-Aspekt der stufenweisen Beratung ausmacht.

Ein weiterer Vorteil der stufenweisen Beratung ist, daß der Finanzberater zum Experten für Kundenbedürfnisse wird. Wie ich bemerkt habe, ist das viel schlauer, als sich als Börsenexperte auszugeben. Selbst wenn schlechte Investmententscheidungen getroffen werden, bleibt der Finanzberater immer noch ein Experte für die Bedürfnisse seines Kunden, die jetzt voraussichtlich größer sind, als zu dem Zeitpunkt, bevor die beiden miteinander Bekanntschaft gemacht haben.

Am letzten Tag des Merrill Lynch-Kurses wurden die Telefone mit der Außenwelt verbunden, die Neulinge traten live in Aktion und benutzten vertraute Merrill Lynch-Formulierungen, um am

Heimatort Termine zu vereinbaren. Ich durfte leider nicht direkt daran teilnehmen, aber ich saß mitten in dem beeindruckenden Chor eines ganzen Zimmers voller Broker, die Dinge sagten wie: „Hallo, hier ist Jim Reynolds von Merrill Lynch. Ich bin an Leuten mit finanziellen Zielvorstellungen interessiert, die diese Zielvorstellungen auch erreichen wollen. Haben sie Zeit für ein Gespräch? ... Wie wäre es mit nächster Woche?"

Ich verließ das Trainingslager mit tiefer Zuneigung für die Freunde, die ich gefunden hatte, aber überzeugt davon, daß der Brokerberuf sich nicht für mich eignet. In diesem Arbeitsbereich hat man keine Zeit, um über Aktien und Anleihen nachzudenken. Ich bin glücklich, das früh genug erkannt zu haben, bevor ich mich hunderprozentig engagierte. Vom Merrill Lynch-Trainingslager kehrte ich zurück nach New York und konnte es nicht erwarten, zum eigentlichen Thema zurückzukommen.

20

Mein Leerverkauf

Es gab noch eine andere Strategie, die ich unbedingt untersuchen wollte: die Leerverkäufe. Der Leerverkauf war einer der Investmenbegriffe, von dem ich vorgab, ihn zu verstehen, ohne jedoch die geringste Ahnung zu haben, was er bedeutet. Seit mehr als zwanzig Jahren nickte ich bei jeglicher Erwähnung des Wortes wissend mit dem Kopf, und ohne Zweifel war ich in diesem Punkt nicht allein. Vielleicht begriffen nicht einmal Leute, die tatsächlich Leerverkäufe tätigten, was sie da eigentlich taten.

An dem Abend, als ich mit Herrn Gressel auf seiner Stereoanlage linke chilenische Musik hörte, beichtete ich ihm diese Ignoranz. Er erklärte mir, daß Leerverkauf bedeute, den Besitz von jemand anderem zu verkaufen, in der Hoffnung, daraus Profit zu schlagen. Zuerst klang das kriminell, und ich konnte keinen Unterschied zwischen dem Leerverkauf einer Aktie und dem Leerverkauf der Brooklyn Bridge erkennen. Herr Gressel korrigierte schnell meine Mißverständnisse.

Laut Herrn Gressel funktioniert der Leerverkauf folgendermaßen: Man ruft seinen Broker an und verkündet, daß man von einer bestimmten Aktie, zum Beispiel IBM, erwartet, daß sie fällt. Der Broker schlägt vor, man solle IBM leerverkaufen. Verkauft man 1.000 Aktien zu einem Kurs von $ 160, dann wird der Erlös von $ 160.000 sofort dem eigenen Konto gutgeschrieben. Macht man das mehrere Male, so stellte ich mir vor, könnte man sehr schnell zum Millionär werden. Was könnte besser sein, als mit Leerverkäufen auf alles, was sich bietet, dabeizusein. Reich werden über Nacht und dann mit einem gigantischen Vermögen aufwachen, das man durch den Verkauf vieler Aktien erworben hat, die man eigentlich nie gekauft hat?

Leider funktionierte der Leerverkauf nicht so perfekt wie er sich anhörte. Es stellte sich heraus, daß man sich z.B. die 1.000 Aktien von IBM nur geliehen hatte. Eigentlich hatte Ihr Makler sich umgehört und einen IBM-Aktionär gefunden, der bereit war, die Aktien zu verleihen, so daß man sie leerverkaufen konnte. (Jede Person, die einen Leerverkauf tätigt, muß auch anderen Personen erlauben, ihre Aktien leerzuverkaufen.)

Die Person, deren Aktien man sich geliehen hat, muß diese letztendlich zurückerhalten, und man ersetzt sie dadurch, daß man den Tageskurs dafür bezahlt. Wenn man zum Beispiel 1.000 IBM-Aktien zu je $ 160 leerverkauft, und sechs Monate später würde IBM zu einem Kurs von je $ 200 notieren, dann würde es $ 200.000 kosten, die Rechnung zu bezahlen. Da man ursprünglich für den Leerverkauf von IBM $ 160.000 gutgeschrieben bekommen hatte, würde man in diesem Fall mit einem Verlust von $ 40.000 dasitzen.

Man könnte jede Aktie, die man leerverkauft hat, so lange behalten, wie man möchte – oder solang man genug Geld auf dem Konto hat, um einen bestimmten Prozentsatz des Tageskurses abzudecken. Das bedeutet, man muß über sehr viel Eigenkapital verfügen, um überhaupt damit beginnen zu können, IBM-Aktien im Wert von $ 160.000 leerzuverkaufen. Daß man nur die Dinge leerverkaufen konnte, die man sich sowieso leisten konnte, dämpfte meinen Enthusiasmus für das, was wie ein perfekter Plan geklungen hatte. Ein weiterer Haken an der Sache war, daß alle Dividenden auf jegliche leerverkauften Aktien an den ursprünglichen Besitzer erteilt werden und nicht an den, der sich die Aktien leiht.

Wenn man eine Aktie leerverkauft, hofft man natürlich, daß ihr Kurs fallen wird. Wäre im obengenannten Beispiel der Kurs der IBM-Aktien von $ 160 auf, sagen wir mal, $ 100 gefallen, dann hätte man die 1.000 geliehenen Aktien durch $ 100.000 ersetzen können und einen Gewinn von $ 60.000 in die eigene Tasche gesteckt. Herr Gressel erzählte mir, daß es Leerverkäufer gäbe, die mit kurzfristigen Geschäften um ein paar schnelle Dollars pokerten, und Leerverkäufer, die mit langfristigen Geschäften bereit sind, darauf zu warten, daß eine unglückselige Aktie wertlos wird, so daß es nichts kosten würde, die zu einem hohen Kurs geliehenen Aktien zu ersetzen. Wenn man zum Beispiel 1.000 Aktien einer Firma zum Kurs von $ 50 leerverkaufen könnte, würde man $ 50.000 gutgeschrieben bekommen, falls die Firma bankrott macht.

Offensichtlich ist es eine gute Idee, das Baisseengagement – d.h. wie viele Aktien leerverkauft worden sind – für jede Aktie, die man besitzt, zu verfolgen. (Listen mit den entsprechenden Aktien werden in *Barron's* und anderen Finanzmagazinen veröffentlicht.) Verkauft eine große Anzahl von Kleinanlegern eine Aktie leer, so kann man das als Zeichen werten, daß die Leerverkäufer sich irren und der Aktienkurs steigen wird. Im umgekehrten Fall, wenn nur eine kleine Anzahl von Kleinanlegern einen bestimmten Aktienwert leerverkauft, kann man das als Zeichen werten, daß der Aktienkurs wahrscheinlich fallen wird.

Niemand weiß, wann der Leerverkauf erfunden wurde oder wer ihn sich eigentlich ausgedacht hat. In den Anfängen des US-Marktes tätigte die Hälfte der Anleger Leerverkäufe. Nach den Originaldefinitionen von „Bulle" und „Bär" waren die Bullen Leute, die die Kurse nach oben manipulierten, während die Bären Leerverkäufer waren, die die Kurse nach unten manipulierten. In den 20er Jahren hatten die Leerverkäufer ihre Blütezeit, einschließlich des berühmten Ben Smith, der den Beinamen „Verkauf-sie!" trug.

In den letzten Jahrzehnten hat der Leerverkauf an Popularität verloren – vielleicht liegt das an den moralischen Skrupeln, die schwer zu verstehen sind. Es gibt keinen ethischen Unterschied, ob man darauf setzt, daß eine Aktie steigt oder fällt, und doch wird der professionelle Leerverkäufer der heutigen Zeit gemieden, verachtet und verleumdet als der Abschaum der Wall Street. Ich hatte das Glück, einen der besten unter ihnen durch Herrn Gressel zu treffen.

Jim Chanos mit dem Beinamen „Stoß-sie-ab!" hatte ein Büro im gleichen Clearinghaus, in dem auch Herr Gressel seinen Arbeitskittel aufhängte. Nach dem, was mir Herr Gressel erzählte, war Stoß-sie-ab!-Jim Chanos ebenso bekannt wie ein bunter Hund. Ich entdeckte allerdings an ihm keinen Unterschied zum gewöhnlichen Investmentyuppie. Tatsächlich erzählte er mir selbst, daß er sich nicht vom gewöhnlichen Investmentyuppie unterscheide – Yaleabschluß, Wollpullis, drei Kinder, ein Haus in Westchester, einen Job an der Wall Street –, außer daß er leerverkaufe. Dafür sei er verfolgt worden, habe man ihm hinterhergeschnüffelt und sei er ständig von zahlreichen Detektiven und Spionen belästigt worden. Auftraggeber sind Unternehmen, die ihn nur zu gerne in ein schlechtes Licht rückten und in der Öffentlichkeit diskreditieren wollten und eigentlich nur darauf aus waren, seinen bereits schlechten Ruf noch zu verschlechtern.

Für seinen Teil unternahm Stoß-sie-ab!-Jim Chanos alles Erdenkliche, um Firmen in ein schlechtes Licht zu rücken und freute sich, wenn ihm das gelang. Seinen größten Erfolg hatte er mit Baldwin-United, die er als Verlierer identifiziert hatte, während Wall Street-Analysten die Aktie zum Kurs von $ 25 empfahlen. Er verkaufte mehr und mehr Aktien leer, während die Aktie auf $ 50 stieg. Das war ein strenger Test eines negativen Glaubens. Man kann sich die Verzweiflung vorstellen, wenn man ein großes Aktienpaket zu einem Kurs von $ 25 verkauft, weil man erwartet, daß es in Kürze nichts mehr wert ist, und man dann mit der Aussicht konfrontiert wird, es zu einem Kurs von $ 50 wieder zurückkaufen zu müssen. Aber Stoß-sie-ab!-Jim hielt daran fest.

Ein Leerverkäufer pokert gegen die Unendlichkeit, da es kein Limit dafür gibt, wie hoch eine Aktie steigen kann, während sein Gegenspieler gnädigerweise davon verschont bleibt, da eine Aktie nicht unter Null fallen kann. Theoretisch könnte eine Aktie auf einen Kurs von $ 1 Million pro Stück steigen, und jeder Leerverkäufer müßte den Betrag aufbringen, um den Anstieg mitzumachen, bis er schließlich gezwungen wäre, zu verkaufen und/oder bankrott zu gehen.

Im Fall von Baldwin-United bedurfte es zusätzlicher Courage, und davon hatte Stoß-sie-ab!-Jim genügend – plus das zusätzliche Kapital, um die Aktie zu halten. Bis sie eine Wende nach unten machte und schließlich bei $ 2 landete. Er saß auch nicht herum und wartete darauf, daß das Desaster passierte. Genau wie ihre Gegenspieler ziehen Leerverkäufer los und trommeln Kunden für ihre schlechten Nachrichten zusammen, rufen die Verleiher und Großanleger an, säen negative Geschichten im *Wall Street Journal* und erzählen so vielen Leuten wie möglich von den denkbaren Schreckensmeldungen der Firma, die sie leerverkauft haben. So gesehen sind Leerverkäufer die Analysten des Teufels, und einige Firmen glaubten, daß Stoß-sie-ab!-Jim Chanos der teuflischste von allen war. „Sie behaupten, ich sei eine Bedrohung", protestierte er. „Aber ich bin keine Bedrohung, ich möchte nur, daß die Leute die Wahrheit erfahren."

Seit seinem Erfolg mit Baldwin-United machte Stoß-sie-ab!-Jim eine Karriere mit Leerverkäufen und fuhr mit seiner Suche nach Katastrophenszenarien fort. Seine Arbeit wurde durch die Horden der regulären Wall Street-Analysten unterstützt, die Stoß-sie-ab!-Jim als absurd optimistisch beschreibt und die, wie er sagt, nicht einmal das Loch in der Titanic gesehen hätten, selbst wenn sie ihren Kopf hindurchgesteckt hätten, und die auch das Zarenreich lediglich von „wärmstens empfohlen" auf „unbedingt halten" abgewertet hätten. In seinen Leerverkäufen lag eine messianische Inbrunst, die ihn, wie er sagte, von der Verrücktheit des Marktes reinigte. Ein Gegenmittel gegenüber den eigennüt-zigen Nachforschungsanstrengungen der Maklerfirmen, gegen die er konkurrierte.

„Welche Leerverkäufe tätigen sie derzeit?" fragte ich. „Texas", sagte er. „Könnte ich die New Yorker Immobilien leerverkaufen, so würde ich das tun, aber ich habe noch keinen Weg gefunden, und so begnüge ich mich mit Texas. Texanische Banken, texanische Selbstbedienungsrestaurants, texanische Ölgesellschaften. Ich verkaufe sie alle leer, und ich kann warten."

Der Leerverkauf erfordert viel Geduld und viel Geld, um sich selbst abzusichern. Da ich von beidem nur wenig hatte, entschloß ich mich, dem Hinweis von Stoß-sie-ab!-Jim nicht zu folgen. Später änderte ich meine Meinung, wie Sie noch sehen werden.

21

Einige Gedanken über meinen derzeitigen Fortschritt

Für sechs Wochen war ich nun während dieses Winters bereits von zu Hause weg gewesen, aber im Frühling kehrte ich in einer etwas depressiven Stimmung zurück. Bis zum Mai waren die Angstrom-Aktien, die ich noch besaß, \$ 3.281 wert, was mir einen rechnerischen Verlust von \$ 1.719 einbrachte, während die 53 Gillette-Aktien von \$ 79 auf \$ 88 gestiegen waren, was mir einen Gewinn von \$ 477 einbrachte. Alles in allem hatten die \$ 10.920, die ich durch Prudential-Bache angelegt hatte, einen aktuellen Wert von \$ 9.399 – Flugtickets, Telefonanrufe und andere Nebensächlichkeiten nicht mitgerechnet.

Währenddessen war der Markt als Ganzes um mehr als 35 Prozent gestiegen. Meine eigenen Verluste waren per se nicht zu tolerieren und angesichts des allgemeinen Wachstums niederschmetternd. Jede Titelgeschichte über die große Hausse war eine traurige Erinnerung an die Tausende, die ich in diesen aufregenden Zeiten verdienen hätte sollen. Egal wie optimistisch man jedesmal ist, wenn man wieder Aktien kauft, am Ende wird man sich an das letzte Mal erinnern, da man sich geschworen hatte, es nie wieder zu tun. Der Schwur des Spekulanten. „Nie wieder eine Aktie“, wird geleistet wie der wohlbekannte Schwur eines Verkaterten: „Nie wieder einen Drink“, und immer wieder vergessen.

Am schlimmsten war es, daß meine Freunde und Bekannten nach wie vor dachten, ich hätte außerordentlich gut abgeschnitten. Der wachsende Druck, ihren Erwartungen zu entsprechen, war eine weitere Sache, der ich entgegentreten mußte.

Würde ich das gleiche noch einmal tun, ich würde nicht mehr über die anfänglichen Gewinne mit Angstrom schwätzen und jedem im Umkreis von einem Meter erzählen, wie gut es gelaufen sei. Ich würde auch nie wieder Dinge sagen wie „Warum soll ich mich um Rennbahnen kümmern, wenn es Prudential-Bache gibt?“ Diese Bemerkungen überzeugten meine Freunde, daß ich voll zugeschlagen hatte. Außerdem war ihnen nicht entgangen, daß der Dow Jones seit Beginn meiner Reise geradewegs nach oben geschossen war, und sie hatten mich darum beneidet, daß ich mich zur rechten Zeit in die richtige Sache eingeschaltet hatte. „Mensch toll, daß du genau in den Boom hinein an der Wall Street eingestiegen bist", sagten viele. Daß sie mich immer wieder fragten, wann ich in die Park Avenue umziehen würde, machte die Realität nur noch schmerzhafter.

Einige ersuchten mich bei ihren Investitionen um Rat. Ich weiß, daß ich Ihnen hier die ganze Zeit bereits nützliche Hinweise gegeben habe, aber in der Mitte meiner Reise und mit meinen derzeitigen Ergebnissen war es beängstigend, als wertvolle Quelle für Investmentratschläge betrachtet zu werden. Ich erwähne mich hier als Beispiel dafür, wie wenig wir über die eigentliche Leistung der sogenannten Experten wissen, denen wir es gleichtun wollen – von den Genies in der Nachbarschaft bis hin zu den Mitternachtsmillionären im Fernsehen.

Da ich die, die an mich glaubten, nicht enttäuschen wollte, erzählte ich ihnen oft Dinge, die ich auf meinen Trips durch die Wall Street aus zweiter Hand erfahren hatte, wie zum Beispiel: „Abbott Laboratories sieht gut aus und wird bald nach oben steigen", oder: „Gulf & Western Industries ist mit 48 unterbewertet", oder: „Heinz geht direkt auf 50 zu." Das machte sie sehr viel glücklicher, als wenn ich meine eigenen Erfahrungen aus erster Hand in allen Details beschrieben hätte.

Ich hatte begonnen zu verstehen, warum sich Kleinanleger manchmal gegenseitig über das Geld, das sie nicht verdient haben, belügen. Es ist genausoschwer, einen Mißerfolg in einer Hausse zuzugeben, wie zu erzählen, daß einem der Urlaub in Venedig nicht gefallen hat. Wenn man zugibt, daß einem der Urlaub in Venedig nicht gefallen hat, so stehen dem 800 Jahre voll romantischer Erwartungen gegenüber. Für die Liebhaber des romantischen Venedigs gibt es zu viele Details, die sie in ihrer Vorstellung bestärken, als daß sie die unglücklichen Berichte von Leuten tolerieren würden, die die stinkenden Kanäle gerochen und ihre Liebesgefühle verloren hatten. Die wirkliche Verfassung, in der sich mein Portefeuille zum jetzigen Stand befand, ließ mich darüber nachdenken.

Ich wahrte den Schein solange ich konnte, wobei sich meine Aussage, „Angstrom entwickelt sich klasse, ich habe mein Geld verdoppelt" über „ich bin sehr zufrieden" bis hin zu „die Dinge laufen o.k." abschwächte. Ich hoffte, daß dieses „laufen o.k." vor weiteren Nachfragen zurückschrecken ließ, aber das war nicht der Fall. Auf verschiedenen Parties nahm ich die Glückwünsche von Bewunderern entgegen, die verkündeten: „Er hat nie zuvor Geld gemacht, doch jetzt scheint er seine Nische gefunden zu haben."

Zurück zu Hause erinnerten sich meine Frau und Kinder an die ersten aufregenden Wochen, als ich stolz darauf war, Angstrom zu besitzen. Sie glaubten noch lange, nachdem ich auf die Verliererseite übergewechselt war, daß ich prosperieren würde, obwohl ich einige Bemerkungen fallengelassen hatte, um sie auf die Wahrheit vorzubereiten. Glücklicherweise öffneten sie niemals den Monatsbericht von Prudential-Bache, der uns zugeschickt wurde.

Als ich ihnen dann irgendwann die Wahrheit gesagt hatte, verfiel ich in ein ständiges Suchen nach irgend jemanden oder irgend etwas, dem ich die Schuld in die Schuhe schieben konnte. Erst versuchte ich, dem System die Schuld zu geben. Je schlechter man abschneidet, desto mehr ist man davon überzeugt, daß die Wall Street manipuliert wird und die ganze Sache ein abgekartetes Spiel ist. Nachdem, was ich an Analysten ohne Zeit für Analysen, Portefeuillemanagern, die den Marktdurchschnitt nicht übertreffen konnten, und besonders Brokern, die ihre Dialoge üben, gesehen hatte, war ich bestens vorbereitet, jedem zu mißtrauen.

Dann erinnerte ich mich, daß die Hälfte der USA an der Wall Street Geld verdient. Es ist lächerlich, während eines Haussemarktes dem System die Schuld zu geben.

Als nächstes versuchte ich, den Brokern die Schuld zu geben. Wie um alles, so fragte ich mich, hatte Frau Garrett mich auf die Aussage irgendeines Idioten aus Philadelphia hin zum Kauf von Angstrom verlocken können? Wie hatte sie das Geschichtenerzählen, den Optimismus, die frohen Aussichten aufrechterhalten können? Wie hatte ich mir überhaupt solch eine dämliche Brokerin aussuchen können?

Bevor ich in dieser Frage zu einem Ergebnis kam, fiel mir ein, daß ich zu viele andere Broker gehabt hatte, um dieses kindische Jammern fortzusetzen. Blicken wir der Wahrheit ins Gesicht. Linda Garrett hat mich nicht dazu gebracht, Angstrom zu kaufen. Ich selbst bestand darauf, es zu kaufen. Meiner Erfahrung nach ist der Hauptvorwurf an die Broker, daß sie Druck auf die Kunden ausüben und die Depots „schnell bewegen" würden, um mehr Kommissionen zu bekommen, unberechtigt. Ich habe meine eigenen Depots immer selbst schnell bewegt, ohne dazu von irgend jemandem ermutigt worden zu sein. Ich bin es, der die Broker immer anruft und nachfragt, warum sich etwas nicht bewegt, oder der den Vorschlag macht, daß wir auf etwas Profitableres umsteigen sollten.

Gillette war Frau Garretts Vorschlag gewesen, aber wieder war ich es, der sie anrief. Nach den ersten paar Wochen rief ich sie immer an und sie rief mich nie an. Wenn überhaupt, dann wartet der Broker wahrscheinlich, daß der Kunde sich festlegt, was ganz im Gegensatz zu dem unberechtigten Vorwurf steht, daß Broker die Kundendepots schnell bewegen wollen.

Überdenken sie das Ganze aus der Sicht des Brokers. Ist er schlau, so wird er den Vorschlägen des Kunden immer zustimmen, anstatt seine eigenen Empfehlungen voranzutreiben. Sollte der Kunde recht gehabt haben, steht der Broker ebenfalls gut da. Sollte der Kunde nicht recht gehabt haben, dann kann der Broker immer sagen: „Na das war doch ihre Idee."

Warum konnte ich in meiner Brokerin nicht das sehen, was sie war: eine Verkäuferin? Schließlich hatte ich mir die Brokerschule angesehen; und doch hielt ich immer noch an der Fiktion fest, daß Frau Garrett die Expertin war und eine Elternfigur, der ich die Schuld für meine Ergebnisse geben konnte. Von einem Schuhverkäufer erwartete ich schließlich auch nicht, über Fußkrankheiten Bescheid zu wissen, warum sollte ich also von einem Broker erwarten, über Finanzen Bescheid zu wissen? Das ganze

Verhältnis zwischen Broker und Kunden war zu komplex, um einfach dem Broker die Schuld zu geben.

Die dritte Phase der Beschuldigungen bestand schließlich darin, mir selbst die Schuld zu geben. Ich kam zu dem Schluß, daß ich zum Scheitern verurteilt war – ein umgekehrter Midas – und alles, was ich berührte, bald Pleite machen würde. Dies, so wurde mir gesagt, sei eine weitverbreitete und primitive Haltung. Ich habe sie bei vielen Freunden beobachtet, die sagen: „Ich bin der Tot jeder Aktie“, „Kauf mich in eine Aktie ein, und die Firma geht bergab“ oder „Bei mir ist jede Investition ein totaler Verlust.“

In dieser mißbilligenden Stimmung schaute ich mir alle Einzelheiten noch einmal ganz genau an – Leute, denen ich Unrecht getan hatte, Termine, die ich verpaßt hatte, Sünden, die ich begangen hatte –, als ob ich irgendwo den Grund für einen offensichtlichen Unheilbringer finden würde. War ich mir selbst mein schlimmster Feind an der Wall Street? Ich fragte mich, ob mir vielleicht ein fataler Fehler unterlaufen war oder ich einen der Götter erzürnt hatte, so daß meine miserable Leistung eine lange beschlossene Sache war? Warum wurde ich immer noch bestraft?

Ich weiß, es klingt albern, aber für Kleinanleger gibt es keine rationalen Erklärungen für ihre unheimliche Geschichte andauernder Verluste. Ich traf einen Mann, der mir erzählte, daß er eine Computeraktie zu $ 4 gekauft hatte, beobachtete, wie sie auf $ 50 stieg, dann unfähig war, sie bei $ 40, $ 30, $ 20 zu verkaufen, und weiter daran festhielt, bis sie auf $ 2 gefallen war. Er vermutete, daß er hypnotisiert worden war und fragte sich, ob es irgend etwas damit zu tun hatte, daß er seiner Bank einen Fehler zu seinen Gunsten verschwiegen hatte. Eine Frau, die ich kannte, kaufte Schlumberger zu $ 80, nur um zu erleben, wie sie auf $ 30 abstürzte; und sie meinte, es habe vielleicht damit zu tun, daß sie während der letzten Energiekrise einen Spritschlucker gefahren hatte.

Wenn man einmal in der Phase steckt, in der man zum Scheitern verurteilt ist, kann das Monate anhalten. Zum Glück dauerte es bei mir nicht so lang. Scrully Blotnick brachte mich mit viel Geduld heraus.

Scrully Blotnick! Ein Name, den man nicht vergessen konnte. Ich wurde im Karteikasten der örtlichen Bücherei auf ihn aufmerksam. Dorthin war ich auf der Suche nach einer neuen Strategie zurückgekehrt. Sein Buch trug den Titel *Winning: The Psychology of Successful Investment* und war 1979 veröffentlicht worden. Es basierte auf Herrn Blotnicks 10jähriger Studie von 1.103 Kleinanlegern in der Zeit von 1966 bis 1976. Er beobachtete sie durch eine Hausse und eine Baisse hindurch, um zu sehen, was mit ihrem Geld passieren würde und weshalb. (Die vor kurzem verlautete Kritik an Herrn Blotnicks Methode schmälerte in keinster Weise meinen Enthusiasmus für seine Entdeckungen.)

Von den 1.103 Leuten machten nur 53 einen ansehnlichen Gewinn, und nur vier hatten „außerordentlich gute Ergebnisse erzielt." Viele endeten mit weniger, als sie begonnen hatten, was mich nicht schockierte. Die Frage nach dem Warum ist es, für die Herr Blotnick einige interessante Antworten anführt. Die verlockendste für mich war – man beachte meinen derzeitigen Gemütszustand –, daß Kleinanleger nicht von den Göttern zum Scheitern verurteilt sind. Kleinanleger sind durchwegs, vom Anfang bis zum Ende, immerfort durch ihre dümmlichen Anlagemethoden zum Scheitern verurteilt.

Herr Blotnick fand, daß die größten Verlierer unter den sogenannten gebildeten Anlegern sich ebenso in den Gegenstand Wall Street hineinvertieften wie meine Wenigkeit. Daß keiner der 53 Gewinner ein „eifriger Student des Marktes" war, öffnete mir die Augen. Das erinnerte mich daran, daß eine nahe Verwandte General Foods-Aktien 20 Jahre lang in ihrem Tresor ignorierte. Durch fünf Marktzyklen hindurch, mit Hunderten von Analysten, die sie in ihre „Kaufen"- und „Halten"-Listen auf- und wieder davon herunternahmen, lagen sie unbeachtet da. Vor kurzem hörte sie im Radio, daß General Foods in Kürze übernommen werden würde. Sie rief ihren Broker an und fand heraus, daß ihre ursprünglichen $ 10.000 nun $ 180.000 wert waren. Ich erfuhr von ihrer Glückssträhne, als ich die täglichen Auf- und Abwärtsbewegungen beobachtete, was mich zu meinem guten Rat Nummer 18 führt:

„Eine Aktie, die du beobachtest, steigt selten im Wert.“

Herr Blotnick konnte keine Korrelation zwischen Marktkenntnis, zumindest was die Allgemeinheit betrifft, und erfolgreichem Investment entdecken. Er sagte, daß die Wahl einer „heißen“ Aktie im allgemeinen albern sei und daß es sich selten auszahlt, wenn man Finanzzeitschriften kauft, um einen Investitionsvorteil zu gewinnen. Jedenfalls ist man schon einmal das Geld für die Zeitschrift los. Ich sollte erwähnen, daß ich derzeit den *Value Line Investment Survey* für $ 400 jährlich, das *Barron's* zu $ 70 und Al Franks *Prudent Speculator* zu $ 175 abonniert habe und gelegentlich das *Wall Street Journal* für 50 Cents mitnehme. Während ich mich mehr in das Fach einarbeitete, expandierte die Anzahl der Börsenbriefe in meinem Briefkasten, während die Gewinne aus den Ratschlägen gegen Null tendierten.

Die nützlichste Entdeckung des Herrn Blotnick war diejenige hinsichtlich der kurzfristigen Anlage gegenüber der langfristigen Anlage. Hier, so dachte ich, lag die Grundursache meines Pro blems begraben. Ich kaufte Angstrom in der Hoffnung auf eine kurzfristigen Gewinn, aber nach ihrem schnellen Anstieg hielt i daran fest und hoffte auf einen langfristigen Gewinn. Als Aktien fielen, verkaufte ich die Hälfte davon, da ich mich da erinnerte, daß ich im Grunde meines Herzens ein kurzfristi Anleger war.

Auf der anderen Seite kaufte ich Gillette in der Hoffnung einen langfristigen Gewinn, aber just als sie ein paar Punkte gen, brannte ich darauf, auszusteigen. Tatsächlich brannt schon nach drei Wochen darauf, auszusteigen.

Als ich erfuhr, daß Herr Blotnick in New York lebte un Kolumne in der Zeitschrift *Forbes* hatte, rief ich ihn sofort bedauerte, daß wir uns nicht persönlich kennenlernen k aber wir hatten ein wunderbares halbstündiges Telefong Er erzählte mir, daß seine Studien fortgesetzt wurden soweit er wüßte, der Kleinanleger heute genauso wahrs Geld verlieren würde wie zu allen anderen Zeiten, obw

Kleinanleger auf dem derzeitigen Markt zeitweise Fortschritte gemacht hätten. Ich erzählte ihm, daß das bei mir nicht der Fall gewesen sei und daß ich Hunderte arbeitsreicher Stunden in ein kaum erwähnenswertes Ergebnis investiert hatte.

„Die ersten 500 Stunden machen keinen sonderlich großen nterschied", sagte er.

Nein?"

Leute, die den Markt studieren, erkennen das oft nicht. hundert Stunden Wissenszuwachs können eine gefährliche sein."

kann ich verstehen."

ier ab hörte sich Herr Blotnick mehr wie ein Guru als wie tmentberater an. Sein Ratschlag an mich war: Erkenne t.

stige Händler können im kurzfristigen Handel Geld sagte er. „Langfristige Händler können im langfristi- Geld verdienen. Es gibt viele Möglichkeiten, an der ulieren und jede einzelne kann für den einen, aber igerweise auch für den anderen funktionieren. haupt eine sichere Aussage machen kann, dann die wissen, wer sie sind und entsprechend inve- eld verdienen. Leute, die nicht wissen, wer sie als erfolgreich sein. Man muß genau die pas- sich selbst finden und dabei bleiben."

h angestrengt nach und erkannte, daß ich den der kurzfristigen Option auf Empfehlung emacht hatte. Es kam mir in den Sinn, daß zfristigem Handel vielleicht besser geeig- hatte.

22

Auf nach Chicago

Ich saß gemütlich zu Hause und dachte über Herrn Blotnicks Ratschlag nach, als ich einige verblüffende Werbespots im Fernsehen sah. Diese hatten mit den sehr kurzfristigen Anlagemöglichkeiten bei Terminkontrakten und Optionen zu tun, wegen denen ich mich immer noch fragte, ob ich mich voll auf sie konzentrieren sollte. In einer Werbung hieß es: „Anleger verdoppelt sein Geld in drei Wochen", während eine andere behauptete: „120 Prozent Gewinn in zwei Tagen." Eine dritte erwähnte: „Unbegrenztes Potential nach oben mit vorherbestimmbarem Risiko", und eine vierte forderte heraus: „Nur diejenigen, die etwas riskieren, haben wirklich gelebt." Jeder einzelne Spot schloß mit dem Satz: „Die zurückliegende Wertentwicklung birgt keine Garantie für künftige Ergebnisse."

Die Handelsgesellschaften, die in diesen Anzeigen erwähnt wurden, hatten ihren Sitz in Chicago. Ich ergriff die Gelegenheit beim Schopf und kaufte ein Flugticket.

Chicago ist nicht mehr der Schweineschlachtplatz der Welt. Das ist es seit 1959, als die Viehhöfe geschlossen wurden, nicht mehr gewesen. Heute kommen Schweine bereits als geräucherte Würste in Chicago an. Ebensowenig stapelt sich der Weizen in Chicago, außer in den Pfannkuchenhäusern. Die Stadt gilt in jüngster Zeit als der Umschlagplatz der Welt für Schweine-Terminkontrakte, als Put-Macher, als Verkäufer von Sojabohnen-Straddles und als Warentermin-Hedger der Nation: stürmisch, heiser, lärmend – die Stadt der umgekehrten Kopf/Schulter-Formation.

Ich kam Mitte Juli dort an und nahm mir ein Zimmer in einem billigen Hotel im Zentrum. Der Mann an der Rezeption erzählte mir, daß sein Bruder mit Terminkontrakten handle. Freunde meiner Frau, die in Chicago leben, hatten zig Verwandte, die mit Warenterminen handelten. Auf der Straße wußte beinahe jeder, den ich anhielt, wo die Mercantile Exchange zu finden war – ein verglaster Wolkenkratzer am Fluß, in dem sich die Trading-Pits befanden.

Während ich mir ins Gedächtnis rief, daß ein Terminkontrakt ein Vertrag darüber ist, eine Sache in der Zukunft zu einem Preis zu kaufen, der heute vereinbart wird, steuerte ich die Mercantile Exchange an, um ein Konto bei Lind-Waldock zu eröffnen. Vielleicht haben Sie deren Anzeigen gesehen: Sofortiger Zugriff, professioneller Service, rund-um-die-Uhr-Handel, nur $ 25 Gebühr für jedes abgeschlossene Geschäft. Ich hätte bei Prudential-Bache bleiben können, da jede große Maklerfirma eine Abteilung für Terminkontrakte hatte. Aber kurzfristige Händler mit Köpfchen verschwenden kein Geld für Kommissionen, und Lind-Waldock war ein Discount-Broker.

Barry Lind, der Präsident von Lind-Waldock, versuchte, der Charles Schwab der Schweinebäuche zu werden. Von der Empfangshalle des Mercantile Exchange-Gebäudes aus erreichte ich ihn direkt per Telefon. Versuchen Sie das mit Herrn Merrill, Herrn Lynch, Herrn Prudential, Herrn Bache, Herrn Shearson, Herrn Lehman, Herrn Dean, Herrn Witter, Herrn Paine, Herrn Webber oder mit Herrn Schwab. Von Anfang an spürte ich die Zugänglichkeit, die Ungezwungenheit und die Freundlichkeit der Leute, die in Chicago mit Termingeschäften und Optionen handelten.

Herr Lind sagte, er sei gerade auf dem Weg zu seinem Lear Jet, um die Stadt zu verlassen, so daß er mich an seinen Assistenten namens Chuck Epstein weitergeben würde, welcher der Direktor der Firmenpresseabteilung sei. Herrn Epsteins Büro befand sich im 17. Stock dieses berühmten Gewächshauses. Die Wände waren mit ungewöhnlichen Postern dekoriert, auf denen verschiedene Fragen standen wie zum Beispiel: WIE KOMMT ES, DASS ES KEINE PEKINGENTEN-BÖRSE GIBT? oder auf einem anderen: WIE KOMMT ES, DASS ES KEINE HAVANNAZIGARREN-BÖRSE GIBT? Die Poster zeigten recht dumm dreinblickende Kommunisten, die herumsaßen, ohne etwas zu haben, mit dem sie handeln konnten, und waren von der Mercantile Exchange in Auftrag gegeben worden, um die Vorteile der freien

Marktwirtschaft darzustellen. Ich hätte gerne einige Exemplare für mich gehabt, aber Herr Epstein sagte, es habe da einige Beschwerden gegeben und die Posterserie sei nicht fortgesetzt worden.

Wir standen an einem Fenster, während Herr Epstein dorthin deutete, wo der Fulton Street-Marktplatz einmal gewesen war. Die Eierstände auf dem Fulton Street-Marktplatz, so sagte Herr Epstein, waren die letzten Überbleibsel der tatsächlichen physischen Warenmärkte gewesen, die Chicago einst berühmt gemacht hatten. Das war zu jener Zeit gewesen, als eine Zwiebel eine Zwiebel und ein Scheffel Weizen noch ein Sachvermögen waren. Jetzt war ein Scheffel Weizen nur noch eine bestimmte Form der Geschäftsabwicklung, ebenso wie Schweine, Bauholz und Aktienpakete. Was man früher als „Landwirtschaft" bezeichnet hatte, wurde nun kurzerhand als „Kassamarkt" abgetan.

Jeder Terminkontrakt wurde immer noch ein „Waggon" genannt – die Kurzform für „Güterwagenladung" –, in Gedenken an die Tage, als die Waren hier noch auf der Schiene ankamen, obwohl heute keine Züge mehr halten. Rindfleischhändler verdienen sich ihren Lebensunterhalt mit „Waggons" von Vieh, ohne sich jemals eine Kuh anzusehen. Sojabohnenhändler müssen nicht einmal den Unterschied zwischen einer Sojabohne und Hasendreck erkennen. Fragt man den örtlichen Weizenhändler, woher sein Getreide stammt, dann zeigt er westwärts, Richtung Iowa oder Nebraska, schaut einen befremdlich an und zuckt mit den Schultern. „Was passiert ist", sagt Herr Epstein, „ist, daß der Handel in sich selbst zum Stillstand gekommen ist."

Hier, in einem Büro des Merc-Gebäudes, könnte man meinen, daß das einzige, was im Mittleren Westen wächst, das Termingeschäft ist. Herr Epstein zeigte mir ein Diagramm des Börsensaals, der sich irgendwo unter uns befand, wo 900 Leute Kontrakte auf Aktienpakete in den S&P-Pits oder Anleihen in den Schatzwechsel-Pits kauften und verkauften. Dahinter dann die Deutsche Mark, Rinder neben dem Yen, Francs neben Bauholz und so weiter. Im Jahre 1960, sagte er, wurden in den USA vier Millionen Terminkontrakte gehandelt, meistens in der Landwirtschaft. 1986 wurden 160 Millionen Terminkontrakte gehandelt, das Vierzigfache des alten Volumens und der Gegenwert theoretischer Güter im Wert von $ 10 Billionen. Herr Epstein erinnerte mich daran, daß der größte Teil dieses $ 10 Billionen-Wertes an Scheffeln, Paketen und Güterwagenladungen niemals geliefert wird. Alles, was dieses Geschäft betrifft, schien theoretischer Natur zu sein. „Dort unten ist der Markt wild", sagte er, „freie Marktwirtschaft in vollen Zügen."

Ich verließ Herrn Epstein und steuerte hinunter in die La Salle Straße, um den Rivalen, das Chicago Board of Trade zu besuchen, das in einem berühmten Art-Deco-Gebäude untergebracht war. Jahrzehntelang war das Board of Trade die Hauptbörse gewesen, bis die Mercantile Exchange es bei einem Nickerchen ertappte und mit den ersten Währungsterminkontrakten und den ersten Aktienpaketen einen Vorsprung erstürmte. Das Board of Trade holte schon bald mit seinen Ginnie Mae-Terminkontrakten und den T-Bond-Terminkontrakten auf. Vor kurzem ist an der Rückseite des Mercantile Exchange ein Anbau errichtet worden, in dem ausschließlich mit Aktienoptionen und Aktienindexoptionen gehandelt wird.

Aus Broschüren, die ich von beiden Börsen mitgenommen hatte, erfuhr ich folgendes über die Geschichte der Terminkontrakte: Das erste öffentliche Termingeschäft fand vor mehr als 2.000 Jahren auf der Insel Bahrain statt, als ein Händler Waren in Kommission nahm, um sie später in Indien zu verkaufen. Die grundsätzliche Prämisse aller Termingeschäfte – „Jetzt kaufen, später abrechnen" – wurde von der frühesten Zivilisation an akzeptiert. Die Griechen und Römer betrieben Termingeschäfte. Im Mittelalter waren die sogenannten Terminabschlüsse das allgemein übliche Handelsverfahren auf den Märkten.

Die Japaner begannen um 1730 Reisterminkontrakte zu handeln. Die Engländern folgten mit Baumwollterminkontrakten in den späten 80er Jahren des 18. Jahrhunderts. In Nordamerika schlug die Idee nach dem Bürgerkrieg ein. In Chicago eröffnete 1848 das Board of Trade, die älteste Börse in den USA, ihre Türen, allerdings nur, um echten Hafer und echten Mais auf dem primitiven Kassamarkt zu verkaufen. Erst 1865 dachte das Management im Board of Trade darüber nach, Getreide sofort zu bezahlen und es später geliefert zu bekommen. Das war der „Lieferkontrakt“, der Großvater des modernen amerikanischen Termingeschäfts.

Es dauerte nicht lange, bis jemand darüber nachdachte, Getreide zu verkaufen, das er gar nicht besaß. Damit wurde die „Short-Position“ begründet. Von da an wurden die Termingeschäfte über Hunderte von Waren an den Maklerschranken der Board of Trade und/oder der Mercantile Exchange gehandelt.

Bis 1919 war die Mercantile weitgehend auf Butter und Eier beschränkt. Dann kamen Käse-, Kartoffel- und Zwiebeltermingeschäfte dazu. 1945 wurden Truthähne zugelassen. Der Nachkriegstruthahnvertrag war das erste Termingeschäft mit einem Gegenstand, der sich an einen voll entwickelten Organismus annäherte. Sein Erfolg führte vier Jahre später zur Zulassung eines Terminkontraktes für gefrorene Eier. Gefrorene Eier hatten den Vorteil, nicht zu verderben, was all denen gefiel, die über die tatsächliche Lieferung nachsannen.

1954 nahm die Mercantile Exchange neben anderen nicht eßbaren Terminwaren Eisen und Schrott mit in das Angebot auf. Auf der eßbaren Seite wurde eine Trading-Pit für Apfel-Terminkontrakte eingerichtet. Als 1961 das Interesse an allen obengenannten Artikeln nachgelassen hatte und die Händler wieder in das nachmittägliche Binokelspiel zurückverfallen waren, ließ die Merc den heute berühmten Schweinebauchkontrakt vom Stapel. Und überhaupt, was ist denn schon das Besondere an einem Schweinebauch? Ich hatte mir immer einen Haufen von Eingeweiden vorgestellt und wunderte mich, wie es überhaupt Leute geben konnte, die dafür Geld bezahlen, geschweige denn das Lieferrisiko eingehen würden. Wie sich herausstellte, ist „Schweinebauch“ eine andere Bezeichnung für „Schinkenspeck“ – noch im Rohzustand, ungeschnitten, ungepökelt und in dicken gefrorenen Scheiben abgepackt.

Nachdem die Merc mit ihren Schweinebäuchen erfolgreich war, begann sie 1966 mittels des Lebendschwein-Terminkontrakts ganze Tiere zu handeln. Futtertiere folgten 1971, und es gab die Nahrungskette hinauf und hinab eine richtige Skala an Termingeschäften. Dann langweilten sich die Händler. Jeder langweilte sich. Wäre nicht der Ökonom Milton Friedman gewesen, der der Börse half, den Übergang vom Lebendschwein zur Deutschen Mark zu schaffen, wäre die Börse vielleicht aus Chicago verschwunden. Im Jahre 1972 gab es Termingeschäfte bereits für sieben ausländische Währungen. Auf der anderen Straßenseite, am Chicago Board of Trade, inspirierte die allgemeine Apathie gegenüber Getreide und Sojabohnen einen anderen Ökonomen, Richard Sandor, dazu, das Termingeschäft mit Ginnie Mae-Anleihen zu erfinden. Dies war das erste bekannte Finanztermingeschäft der Welt.

Je mehr das Termingeschäft sich entwickelte, desto weniger hatte die Landwirtschaft noch damit zu tun. 1982 nahm das Board of Trade den Börsenindex-Terminkontrakt in seine Liste auf. In New York improvisierten die Comex und die New York Futures Exchange ihre eigenen Finanzterminkontrakte, dann Optionen, dann Optionen auf Termingeschäfte. Man konnte aus dem offiziellen Namen einer Börse nicht länger erkennen, womit dort gehandelt wurde. Die Coffee, Sugar und Cocoa Exchange handelte Termingeschäfte auf den Verbraucherpreisindex.

Die Ereignisse der letzten 10 Jahre ließen die vorangegangenen 100 Jahre als nichts weiter als ein faules, träges Vorspiel für die furiosen und spektakulären Fortschritte dastehen. Mit einem fünffachen Handelsvolumen im ganzen Land zählte man bei der letzten Erfassung 53.000 registrierte Händler, die für 383 Maklerfirmen arbeiteten, 6.000 Broker in Börsensälen, 1.200 Warenterminhändler, die in Pools zusammenarbeiteten, 2.100 Handelsberater und insgesamt 65.000 Profis, die im Termingeschäft arbeiteten. Dagegen mußte ich antreten.

23

Die Eröffnung eines Warentermin-Kontos

Kaum hatte ich mich in Chicago eingewöhnt, als ich mit Herrn Epstein arrangierte, ein Warentermin-Konto zu eröffnen. Normalerweise kommt dies zustande, indem man eine gebührenfreie Telefonnummer wählt oder in eine der zahlreichen Maklerfirmen, die die Straßen säumen, hineinmarschiert. Aber Herr Epstein hatte ein persönliches Interesse an meinem Fall und war bereit, mich durch den Papierkram in der Verkaufsabteilung über seinem Büro hindurchzugeleiten.

Die Verkaufsabteilung war vollgestopft mit Blindanrufern, die von ihren Schreibtischen nach neuen Kunden Ausschau hielten und dabei einige der Formulierungen verwendeten, die ich von Merrill Lynch wiedererkannte. Im Vorbeigehen hörte ich folgende Gesprächsfetzen: „Ich möchte gerne mit jemandem sprechen ...", „Sie sagten, ich solle sie im Mai zurückrufen ...", „... ist um drei Zehntel eines Cents gestiegen", „An welchen Märkten wären sie eventuell interessiert?", „Wir sind der größte Discount-Broker für Warenterminkontrakte auf der ganzen Welt."

Herr Epstein plazierte mich an einen langen Tisch und reichte mir einige kleine Heftchen, die den Terminmarkt erklärten und einen Konto-Eröffnungsantrag und andere offizielle Papiere enthielten. Als ich mir dieses Material ansah, trat er hinter mich. Offensichtlich hatte die Regierung die Last des Papierkrams noch vergrößert, denn er murmelte ständig: „Regierung, Regierung, Regierung." Mir erschien der Papierkram minimal. Ich mußte meinen Namen, meine Adresse und mein geschätzes Einkommen angeben – nicht mehr, als man in einem Antrag für eine Kundenkarte im Supermarkt angeben muß. Dann mußte ich zwei Formulare unterschreiben, um zu bestätigen, daß ich verstanden hatte, daß ich mehr Geld als meinen Anfangseinsatz verlieren könnte, daß ich alles Geld verlieren könnte, daß ich in die totale Armut abgleiten könnte, daß mich „Nachschußpflichten" und andere unwahrscheinliche Schreckensereignisse erwarten könnten, die jeden, der sie ernst nimmt, davon abbringen würden, mit Terminkontrakten zu handeln. Genauso wie uns der Gedanke, tatsächlich eine Schwimmweste anlegen zu müssen, davon abhalten würde, zu fliegen.

Ich versuchte zu unterschreiben, bevor ich den Text gelesen hatte, aber Herr Epstein sorgte dafür, daß ich den Text durchlas und mich über all die unangenehmen Details informierte. Der ganze Ausfüllvorgang dauerte 10 Minuten.

Dann war es an der Zeit für die Geldeinlage. Bei Lind-Waldock mußte man $ 5.000 investieren, um ein Konto zu eröffnen, und dieses Geld hatte ich nicht. Herr Epstein schloß sich mit der Rechtsabteilung kurz, die sagte, sie würde, da ich ein Buch schrieb, eine Ausnahme machen und wäre mit $ 2.000 einverstanden. Ich wollte einen Privatscheck ausstellen. Herr Epstein konsultierte nochmals seine Vorgesetzten, die sagten, der Scheck müsse verrechnet sein, bevor ich „ein Geschäft abschließen" könnte. Das würde vielleicht eine Zeitspanne von drei Tagen erfordern, die ein motivierter Anleger niemals tolerieren konnte. Per Ferngespräch rief ich meine Centrust Bausparkasse zu Hause an und bat darum, das Geld zu überweisen, aber sie weigerten sich. Ein Angestellter sagte, er würde meine Stimme nicht erkennen und habe keinen Beweis dafür, daß es sich wirklich um meine Person handle. „Das dient nur ihrer eigenen Sicherheit", erklärte er, und dabei hatte ich ihm nicht einmal gesagt, was ich mit dem Geld vorhatte.

Herr Epstein und ich stürzten uns gemeinsam auf dieses Hindernis und hatten gleichzeitig dieselbe Blitzidee, nämlich Termingeschäfte per Kreditkarte zu handeln. Die Kreditkartenidee schien logisch genug zu sein, aber die Vorgesetzten sagten, dafür seien sie nicht ausgerüstet. Dies führte uns jedoch zur letztendlichen Lösung, die ich Ihnen ebenfalls empfehlen würde, falls Sie jemals in Chicago knapp bei Kasse sein sollten und es nicht erwarten können, ein Termingeschäft abzuschließen: Reiseschecks.

Ich machte das American Express-Reisebüro in der Michigan Avenue ausfindig, die nur ein paar Straßen von der Mercantile

Exchange entfernt war. Ich präsentierte einer sehr netten Frau Riley meine Kreditkarte und erhielt schneller, als es mir gelungen wäre, ein Flugticket zu kaufen, $ 2.000 Anlagekapital. „Gute Reise", wünschte sie mir, als ich auf der Rückseite der Schecks unterschrieb. Ich kehrte zu Lind-Waldock zurück, indossierte ihnen die Schecks und mein Konto war eröffnet. Herr Epstein gab mir meinen persönlichen Handelscode und eine gebührenfreie Nummer, die ich jederzeit anwählen konnte, um rund um die Uhr einen Auftrag zu erteilen.

Das nächste Problem war, mit welchen Termingeschäften ich handeln sollte. Diesbezüglich war Herr Epstein hilfreich wie immer – ebenso wie Bill Murshel, der Pressesprecher beim Konkurrenten Chicago Board of Trade. Von diesen beiden nahm ich soviel an Broschüren und Heftchen mit, wie ich überhaupt tragen konnte und verkroch mich dann in mein Billighotel, um das Material zu studieren. Einige Titel, an die ich mich erinnere, sind: „Wie man Puts, Straddles und Kombinationen davon schreibt", „Spreads bei Call-Optionen", „Das Übungsblatt für einen Vertikal-Call-Spread in einem Baissemarkt", „Methoden-Training", „Der Trumpf des Händlers" und „Lernen Sie Käufer und Verkäufer kennen."

Einige Stunden lang überprüfte ich das Investmentangebot, das die beiden Seiten eines DIN-A-4-Blattes ausfüllte und mehr als 100 verschiedene Termingeschäfte plus die Optionen auf diese Termingeschäfte enthielt. Das Ganze war zusätzlich verkompliziert durch unterschiedliche Liefermonate, Fälligkeitstermine und die verschiedenen Margins (Einschüsse), die zur Deckung der einzelnen Kontrakte nötig waren. Der Einschuß war die Schlüsselfigur im Termingeschäft. Er konnte es zum einen sehr riskant und zum anderen sehr profitabel machen. Indem er eine relativ kleine Summe investierte – zum Beispiel fünf bis zehn Prozent des Wertes irgendeiner Ware –, konnte der Anleger den gesamten Betrag, der durch den Vertrag repräsentiert wurde, kontrollieren. Zum Beispiel war ein $ 500-Einschuß erforderlich, um einen Terminkontrakt auf Silber zu kaufen, was den Käufer dazu berechtigte, 1.000 Unzen Silber zu kontrollieren. Als ich dies schrieb, waren 1.000 Unzen Silber $ 7.000 wert. Sollte der Kurs während der Laufzeit eines Kontrakts auf das Doppelte steigen, würde der Anleger $ 7.000 oder das 14fache seiner ursprünglichen $ 500-Einlage an Gewinn machen. Sollte der Kurs dagegen um die Hälfte fallen, würde er $ 4.000 verlieren.

Da ich immer noch nicht ganz sicher war, wie ich vorgehen sollte, machte ich in der Hoffnung, einige wichtige Hinweise aufzuschnappen, einen Ausflug auf die Besuchergalerie der beiden großen Börsen. Beide Galerien schwebten über den Börsensälen und boten volle Sicht auf die Vorgänge auf dem Parkett. Der Führer beschrieb den Saal als „2.000 Quadratmeter ökonomischer Aktion; der Herzschlag einer internationalen Wirtschaft, wo sich Risiken und Gelegenheiten treffen."

An einigen Videoterminals wurde der Besucher aufgefordert, Platz zu nehmen und zum Schein Anlageentscheidungen einzugeben. („Um ihre Aktie zu verkaufen, drücken sie 1, um ihre Aktie zu halten, drücken sie 2.") Ich drückte eine Reihe von Knöpfen in verschiedenen Kombinationen und hörte am Ende immer die Stimme, die sagte: „Wie sie befürchteten, wird der Aktienmarkt fallen. Schlechte Nachricht?" Nicht wenn man Futures und Optionen gekauft hat, um das Aktienportefeuille zu decken!

Von meinem vorteilhaften Standort aus beobachtete ich die Aktion in den 24 verschiedenen Händlerpits sowie Hunderte von Menschen in Turnschuhen und dunklen Blazern, die scheinbar ziellos umherirrten. Im Bereich des Zentrums einer jeden Pit gab es die höchste Dichte an armwedelnden Fanatikern. Die Finanzpits wurden am meisten belagert und bei den Terminkontrakten auf T-Bonds in der Chicago Board of Trade konnte man kaum nachvollziehen, wie die Menschen noch Luft bekommen konnten – und noch weniger konnte man erkennen, wer was zu wem signalisierte. Jemand, der neben mir stand, erzählte mir, daß er einmal gesehen hatte, wie die ganze Menge sich synchron hin und her wiegte und dabei ein gefährliches Wellenmuster kreierte, durch das alle plötzlich auf den Boden purzelten. Einige von ihnen hätten noch im Fall weitergekauft und -verkauft.

Die Landwirtschaftspits – Lebendschweine und Kühe, Getreide und Sojabohnen – waren von Männern und Frauen mittleren Alters bevölkert, die die Eltern der Händler in den Finanzpits hätten sein können. Viele standen zeitunglesend herum und schienen auf Arbeit zu warten. Die Pits für Auslandswährungen lagen irgendwo zwischen Anleihen und Landwirtschaft, dem allgemeinen Stoßen und Schubsen und dem Alter der Beteiligten nach zu schließen.

An der Peripherie der überfüllten Stände blickte eine Kette von Körpern in die verkehrte Richtung – das heißt mit dem Rücken zum Geschehen. Diese Leute schienen ihre Signale erst in die entgegengesetzte Richtung zu geben, um sich dann umzudrehen und wieder zu den Pits zu spähen. Ein Führer erklärte mir, daß dies die Boten seien, die zwischen den Pits und den Maklerschranken kommunizierten und durch riesige senkrechte Plakate identifiziert werden könnten, auf denen unter anderem LIND-WALDOCK, PRUDENTIAL-BACHE, MERRILL LYNCH, HEINHOLD COMMODITIES stand. Zwischen ihrem Spähen und Gestikulieren verschleuderten sie handgeschriebene Nachrichten, die wie Frisbees durch die Luft segelten und auf magische Weise auf den richtigen Tischen in 30 bis 50 Meter Entfernung landeten.

Ich verließ die Besuchergalerie, um Herrn Epstein nochmals zu besuchen und ihm zu berichten, was ich gesehen hatte. Er gab mir einen Überblick über das Kastensystem auf dem Parkett: Auf der niedrigsten Stufe die Boten, meistens Studienabbrecher, die einen mageren Stundenlohn für das Signalisieren und Kartenschnippen bekamen und hofften, eines Tages in die Pits aufzusteigen. Auf der nächsten Stufe die Protokollführer und Inspektoren, die bei der Börse festangestellt sind. Schließlich die Händler, die in verschiedene Risiko- und Lohnkategorien einzuteilen waren. Am konservativsten waren die Parkettbroker, die für abwesende Kunden kauften und verkauften und von ihren Kommissionen lebten. Dann gab es die sogenannten Scalper, die niedrige Risiken eingingen, indem sie Futures für einen schnellen Profit kauften und verkauften. Danach kamen die Day-Trader, die etwas längere und risikoreichere Positionen wählten, aber am Ende jedes Tages immer aus dem Markt herausgingen. Dann gab es die Positionenspieler, die für Wochen oder sogar Monate auf günstigen Trends mitritten. Ganz oben rangierten die Spreader und Straddler, die ihre Spekulationen von einer zur anderen Pit absicherten, wobei sie sich ständig zwischen Termingeschäften und Optionen hin- und herbewegten, genau wie es Herr Gressel in New York getan hatte.

„Letztendlich", sagte Herr Epstein, „muß das Ganze mit Null aufgehen. Gewinnt einer einen Dollar, muß ein anderer einen Dollar verlieren." Angesichts all dieser Leute, die versuchten etwas zu verdienen, und der Tatsache, daß des einen Gewinn eines anderen Verlust ist, handelte es sich hier nicht um ein sehr freundschaftliches Geschäft.

An meiner Stelle, so sagte Herr Epstein, würde er auf alle Fälle „langfristig investieren", mit dem japanischen Yen. Er zeigte mir auch ein Ratgeberbulletin mit einem oder zwei Tagestips, das von Lind-Waldock herausgegeben wurde. Die Firma empfahl etwas, das als Deutsche Mark-Straddle bezeichnet wurde – wobei man gleichzeitig den 49er Call shorted und den 48er Call long dagegensetzt. Aus Herrn Epsteins Erklärungen entnahm ich, daß ein Straddle ungefähr das gleiche ist, wie gegen sich selbst fingerzuhakeln. Tatsächlich, sagte er, würde ich für den Fall, daß die Deutsche Mark steigt, Gewinn machen – aber falls sie zu sehr ansteigt, würde ich verlieren.

Obwohl Schweine von Lind-Waldock nicht als heißer Tip erwähnt wurden, erzählte ich Herrn Epstein, daß ich Schweinen schon immer sehr zugetan war und es daher vorziehen würde, in die Option auf ein Lebendschwein zu investieren als in den Yen oder die Deutsche Mark.

Für weiteren Input verabredete ich mich mit Ralph Silverstein, einem Veteranen der Landwirtschaftspits und einem Freund eines Freundes der Familie. Er hatte ein Büro in einem der höheren Stockwerke der Chicago Board of Trade. Als ich im Vorzimmer wartete, hörte ich einige Leute jauchzen: „Neue Hochs bei den Bohnen, neue Hochs bei den Bohnen!"

Herr Silverstein war ein angenehmer Mann mittleren Alters,

der nicht mehr am Pitwettkampf teilnahm und sagte, daß er glücklich sei, diese Tortur den Jüngeren zu überlassen. Wie viele der älteren Händler war er in die oberen Stockwerke umgezogen, um das Treiben auf dem Computerbildschirm zu verfolgen. Er war ein überzeugter Schlangenlinienbeobachter und stand einige Male während unseres Interviews auf, um die Linien auf seinem Monitor zu beäugen.

Bei den Warenterminen gibt es dieselbe Kluft zwischen Fundamentalisten und Chartisten, wie sie bei den Aktien existiert. Fundamentalisten studieren Wetterberichte, Futtermengenberichte, Siloausnutzung, Getreideverkäufe und so weiter, während Chartisten wie Herr Silverstein die Bedeutung solcher Fakten anzweifeln und ihre Hinweise für den Handel direkt den Schlangenlinien entnehmen. Minute für Minute beobachten sie ihre Bildschirme und in ihrer Freizeit brüten sie über wöchentlichen Charts, die sie in übergroßen Ordnern sammeln, messen Höhen und Tiefen mit ihren Zirkeln, genauso vielleicht wie Seeleute einen Kurs bestimmen.

Am Tag unseres Gesprächs war Herr Silverstein in Gedanken sehr mit Sojabohnen beschäftigt, aber ich fragte ihn nach Getreide, da ich auf alle Fälle lieber Getreide als Sojabohnen essen würde. Er sagte mir, es sei ein sehr gutes Jahr für Getreide, mit einer reichen Ernte. Was ihm noch mehr entspreche, sei jedoch, daß Mais einen wunderbaren Chart hatte. „Das heißt, sie würden mir empfehlen, Mais-Terminkontrakte zu kaufen", zog ich laut meinen Schluß. „Natürlich nicht", korrigierte er mich. „Sie sollten kein Käufer sein, sie sollten Verkäufer sein."

Er schlug vor, daß ich einige Maisfutures „verkaufen" solle, was in den Warenterminen das Equivalent zum Leerverkauf einer Aktie war, das heißt, man wird bezahlt für eine Sache, ohne sie wirklich zu besitzen, und hofft dann, daß der Kurs fallen wird. Dabei gab es gewisse interessante Verzweigungen, die ich später diskutieren werde, aber was mich zu diesem Zeitpunkt erstaunte, war folgendes: Wenn es wirklich solch ein großartiges Jahr für Mais werden sollte, warum sollte ich dann auf die Short-Seite setzen?

In dieser Hinsicht erklärte Herr Silverstein einen bedeutenden Unterschied zwischen Warenterminen und Wertpapieren. Wenn eine Firma im wirklichen Leben erfolgreich ist, steigen die Aktienkurse an der Börse. Bei einem Warentermingeschäft hingegen verhält es sich so, daß zum Beispiel der Kurs für den Future auf Mais an der Börse fällt, wenn der Mais im wirklichen Leben erfolgreich ist, also hohe Erträge bringt. Das Schlimmste, das einem Warenterminanleger, der auf dem Maismarkt in einer Longposition war, passieren konnte, war eine ertragreiche Ernte. Das Beste, was passieren konnte, war eine Trockenperiode, eine Seuche, ein Feuer, ein Hurrikan, ein Erdbeben oder vergleichbare Schreckensereignisse, die die physische Ware vernichten und durch die anschließende Knappheit die Kurse nach oben treiben würden. Da dies exakt dem Gegenteil entsprach, was ich an der Wall Street gelernt hatte, schrieb ich meinen guten Rat Nummer 19 nieder:

»Je mehr es bergab geht, desto besser geht es den entsprechenden Futures.«

Auf der Suche nach weiterer Bestätigung für Herrn Silversteins Empfehlung, Mais zu shorten, wandte ich mich an Jordan Hollander, einen berühmten Maishändler, dessen Familie auf die älteste fortlaufende Mitgliedschaft im Board of Trade verweisen konnte. Er war ebenfalls in ein Büro in den oberen Stockwerken aufgestiegen, aber dort entdeckte ich keinen Computer. Ich sah einen Nierentisch aus Kunststoff und einen Kalender von einem Autoersatzteilladen – reich verziert mit Mädchen – und einige andere Gegenstände, von denen man eher erwartet, sie in einer Zeitkapsel der Eisenhower-Regierung zu finden. Herr Hollander trug sehr schöne Hosenträger und sah aus, als ob er vielleicht selbst in der Eisenhower-Regierung tätig gewesen war.

Herr Hollander erwies sich als hilfreich und besonders gut informiert. Er erzählte mir, daß sein Vater Oskar bereits 1919 in den Weizenpits gehandelt hatte. Mein Herr Hollander war im Geschäft, seitdem er in den 40er Jahren aus der Luftwaffe ausgeschieden war. Er hatte ebenfalls einen Sohn im Geschäft, wodurch sich drei Generationen von Hollanders im Maisgeschäft hochrechnen lassen.

Ich fragte Herrn Hollander, wie es denn in den alten Tagen mit dem wirklichen Weizen gewesen sei. „Die Wagenladungen kamen in Chicago an einem zentralen Inspektionspunkt im Bahnhof an“, sagte er. „Der Staat überprüfte die Ladung. Von jedem Wagen wurde eine Maisprobe entnommen und in eine Papiertüte gegeben. Die Papiertüten wurden zum Börsensaal des Chicago Board of Trade gebracht und auf die flachen Marmortische gelegt, auf jeden Tisch eine andere Wagenladung. Nachdem der Mais gekauft und verkauft war, stellten wir die neuen Frachtbriefe aus und schickten die Züge zu ihren Endbestimmungsorten.“

Heute, so fuhr Herr Hollander fort, käme der Mais niemals in Chicago an. Stattdessen wurde er am Ursprungsort inspiziert, und die Aufträge wurden am Telefon erteilt. Mais war eine Form der Abwicklung geworden. Ein einzelner Scheffel könnte in seinem theoretischen Leben vielleicht 25mal zu einem Sicherungsgeschäft oder zu einer Spekulation werden. Ich fragte, ob es Terminhändler gebe, die noch nie eine wirkliche Wagenladung Mais gesehen hatten, und Herr Hollander nahm an, das es sie gab.

Was meine Investition anging, stimmte Herr Hollander mit Herrn Silverstein überein. Er war ebenfalls optimistisch hinsichtlich der diesjährigen Ernte, was gleichzeitig eine Baisse für die Termingeschäfte bedeutete. „Gehen sie nicht in eine Longposition“, sagte er. „Nehmen sie eine Shortposition ein. Shorten sie den September 170-Kontrakt.“ Ich schrieb dies sorgfältig auf.

Nachdem ich Herrn Hollander verlassen hatte, hörte ich von einer anderen Familie, den Schneiders, die bereits seit vier Generationen mit Termingeschäften handelten. Der Ur-Urgroßvater Sam verkaufte Eier, während der jüngste Schneider mit Gold, T-Bills und Eurodollars handelte. Herr Epstein erzählte mir, daß einige Chicagoer Familien jeweils die gleiche Evolution vom Kassamarkt zu den Termingeschäften durchgemacht hatten, von Eßbarem zu Währungen, von den Pits zu den Computern. Die

Kunst des Handelns hatte sich nicht verändert, und Herr Epstein vermutete, daß sie vielleicht vererbbar sei.

Ich grenzte meine engeren Investitionsmöglichkeiten auf die Longposition beim japanischen Yen, die Shortposition beim Mais, den Straddle auf die Deutsche Mark und die Option auf Lebendschweine ein. Nachdem ich eine weitere halbe Stunde mit Herrn Epstein darüber hin- und herberaten hatte, schlug er vor, daß ich für meine $ 2.000 von allem einen kleinen Kontrakt aufpicken könnte. Er organisierte für mich, daß ich meinen eigenen Kauf- und Verkaufsordern durch die Pits folgen konnte. Das wäre an der New Yorker Börse unmöglich gewesen und war ein weiteres Beispiel für die Offenheit und Großzügigkeit dieser wunderbaren Stadt.

Herr Epstein brachte mich zum Eingang des Börsensaals der Mercantile Exchange. Dort wurden wir von Ryman Flippen erwartet, dem glatzköpfigen Direktor aller Lind-Waldock-Parkettoperationen, einem Mann mit der nervösen Energie eines Hafenarbeiters. Mit Herrn Epstein und Herrn Flippen zu meinen Seiten bekam ich ein Besuchernamensschild und wurde durch den Sicherheitskontrollpunkt eskortiert. Die Notwendigkeit für Sicherheit konnte ich erkennen. Ohne sie wäre es für jeden Fremden eine Leichtigkeit gewesen, ein gefälschtes Händlernamensschild anfertigen zu lassen, in die Pits zu schlendern, mit Brüllen und Winken zu beginnen und schließlich die Hälfte aller Farmprodukte der Nation zu besitzen oder Milliarden von Dollars in T-Bonds.

Auf der linken Seite des Haupteingangs hing ein schwarzes Brett mit einer Liste von Leuten, die Geldstrafen von der Mercantile Exchange erhalten hatten, weil sie abgeschnittene Jeans getragen, Kaugummi auf den Boden geworfen, auf dem Boden gegessen und Karten nicht ordnungsgemäß durch die Luft geschnipst hatten. Aus der Natur der Verbrechen wurde offensichtlich, daß viele Händler kaum älter als Teenager waren. Die einzigen anderen Orte, an denen ich solche Regularien gesehen hatte, war in Collegespeisesälen. „Man kann noch für viele andere Sachen bestraft werden“, sagte Herr Epstein. „Einschließlich beißen. Das passiert tatsächlich in den überfüllten Pits.“

Es gab eine längere Liste mit Personen, deren Namensschilder eingezogen worden waren und die den Saal nicht mehr betreten durften. Nicht weil sie gebissen hatten. Herr Epstein sagte, daß diese Unglückseligen der jüngeren Vergangenheit ihr ganzes Geld verloren hatten, was er als „durchgefallen" bezeichnete. Das passiere etwa 40 Prozent der Terminmarkthändler, sagte er, besonders den unerfahrenen. „Sie kommen und gehen heutzutage sehr schnell", fuhr er fort und schüttelte angesichts der Durchfallsliste traurig den Kopf. „Früher ging es hier angenehmer zu, mehr wie in einer kleinen Stadt. Heute wird es immer härter. Der Wechsel nimmt so überhand, daß man seinen Nachbarn in den Pits kaum mehr kennt."

Wir betraten die Handelszone, die von Anzeigetafeln über unseren Köpfen eingerahmt war. Sie war mindestens so groß wie das Parkett der NYSE. Alle paar Sekunden ließ der öffentliche Ansager jemanden über den Lautsprecher ans Telefon rufen. Wir fanden uns von Boten in gelben Kitteln umzingelt. Die meisten von ihnen hatten Akne. Ryman Flippen drängte uns an den Boten vorbei zu den Telefonen am Lind-Waldock-Ordertisch, wo die Kauf- und Verkaufsaufträge üblicherweise eintrafen. Da ich den regulären Schritt – ich übermittle meine Order an meinen Broker, mein Broker übermittelt meine Order an den Ordertisch – übersprungen hatte, sagte ich Herrn Flippen, was ich kaufen wollte. Er schrieb es auf einen Fetzen Papier und stempelte das Papier in einer Stechuhr. Es handelte sich um die Option auf den japanischen Yen, die Herr Epstein empfohlen hatte.

Die Option auf den japanischen Yen funktionierte genauso wie die Option auf das Aktienpaket, das ich bereits in New York gekauft hatte. Ich hatte das Recht erworben, einen Terminkontrakt auf einige Millionen japanische Yen zu kaufen, wann immer ich wollte, von jetzt an bis zum Fälligkeitstermin. Tatsächlich versuchte ich, zwei Yen-Optionen mit einem Fälligkeitstermin im September zu kaufen, die für ungefähr $ 215 pro Stück im Angebot waren.

„Wollen sie sehen, wie ihre Order ausgeführt wird?" fragte Herr Flippen. „Kommen sie mit." Wir verließen den Telefontisch und gingen an einem Pit für Wertpapieroptionen entlang, in dem es aus der Nähe betrachtet so lebhaft zuging, wie bei einem Hahnenkampf in Mexiko. Der Stand für die Optionen auf den japanischen Yen war relativ ruhig; es standen höchstens 50 Händler in der Pit, mit der größten Dichte zur Mitte hin.

Herr Flippen gab meinen Fetzen Papier an einen Mann mit einem Pferdeschwanz weiter, der das Namensschild „K-62“ trug. Er grabschte nach dem Papier, drehte sich von uns weg und brüllte in den Stand: „Zwei Calls. Zweihundertundvierzehn Dollar auf einen. September. Zwei Calls.“ Nach ein paar Sekunden drehte sich K-62 wieder herum, kritzelte etwas auf das Papier und gab es Herrn Flippen.

„Das war's“, sagte Herr Flippen, der mir anschließend K-62 als Howard Schless vorstellte. K-62 schüttelte meine Hand und begann, mir etwas zu erzählen, murmelte dann aber plötzlich ein schnelles „viel zu tun“ und verschwand in der Pit. „Er kann sich jetzt nicht unterhalten“, sagte Herr Flippen. „Aber haben sie gemerkt, was er gemacht hat? Haben sie das $ 215-Angebot auf der anderen Seite gesehen? Howard hätte das nehmen können, aber er wartete und hat niedriger geboten und hat für sie die $ 214 bekommen. Daran erkennt man einen guten Händler. Es sind die Krüppel, vor denen man sich in Acht nehmen muß.“

Als wir zum Ordertisch zurückgingen, um unseren Handel zu verzeichnen, erklärte Herr Flippen, was er mit Krüppel meinte. Ein Krüppel war ein gleichgültiger Händler, der weniger als die optimalen Preise für seine Kunden bekam, weil er entweder zu viel auf der Kaufseite bezahlte oder zu wenig auf der Verkaufsseite forderte. Obwohl ich den eigentlichen Handel nicht gesehen hatte, war ich dankbar, daß K-62 mir diesen einen Dollar gespart hatte. In bekam ohnehin bereits ein Gefühl, als ob es ungefähr das Gleiche wäre, meine Orders in die Pits zu geben, wie den Möwen Brotkrumen hinzuhalten.

Herr Flippen stempelte meinen Yen-Kauf, gratulierte mir, und wir wiederholten den Vorgang mit der Deutschen Mark. Im Forum für die Deutsche Mark wurde meine Transaktion von Ron Eglund erledigt, einem kräftigen umgänglichen Kumpel. Er kaufte schnell einen September 48 Deutsche Mark-Call während er gleichzeitig den September 49-Call verkaufte und dadurch ein Straddlegeschäft kreierte – was auch immer das war.

Da Herr Eglund nicht sehr beschäftigt war, hielten wir einen kurzen Schwatz am Rande seiner Pit. Er hatte als Telefonreparateur gearbeitet, in Vietnam gekämpft und dann das Pizzageschäft ausprobiert, bevor er zu Lind-Waldock gekommen war. Dort begann er mit Gold und rutschte in die Deutsche Mark hinein. In seiner Freizeit half er, drei Kinder großzuziehen, sang im Kirchenchor und war Schiedsrichter bei den Baseballspielen der Little League. Etwas, das er niemals tat, war, in Deutsche Mark-Optionen zu investieren, da er es vorzog, ein Durchschnittsgehalt zu verdienen, indem er Aufträge für große Fische wie mich ausführte. „Wenn ich spekuliere, verliere ich immer“, gab er zu. „Diese Selbsterkenntnis hatte ich vor langer Zeit.“ Ich bewunderte seine Selbstdisziplin. Obwohl ich der Meinung war, daß er angesichts all der Vermögen, die um ihn herum gemacht wurden, wirklich etwas verpaßte.

Wir nahmen unseren Deutsche Mark-Straddle, ließen ihn am Ordertisch eintragen und marschierten dann zum Stand für die Optionen auf Lebendschweine. Dieser Pit war so klein wie ein Hinterhofjacuzzi und so absolut verlassen, daß man alle Schritte beobachten konnte. Herr Epstein sagte, dies sei ein weiteres Beispiel für den bedauernswerten Niedergang der amerikanischen Landwirtschaft.

Herr Flippen, Herr Epstein und ich müssen für fast zwei Minuten ganz alleine gewesen sein, als ein Mann mit einem roten Bart und einem orange-weiß-karierten Kittel aus Richtung der Schweineterminkontrakte herübergeschlendert kam. Sein Kittel hätte sicher alle vorhandenen Geschäfte angezogen, aber in diesem Fall gab es nur mich.

Der Mann mit dem roten Bart stellte sich als Sonny Hersh vor. Er schien ein bedachter Mensch zu sein, sogar sachlich, im Gegensatz zu seiner Kleidung. Er mußte ungefähr in meinem Alter sein – 40. Herr Flippen übergab ihm meinen Auftrag über einen Call auf Lebendschweine.

„Zahle 80 für einen“, brüllte Herr Hersh in ein leeres Pit hinein. Es gab keine unmittelbare Antwort. Bald schlurften ein paar unbeschäftigte Händler herüber, um die Gelegenheit zu beschnuppern. „Fünfundachtzig“, brüllte Hersh. Plötzlich tauchte eine junge Frau mit dem Namensschild „LQ-001“ auf und machte den Deal. Herr Flippen nahm mich beiseite, um zu erklären, was passiert war: Herr Hersh versuchte, 80 zu bieten und hatte niemanden gefunden, so daß er 85 angeboten hatte, um die Verkäufer anzuziehen. Diese 85 waren die Abkürzung für $ 285, der Preis, den ich gerade für eine Option auf einen Lebendschweinkontrakt mit Fälligkeitstermin im Oktober gezahlt hatte.

Die junge Frau, die mir diese Option verkauft hatte, verließ den Pit sofort wieder und verschwand in den angrenzenden Lebendschwein-Terminkontrakten. „Wahrscheinlich will sie ihr Risiko eingrenzen“, sagte Herr Flippen. Es gibt einen großen Austausch zwischen den Schweinefutures und Schweineoptionen, genauso wie ich es zwischen den Aktienindexterminen und Aktienindexoptionen in New York beobachtet hatte.

„Was stellen meine $ 285 eigentlich dar?“ fragte ich Herrn Epstein. Er schaute in einem kleinen Rechnungsblatt nach. „Ungefähr 30.000 Pfund“, sagte er. Meine Option gab mir das Recht auf einen Terminkontrakt für diese Menge Schweinefleisch bis Oktober. Betrachtet man die Durchschnittsgröße eines Schweins, die ich ungefähr bei 500 Pfund ansetzte, hatte ich somit 600 Tiere unter meiner potentiellen Kontrolle. In diesem Moment schwor ich mir, mehr Rippchen und Schinkenspeck zu essen und meine Freunde anzurufen und sie zu bitten, dasselbe zu tun. Gemeinsam könnten wir den Preis vielleicht nach oben bewegen.

Herr Flippen deutete auf eine Frau mit einem Walkie-Talkie, die meinen Handel an einen zentralen Kontrollstand weitergab. Einige Sekunden später erschien die Nummer 85 auf der Schweineanzeigetafel und wurde über ähnliche Anzeigetafeln rund um den Erdball telegrafiert. Diese Zahl über meinem Kopf zu sehen, war für mich genauso aufregend, wie meinen Namen unter einem von mir verfaßten Artikel zu lesen. „Das sind meine 85!“ brüllte ich

Herrn Flippen und ebenso Herrn Hersh zu. Da Schweine langsam waren, war Herr Hersh inzwischen zurückgekehrt, um sich mit uns zu unterhalten.

Ich fragte Herrn Hersh, warum Schweine so unbeliebt seien. Er sagte, daß nächsten Montag ein Regierungsbericht erscheinen würde und sich die cleveren Anleger deshalb im Vorfeld zurückhielten. Diesen ruhigen Mann im orange-weiß-karierten Kittel umgab etwas Wehmütiges, sogar Trauriges, aber ich konnte nicht lange genug bleiben, um herauszufinden, woran das lag. Herr Epstein wartete ungeduldig darauf, an seinen Schreibtisch zurückzukommen, und Herr Flippen informierte mich, daß der Maisstand im Chicago Board of Trade in 30 Minuten schließen würde. Wir verließen den Saal der Mercantile Exchange so schnell wie möglich und verabschiedeten uns vom Sicherheitspersonal. Ich lief mit raschen Schritten hinüber zum Board of Trade.

Das Innere dieses Art Deco-Meilensteins war ebenso beeindruckend wie die Fassade. Der Innenraum wurde durch Schiffslaternen erleuchtet und war mit Marmorwänden ausgestattet, die mit aufwendiger Filigranarbeit aus Metall verziert waren. Ein ABC-Fernsehteam interviewte in der Eingangshalle Händler der Weizenterminkontrakte für einen Dokumentarfilm über die Auswirkungen der Dürre im Südwesten. Die Händler auf der Longseite des Weizenterminmarktes machten ein sehr glückliches Gesicht.

An der Sicherheitskontrolle neben dem Eingang zum Börsensaal wurde ich von John Sullivan mit dem Namensschild „SJJ“ empfangen. Er war Lind-Waldocks Mann im Board of Trade.

Ich glaube, Herr Sullivan war vorgewarnt, daß ein exzentrischer Lind-Waldock-Kunde herüberkommen würde, um seinem eigenen Maishandel über das Parkett nachzulaufen. SJJ bemühte sich so freundlich wie möglich damit umzugehen, sogar nachdem ich ihm erklärte, daß ich „einen September 170 verkaufen“ wollte und ihn anschließend fragte, was das eigentlich bedeute. Herr Sullivan erklärte geduldig, daß ich einen Maiskontrakt, der 5.000 Scheffel repräsentierte, für $ 170 an jemand anderen verkaufte. Dabei sei zu hoffen, daß ich ihn zu einem niedrigeren

Kurs zurückkaufen könnte, bevor der Vertrag im September auslief, anderenfalls müßte ich Extra-Geld oder den Mais beschaffen.

Er eskortierte mich in den Börsensaal und hinüber zum Maispit, wo ich Marty Dickman, Lind-Waldocks Maismann, kennenlernte.

„Bohnen erholen sich", brüllte jemand. Es gab so viele Schreie aus dem angrenzenden Bohnenpit, daß ich mich weit ins Maispit hineinlehnen mußte, um zu verstehen, was die Maisbieter sagten. „Treten sie nicht in die Pit, kommen sie zurück", warnte Herr Sullivan und zog mich am Pulli. Ich trat einen Schritt zurück, während Herr Dickman mit seinen Fingern ungefähr zwanzig seiner Kameraden anwackelte, bis einer meinen Mais gekauft hatte.

Herr Sullivan informierte mich, daß ich meine 5.000 Scheffel an Cargill verkauft hatte, einem der größten Landwirtschaftskonglomerate im Mittleren Westen! Das war die zweite große Aufregung des Tages. Als ich über die Riesenmenge Mais nachdachte, die ich verkauft hatte, mußte ich an meine Mutter denken, wie sie mit ihrem Sommergarten kämpfte. Hier war ich nun in Chicago, hatte mich immer geweigert, meiner Mutter beim Gießen und besonders beim Unkrautjäten zu helfen, bekam für mehr Mais, als sie in ihrem ganzen Leben je hätte anbauen können, Geld bezahlt und machte ein Geschäft mit einem Giganten der Branche. Das beweist doch, daß die Landwirtschaft keine Plackerei sein muß, wenn man sie auf die moderne Art betreibt.

Meine gehobene Stimmung war kurzlebig. Vielleicht hatte Herr Dickman, der Maishändler, mich lächeln sehen. Jedenfalls mußte er plötzlich einige ziemlich negative Dinge loswerden, die ich wie folgt notierte:

„Als ich neu hierherkam, war ich Herr Möchtegern. Ich hatte einen Abschluß in Jura, und hier gab es all diese Ex-Polizisten und Truckfahrer und Leute mit einem 200-Wort-Vokabular, die in den Pits handelten. Ich malte mir also aus, daß ich mich dumm und dämlich verdienen würde, oder? Bei dieser Konkurrenz, wie konnte ich da verlieren? Dann falle ich fürchterlich auf die Schnauze. Dann falle ich nochmal fürchterlich auf die Schnauze.

Wissen sie, was ich hier unten gelernt habe? Demut. Disziplin. Kommen sie mit jeglichem Anflug von Überlegenheit in dieses Geschäft, und sie sind ein toter Mann.

Früher oder später werden sie herausfinden, wer sie sind. Und darum geht es bei diesem Spiel – herauszufinden, wer sie sind. Die Leute sagen, der Markt macht dies oder das, und sie fangen an zu glauben, daß sie ihn verstehen können. Sie stellen fest, daß sie sich irren. Sie können ihn nicht verstehen. Der Markt ist ... der Markt ist wie Gott."

Nach dieser außerordentlichen Ansprache verschwand Herr Dickmann in der Mitte des Maispits. Herr Sullivan, der schweigend neben mir gestanden hatte, brachte mich an den Ordertisch zurück, so daß ich meinen Maisverkauf registrieren lassen konnte. Ich hatte 5.000 Scheffel verkauft, und der Erlös war meinem Depot bereits gutgeschrieben worden.

Ich ging hinauf in die Besuchergalerie, um zu beobachten, wie der Weizenmarkt geschlossen wurde. Wenige Sekunden vor der Schlußglocke um 14.00 Uhr begann es auf dem ganzen Parkett zu wüten, als ob alle Händler gleichzeitig epileptische Anfälle bekommen hätten. Nachdem die Glocke geläutet hatte, war es so still wie in der Kirche beim Gebet. Auf der Anzeigetafel über meinem Kopf konnte ich sehen, daß der Maispreis bereits um ein Zehntel eines Cents gefallen war. Was für die wirklichen Farmer schlecht war, war gut für mich.

24

Mein Super-Gewinn in den Terminmärkten

Wenn Sie die Wahrheit wissen wollen, so hatte ich bei all dem, was ich getan hatte, meine Bedenken. Diese Bedenken verstärkten sich mit der Nachricht, die mich erwartete, als ich vom Maispit in mein Hotel zurückkam. Sie stammte von Lind-Waldock, und ich las, daß ich aufgrund einer plötzlichen Nachschußpflicht bereits $ 2.500 über meinen Kontostand hinausgeschossen war. Zu einer Nachschußpflicht kommt es, wenn die Kurse für ein Warentermingeschäft sich zu den eigenen Ungunsten entwickeln und man gezwungen ist, noch weiteres Geld auf das Konto einzuzahlen, um die Schuld zu decken. Wenn man das Geld nicht einzahlt, dann kann es passieren, daß Positionen liquidiert werden – was in meinem Fall nicht einmal eine Stunde nach dem Kauf passieren würde.

Ich rief sofort bei Lind-Waldock an, und der Telefonangestellte und ich versuchten, dieses Durcheinander zu entwirren. Waren die Schweinebäuche in der Zeit, die ich gebraucht hatte, um von einer Börse zur anderen zu laufen, abgestürzt? War der Deutsche Mark-Straddle um uns herum zusammengebrochen? Gemeinsam fanden wir schließlich heraus, das die Option auf den japanischen Yen das Problem war. Jeder Kontrakt involvierte zehnmal mehr Yen als ich gedacht hatte. Herr Epstein und ich hatten eine Zehnerstelle auf dem Investmentmenü übersehen.

Die Kontrolle über 12 Millionen Yen anstelle von 1,2 Millionen zu besitzen, war eine berauschende Aussicht, aber es bedeutete, daß die Optionen nicht wie angenommen $ 214 sondern $ 2.140 gekostet hatten. Da ich ursprünglich nur $ 2.000 in mein Depot eingezahlt hatte, blieb mir nicht genügend Spielraum, um all meine Verbindlichkeiten zu decken.

Selbst wenn ich meine Yen-Anlage decken wollte, so fühlte ich mich doch nicht danach, zum American Express-Büro zurückzugehen und weitere Reiseschecks zu kaufen. Ich fragte den Telefonangestellten also, was ich tun sollte, und er schlug vor, daß wir meine Yenposition sofort verkaufen sollten.

Ein paar Minuten später rief er wieder an, um mir mitzuteilen, daß der Yen während der Stunde oder so, in der ich ihn besessen hatte, gestiegen sei, so daß ich nach Abzug der Kommissionen letztlich $ 25 Gewinn machen würde. Das war mein erster Triumph in den Warenterminmärkten in Chicago, und ich war stolz darauf. Gleichzeitig besaß ich immer noch die Shortposition von 5.000 Scheffeln Mais. Außerdem besaß ich nach wie vor die Option auf 30.000 Pfund Lebendschwein und den mysteriösen Deutsche Mark-Straddle.

Rechnete man alle Soll- und Habenpositionen in meinem Depot gegeneinander auf, einschließlich der Gutschrift über $ 437,50 für meinen Maisverkauf, so hatte ich derzeit $ 1.417,50 ausgegeben. Damit standen mir noch weitere $ 600 an Kaufkraft zur Verfügung.

Obwohl das Yenproblem nun gelöst war, machte mir immer noch etwas Sorgen. Ich überprüfte, was sich bisher ereignet hatte, und erkannte, was nicht in Ordnung war. Bei den Händlern, die mir begegnet waren, hatte ich keine Anzeichen für die großen Reichtümer, die in den Warenterminen gemacht wurden, erkennen können. Wo waren die Millionäre, die großen Fische mit ihrem teuren Kokainkonsum, die Besitzer karibischer Inseln, die wir mit diesem fantastischen Geschäft verbinden? Wo war all der Champagner und Kaviar? Wo standen die Lear Jets, bereit zum Abflug nach Paris? In all den verschiedenen Pits und den darüberliegenden Büros hatte ich nicht ein einziges fettes Bankkonto bemerkt, noch hatte ich davon gehört, daß irgend jemand schnellverdientes Geld erwähnte. Die Geschichten, die ich bisher gehört hatte, kreisten um Demut, Kampf und Desillusion.

Vielleicht waren diese Händler einfach nur gerissen. Am Tag nachdem ich meine Positionen erstanden hatte, ging ich zu den Pits zurück, in der Hoffnung, wenigstens einen Händler zu treffen, der mir erzählen würde, was er mit seinen Millionen angestellt hatte. Oder der mich vielleicht mit anderen bekannt machen würde, die das große Geld gemacht hatten. Ich stand an der Sicherheitskontrolle und mußte meine neuen Bekanntschaften per Lautsprecher ausrufen lassen.

Howard Schless, der Yen-Mann, konnte nicht ausfindig gemacht werden, aber ich hatte meinen Yen-Kontrakt ja sowieso verkauft. Ron Eglund, der Deutsche Mark-Mann freute sich, mich wiederzusehen. Er erwähnte, daß er im Börsenausbildungskomitee sei und gerade von einer Lehrstunde für künftige Händler zurückgekommen wäre. Jede Woche gab es einen neuen Lehrgang, der immer montags begann. Nach eineinhalb Stunden Scheinhandel am Mittwoch und einer kurzen schriftlichen Prüfung am Donnerstag wurden die Neulinge am Freitag in die Pits integriert, um für ihr eigenes Depot mit echtem Geld zu spielen.

Ich fragte Herrn Englund nach Namen von Händlern, die reich geworden waren. Er sagte, es gebe einige, aber ihm würde niemand einfallen, den ich im Moment interviewen könnte.

Gegenüber im Lebendschweinpit, das wie immer leer war, begrüßte ich Sonny Hersh in seinem karierten Kittel. Er blickte nach wie vor niedergeschlagen drein, und ich hatte ihn kaum begrüßt, als er die Bombe platzen ließ, die er gestern hatte verbergen müssen. „Ich habe $ 140.000 verloren", sagte er einfach. „Und ich versuche immer noch, es auszugleichen."

Er erzählte mir, wie er vor zehn Jahren anständiges Geld in den Landwirtschaftspits gemacht hatte, aber durch die Ereignisse in den Aktienindexpits davongelockt worden war. Nach einem anfänglichen Erfolg riskierte er dort immer mehr Geld für Aktienindexfutures und lieh sich sogar Geld, um aufzustocken. Eines Tages wendete sich der Markt gegen ihn, und er verlor alles, was er besaß. „Es hatte mich zehn Jahre gekostet, das alles aufzubauen, aber nur einen einzigen Tag, um mich zu ruinieren", sagte er. „Nur einen einzigen Tag, das war genug."

Von da an bekam er die Auflage, nur auf Kommission zu arbeiten, und trug die Doppelbelastung, eine Familie ernähren und gleichzeitig seine Schulden abzahlen zu müssen, auf seinen Schultern. Die Schuld an seinen Schwierigkeiten gab er nicht der plötzlichen unerwarteten Bewegung in den Aktienindexfutures, sondern einer Schwachstelle in seinem Charakter. Diese glaubte er nun korrigiert zu haben. Er hoffte, eines Tages wieder mit eigenem

Konto in den Lebendwarenterminmärkten zu handeln, so wie er es immer getan hatte, bevor er sich selbst den Garaus machte.

Das war das zweite Mal, daß ich psychologische Hinweise gehört hatte – zuerst von Herrn Dickman am Maisstand („Früher oder später werden sie herausfinden, wer sie sind.“) und jetzt von Herrn Hersh („Es hat mich nur einen Tag gekostet, um mich selbst zu ruinieren.“). Mir kam der Verdacht, daß gewöhnliche Händler diese Märkte nicht als Goldgruben betrachteten, sondern eher als eine rauhe Form der Realitätstherapie, in der ihre Schwachstellen enthüllt und finanziell bestraft wurden. Sie konnten bestenfalls hoffen, sich niederzulassen und ein bescheidenes Leben zu führen. Diese Tatsache war von der aufregenden Straße zum Reichtum, die man der breiten Masse immer präsentiert, sehr weit entfernt, und ich sah die Kummerfalten im Gesicht des demütigen Herrn Dickmann und des sanften und symphatischen Herrn Hersh.

In der Zwischenzeit lief LQ-001 vorbei, die Frau, die mir meine Schweine verkauft hatte. Ich rief ihr zu, sie solle warten, und sie stellte sich vor. „Elizabeth Quattrocki“, sagte sie. Sie war groß, trug ein Businesskostüm aus Tweed und sah ungefähr wie 25 aus. Ich fragte sie, was sie in den Lebendschweinoptionen machen würde. „In den Sommerferien handle ich“, sagte sie. „Mit dem Konto meines Vaters.“ Ihr Vater sei ein ehemaliger Shakespeare-Gelehrter, den ich, wie sie mir sagte, in der Pit für Lebendvieh finden würde, obwohl mich Frau Quattrocki davor warnte, dort hinüber zu gehen. „Versuchen sie heute nicht, mit ihm zu sprechen“, riet sie mir. „Sie hätten gestern mit ihm sprechen sollen. Der Markt war gestern Limit-up, heute ist er um 80 gefallen.“

Frau Quattrocki vermutete, daß ihr Vater mit Termingeschäften auf Lebendvieh weit mehr Geld verdiene, als dies je mit Shakespeare der Fall gewesen war. Eigentlich hatte er sich diese neue Karriereleiter gewählt, um seine Familie besser versorgen zu können. Sie selbst hätte angefangen, mit Schweineterminfutures zu handeln, um sich die Studiengebühren für ihr Medizinstudium in Yale zu verdienen.

Ein Medizinstudium in Yale ist nicht billig, und diese Tatsache, gekoppelt mit dem Umstand, daß Frau Quattrocki die Gegenseite zu meiner Longposition in den Schweinefutures gewählt hatte, führte mich dazu, sie unverblümt zu fragen, ob ich verkehrt gehandelt hätte. „Ich hoffe doch“, sagte sie. „Denn falls sie gewinnen, verliere ich. Wir spielen ein Alles-oder-Nichts-Spiel, das wissen sie doch, oder?“ Herr Epstein hatte dasselbe gesagt, aber ich hatte diese Erkenntnis nicht wirklich verinnerlicht, bis ich sie am Rande der Schweineterminpit aus dem Mund einer Rivalin vernahm.

Ich gab an Ort und Stelle klein bei und bot Frau Quattrocki an, die beiden Schweine-Calls, die ich von ihr gekauft hatte, wieder an sie zu verkaufen – zum Selbstkostenpreis –, so daß wir uns beide wenigstens glattstellen würden. Sie lehnte höflich ab. Sie hatte gehört, daß Merrill Lynch einsteigen und „den Markt mit Papieren zuschütten“ würde, was nach ihrer Prognose die Schweinepreise schwächen würde, so daß sie über ihre Shortposition glücklich war und mich auf der anderen Seite schmoren ließ.

Nach einem zweiten Tag im Börsensaal hatte ich immer noch keine großen Fische getroffen. Die erfolgreichste Person, die ich getroffen hatte, war Frau Quattrocki, und sogar sie mußte sich um ihre Studiengebühren Sorgen machen. Wann auch immer mir ein Händler eine Geschichte über einen anderen Händler, der ungeheuer reich geworden war, erzählte, dann hatte dieser Glückspilz immer die Börse verlassen, war aus der Stadt verschwunden und hatte keine neue Adresse hinterlassen, oder der Erzähler konnte sich vielleicht gar nicht mehr an dessen Namen erinnern.

Herr Epstein machte mich mit Jeff Zaret bekannt, einem 25jährigen, der die Pit für Aktienindextermine dem College vorgezogen hatte. Ich besuchte Herrn Zaret in seinem Büro in einem der höheren Stockwerke. Dort habe ich ihn, glaube ich, von einem kleinen Schläfchen auf der Couch geweckt. Er hatte ein gutmütiges Zwinkern in den Augen, Ansätze von einem Spitzbauch und einen Zweitagesbart. Als ich ihn fragte, ob er irgendwelche Millionäre kenne, sagte Herr Zaret, daß er einst neben einem Mann in der Aktienindexpit gestanden sei, der in drei

Stunden $ 650.000 verdient hatte. Genau wie alle anderen konnte sich Herr Zaret nicht an den Namen des Mannes erinnern. Schon bald erzählte er mir die Geschichte seines eigenen Überlebenskampfes in diesem Geschäft, in dem es „immer schwieriger wird, einen Gewinn zu machen."

„Es gibt soviel Konkurrenz bei den Margen, so daß viele Leute dem letzten mickrigen Dollar hinterherlaufen", sagte er, „so daß es immer spärlicher für Leute wie mich wird. Meinen Börsensitz miete ich mir immer noch von jemand anderem. Ich hätte gerne einen eigenen, aber das kann ich mir nicht leisten." Herr Zaret sagte, daß er vielleicht nach Singapur umziehen und dort handeln oder vieleicht sogar aufs College zurückgehen würde.

Das große Schreckgespenst der Warenterminhändler war der „Out-Trade". Das ist die Bezeichnung dafür, daß man während des Tages einen profitablen Deal gemacht hat, die andere Seite der Transaktion beim Auseinanderklamüsern der Verkäufe und Käufe am Nachmittag jedoch abstreitet, daß er jemals stattgefunden hat. Es gab regelmäßige Anhörungen, um solche Streitigkeiten zu schlichten, aber oft war es besonders in den stark überfüllten Pits unmöglich, zu beweisen, wer zu wem signalisiert hatte. „Out-Trader" gab es in den Tagen, als die Händler noch befreundet waren und Ehrgefühl besaßen, selten. Heute gehörten „Out-Trader" zum Tagesgeschehen.

Je mehr ich über das Geschäft erfuhr, desto gefährlicher erschien es mir. Wenn es für die Vollzeithändler schon so schwierig war, Geld zu verdienen, was hatten dann erst die Kleinanleger für eine Chance? Alles was ich gesehen und gehört hatte, schien den Werbeanzeigen zu widersprechen.

Wieder ging ich zu Herrn Epstein von Lind-Waldock zurück, um meine Bedenken mit ihm zu teilen. Er war von Anfang an ehrlich und aufrichtig gewesen. Er erklärte mir, daß die Dinge sogar schlechter standen, als ich gedacht hatte. „Es ist eine sehr schwierige Methode, sein Geld zu verdienen", sagte er. Abnutzungserscheinungen hatten die Mercantile Exchange dazu inspiriert, neue Kategorien der Mitgliedschaft zu schaffen, die es für Interessierte einfacher und billiger ermöglichte, Händler zu werden. „Diese verdammten Pits müssen ja schließlich mit frischen Kräften aufgefüllt werden!“ Neue Verlierer zu finden war ein wachsendes Problem. Die Leute aus der Presseabteilung nannten das „für Liquidität sorgen“. „Irgend jemand muß sich ja schließlich auf die andere Seite eines Handels stellen“, fuhr Herr Epstein fort.

Der Kleinanleger lieferte einen Großteil der notwendigen Liquidität, wofür die Börsen sehr dankbar waren. Tatsächlich vermutete Herr Epstein, daß zwischen 85 und 95 Prozent der Kleinanleger ihr Geld mit Termingeschäften und Optionen verloren. Vielleicht waren es sogar 97 Prozent. Das waren Leute wie Sie und ich, die gelegentlich eine tolle Idee hatten – daß Silber steigt oder Mais fällt zum Beispiel – und ihre Makler anriefen, um ein paar Kontrakte zu kaufen.

Neunundfünfzig Prozent Verlierer waren mehr als es je bei einem Roulette-Spiel, an einarmigen Banditen, auf Hunderennbahnen, Pferderennbahnen oder bei jeglichen anderen Aktivitäten, die wir als Wetten bezeichnen, geben würde! Ich war so erstaunt über diese Schätzung, daß ich sie bei einigen anderen Leuten überprüfte. Bill Murschel, der Pressesprecher beim Chicago Board of Trade, schätzte, daß 70 Prozent der Kleinanleger ihr Geld mit Termingeschäften verlieren würden. Andere meinten 80 Prozent, 85 Prozent und 90 Prozent. Und was noch wichtiger ist, sie spuckten diese Zahlen aus, als ob sie von keiner besonderen Bedeutung wären.

Niemand im Warenterminhandel schien Statistiken darüber zu führen, wie viele Verlierer und Gewinner es tatsächlich gab. Ich kontaktierte Mike Smith von der Futures Industry Association in Washington, der mir sagte, er würde keinerlei Studien zum Thema kennen und sie als „privilegierten Typ von Informationen“ bezeichnete. Er erwähnte eine Studie der Universität in Illinois, die besagte, daß 90 Prozent der Investoren ihr Geld in den Warenterminmärkten verlieren würden, aber diese Statistik stammte aus den 50er Jahren. „Es wäre nicht nur unpraktisch, so etwas heute zu erforschen, sondern es würde auch unsere Datenschutzpflicht gegenüber dem Geschäft verletzen“, sagte Herr Smith.

Von ihm erhielt ich einige Berichte über den allgemeinen Markt, die von der Futuresindustrie in Auftrag gegeben worden waren. Diese waren sehr interessant, vor allem hinsichtlich dessen, was nicht erwähnt wurde. Auf einem der Bögen fragten die Marktforscher alles Mögliche von „Was für eine Zeitschrift lesen sie?“ bis hin zu „Genießen sie das Gespräch mit ihrem Broker?“, aber sie kamen nie bis zu „Haben sie Geld gewonnen oder verloren?“ Diesem Punkt kamen sie am nächsten mit den offensichtlich beunruhigenden Fragen: „Sind sie mit ihrer Leistung zufrieden?“ und „Haben sie vor, zukünftig in Warenterminmärkten zu investieren?“ Dreißig Prozent der Befragten erklärten, sie hätten keine Absicht, eine weitere Investition zu tätigen, und daraus entahm ich, daß sie Geld verloren hatten. Falls Herrn Epsteins Schätzung korrekt war, dann war das Geldverlieren für die anderen 60 Prozent der Unglücklichen, die auf dem Markt blieben, nicht abschreckend.

Ich hielt meine Termingeschäfte und Optionen seit 48 Stunden, während denen ich von meinen Nachteilen erfuhr. Ich rief am Händlertisch von Lind-Waldock an, um meinen Fortschritt zu überprüfen, und stellte fest, daß meine $ 2.000 in zwei Tagen auf $ 2.265 angewachsen waren.

Diese Vermehrung um $ 265 hätte mich unter anderen Umständen nicht beeindruckt, aber angesichts dessen, was ich herausgefunden hatte, erschien sie mir wie eine bemerkenswerte Errungenschaft. Ich war nur zu glücklich, all meine Positionen sofort wieder abzustoßen – Lebendschweine, Deutsche Mark-Straddle und Mais. Obwohl ich geplant hatte, meine Positionen viel länger zu halten, wußte ich jetzt, daß es eine 80-95prozentige Chance gab, daß ich als Verlierer dastehen würde, wohingegen mich mein Gewinn über $ 265 in die exklusive Gesellschaft der winzigen Gewinnerclique plazierte. Als ich den Gewinn auf ein ganzes Jahr hochrechnete, ergab sich ein entsprechender Jahresgewinn von $ 47.500, was einem 1.500prozentigen Zuwachs entsprach. Eigentlich wären es fast 2.000 Prozent, aber ich bin lieber bescheiden, anstatt zu übertreiben.

Messe ich meinen Erfolg an den enttäuschenden Geschichten,

die ich von den Profis gehört hatte, kann ich sagen, ich habe einen fantastischen Gewinn in den Warenterminmärkten gemacht. Ich würde mich gerne für einen entsprechenden Fernsehwerbespot zur Verfügung stellen, vorausgesetzt, mein guter Rat Nummer 20 würde erwähnt:

»Die zurückliegende Performance verbessert sich mit zunehmendem Alter.«

25

Meine Zweifel an den Termingeschäften

Von meinen eigenen Investitionen abgesehen, gab es einige verwirrende Fragen zu Termingeschäften und Optionen, die beantwortet werden mußten. Erstens: Wenn 90 Prozent der Anleger ihr Geld verloren und es in diesem Spiel um alles oder nichts ging, wo blieb dann das ganze Geld? Ich hörte mich in Chicago um und stieß immer wieder auf die gleiche Handvoll Namen: Richard Dennis, Ray Friedman, Joel Greenberg, Aaron Itken, Barry Lind, Leo Melamed und Joe Ritchey. Ich versuchte, diese Leute zu kontaktieren, aber entweder waren sie nicht in der Stadt oder auf dem Weg, die Stadt zu verlassen, oder anderweitig beschäftigt, oder sie weigerten sich einfach, mit mir zu sprechen.

Richard Dennis war wohlbekannt dafür, Millionen mit Warentermingeschäften verdient und einen Teil davon der Öffentlichkeit für liberale Zwecke gespendet zu haben. Ich betrachtete mich ebenfalls als Öffentlichkeit. Da er mir jedoch ein Interview verweigerte, wechselte ich direkt zu seinem Gegenspieler auf der konservativen Seite, Joe Ritchey. Über Herrn Ritcheys Politik war wenig bekannt, da er kaum Informationen durchsickern ließ, aber es kursierte das Gerücht, er sei ein religiöser Fundamentalist.

Ich hörte auch noch folgende Gerüchte über Herrn Ritchey: Vor zehn oder fünfzehn Jahren war er stellvertretender Sheriff in DuPage County in Illinois und verdiente wahrscheinlich ein paar Tausender im Jahr. Er und sein Schwager starteten ein Unternehmen, das Warentermingeschäfte handelte, mit dem die beiden seither zu Multimillionären wurden. Sie nannten sich Chicago Research and Trading (CRT) und wurden zu einer der größten Handelsfirmen für Termingeschäfte und Optionen. CRT hatte 400 Angestellte, die zwei komplette Stockwerke des Chicago Board Options Exchange-Gebäudes einnahmen und gerade im Begriff waren, in ein drittes zu expandieren. Es gab einen hausinternen Industriepsychologen, eine Computeranlage, die der der NASA Konkurrenz machen konnte, eine Cafeteria, in der man frischen

Lachs bekam, und eine private Sporthalle. Herr Ritchey und seine Teilhaber kauften Farmland in Illinois auf – ein letztendlicher Triumph der theoretischen Landwirtschaft über den wirklichen Gegenstand.

Ich versuchte, mir all das von Herrn Ritchey bestätigen zu lassen, aber er antwortete nie auf meine zahlreichen Telefonanrufe. Ich bekam Thane Armstrong an den Apparat, seinen Stiefsohn, der sich anbot, mir eine Führung durch CRT zu geben. Herr Armstrong war ein großer, zugeknöpfter Mann, gutmütig wie ein Koala, der in seinen Sommercollegeferien bei CRT arbeitete. Er bestätigte den Großteil meiner Informationen, indem er damit anfing, von Herrn Ritcheys Berufsstart als stellvertretender Sheriff zu erzählen. Er erwähnte ebenfalls Herrn Ritcheys Job als Busfahrer für die Chicago Transit Authority, seine großen Begabung für Mathematik, seinen ersten Erfolg im Silberhandel in den frühen 70er Jahren; außerdem, wie er die Sojabohnen gegen Sojabohnenmehl ausgespielt hatte, wie er sich mit Freunden und Verwandten zusammenschloß, um Gold zu handeln, dann Anleihen, dann T-Bills; und wie er schließlich die verschiedenen Weltmärkte eroberte

Es wurde gemunkelt, daß CRT so groß sei, daß es die Hälfte aller in Chicago gehandelten T-Bonds kaufte und verkaufte und oft mehr Geschäfte mit Anleihen und Termingeschäften mache, als die berühmten Salomon Brothers oder Goldman Sachs, mit Milliardenumsätzen jeden Tag. Herr Armstrong sagte, davon wüßte er nichts, aber er nahm mich mit zu einem der Anleihenhändler, der darauf bestand, daß ich seinen Namen nicht verwenden dürfte. Ich darf erwähnen, daß er ein grelles Hawaiihemd trug, das demselben Zweck diente wie Herrn Hershs orange-weiß-kariertes Jackett. Der Anleihenhändler bestätigte, daß er riesige Mengen an Anleihenkontrakten abwickle, was eine große Verantwortung für einen 27jährigen sei. Er sagte, daß er auf einer Farm lebe und jeden Morgen sehr früh nach Chicago fahre, um seiner Konkurrenz ein Stückchen voraus zu sein. Das einzige, was ihm an dem Job mißfiel, war das Fluchen. „Ich wußte nicht, wie man fluchte“, sagte er. „Ich lernte es in den Pits, in denen die Anleihen gehandelt werden.“

Während wir uns unterhielten, mußten Herr Armstrong und ich eine halbe Meile gelaufen sein, Korridore auf und ab, zwischen Schreibtischen hindurch, an Computern vorbei. Er erzählte mir von der familiären Atmosphäre bei CRT und daß viele Angestellte Absolventen des nahegelegenen Wheaton Colleges seien, einer Institution, an der Unsinn nicht geduldet und Gott gefürchtet werde. Es klang so, als ob die Absolventen junge, zugeknöpfte, hart arbeitende Jesuiten in Finanzangelegenheiten seien, die in einem furiosen Tempo Millionen verdienten.

Obwohl viel über Herrn Ritcheys angeblichen Fundamentalismus geredet wurde, hatte sein Erfolg weniger mit Religion als mit Mathematik zu tun. In den wenigen Artikeln, in denen er zitiert wurde, bezeichnete er seine Methode als „das Geld vom Boden aufsammeln“. Offensichtlich waren er und seine Partner nicht so sehr die reinen Händler, sondern eher die Arbitrageure, die Risiken vermieden. Niemals hätten diese Menschen die Positionen erstanden, für die ich mich entschieden hatte, und sie ungesichert auf einer Seite des Marktes – egal ob short oder long – stehengelassen. Sie kauften und verkauften beide Seiten gleichzeitig à la Mr. Gressel, aber auf eine sehr viel kompliziertere Art.

Arbitrage bedeutet, eine Investition in eine Richtung zu machen, sie mit einer Investition in die andere Richtung abzudecken und dadurch einen sicheren Gewinn zu machen. Alles, was CRT tat, hatte ein Gegengewicht: sie würden Gold an der einen Börse kaufen, es an einer anderen wieder verkaufen und dabei den winzigen Preisunterschied einstecken. Sie würden dasselbe mit Sojabohnen, Schatzanleihen oder Silber durchführen, stets auf der Suche nach einer sicheren Rendite – eine Winzigkeit hier, eine Winzigkeit da. Mit eigenen Angestellten, die in den Pits handelten, Computern, die die Kurse verfolgten, und mit Millionen von Dollars, die sie für jede Arbitrage zur Verfügung hatten, wurden CRT und Herr Ritchey reicher und reicher.

Wie reich, das weiß ich nicht. Aber große Reichtümer wurden in Chicago von einer Handvoll Leute gemacht. Wären diese nicht so publicityscheu, würden wir sie vielleicht schon als die Nachfolger der Vanderbilts, der Jay Goulds, der Carnegies und Astors unserer Zeit kennen. Je mehr ich über die wenigen Gewinner und zahlreichen Verlierer in den Warentermingeschäften erfuhr, desto mehr war ich überzeugt, daß noch niemals so viele Menschen so viel Geld an so wenige Personen abgegeben haben. Termingeschäfte und Optionen haben vielleicht den größten freiwilligen Geldtransfer in der Finanzgeschichte der USA geschaffen.

Meine nächste Frage war: Warum gibt es diese Märkte denn überhaupt? Da ich für mich selbst keine befriedigende Antwort finden konnte, fragte ich eine Reihe der Börsen-Pressesprecher. Deren Antwort lautete: „Hedging". Um dieses Thema wurde ein großes Trara gemacht, da es den Markt für Termingeschäfte offensichtlich von den Rennbahnen und Rouletterädern unterschied und ihm eine ökonomische Berechtigung und ein nobles Gefühl der Zweckmäßigkeit verschaffte. Von den zahlreichen Steuervorteilen, die dieses Geschäft seit Jahren genießt, einmal ganz abgesehen.

In den Broschüren, die von den beiden großen Börsen herausgegeben wurden, konnte man seitenweise Beispiele für Sicherungsgeschäfte nachlesen. Von einem werde ich berichten. Nehmen wir an, Sie sind die Firma Hershey und darüber besorgt, daß der Kakaopreis steigt. Ein höherer Kakaopreis würde Ihren Gewinn aus den Süßigkeitenriegeln verringern. Gegen diese Bedrohung „hedgen" Sie, das heißt, Sie schließen ein Sicherungsgeschäft ab, indem Sie Kakao-Terminkontrakte kaufen. Eigentlich haben Sie damit einen Vertrag über eine Lieferung in der Zukunft zum Kurs von heute abgeschlossen.

Auf der anderen Seite, wenn Sie der Kakaofarmer sind und darüber besorgt, daß die Preise fallen, bevor Sie Ihren Kakao auf den Markt bringen können, machen Sie genau das Gegenteil. Sie verkaufen die Kakao-Terminkontrakte, so daß Sie sich den Tageskurs für das, was Sie später ernten werden, vorab sichern.

Das Hedging, auch als Kurssicherung bekannt, war das berühmte Grundprinzip des gesamten Marktes für Terminkontrakte vom Mais bis zu den Schatzanleihen. Sowohl das Chicago Board of Trade als auch die Mercantile Exchange beschäftigten Mitarbeiterstäbe von Ökonomen, die beweisen sollten, daß all die neuesten vorgeschlagenen Kontrakte – der Kontrakt über die Anzahl neuer Eigenheimbauten zum Beispiel – für jemanden im regulären Geschäft nützlich wären, und nicht nur für Spekulanten und Spieler. Es gab Workshops über das Hedging, Seminare über das Hedging, ganze Lehrveranstaltungen über das Hedging, die jeden erdenklichen ernsthaften Zweck untersuchten.

Was ich jedoch aus meinen Informationen aus erster Hand schließen konnte, war, daß sich ein wirklicher „Hedger" manchmal schwer finden ließ. Warenterminkontrakte in der Landwirtschaft waren seit einem Jahrhundert gekauft und verkauft worden, und trotzdem schienen die Farmer offenkundig schwache Hedger zu sein. Obwohl es wenig offiziellen Enthusiasmus für eine Zählung der Hedger gab, kam eine vor kurzem veröffentlichte Studie der Futures Industry Associaton zu dem Schluß, daß nur 5,6 Prozent aller Landwirtschaftsterminkontrakte von Farmern gekauft werden, die Sicherungsgeschäfte abschließen. Tatsächlich gaben viele Farmer dem Warenterminmarkt die Schuld an ihren wirtschaftlichen Problemen, und der einzige Grund, daß sie sich in die Nähe der Mercantile Exchange begeben würden, wäre, um sie zu bestreiken.

Auf allen anderen Märkten für Termingeschäfte hieß es offiziell, daß 10 Prozent aller Teilnehmer Sicherungsgeschäfte abschließen würden. Das bedeutete, daß 90 Prozent aller Teilnehmer Spieler waren. Mir drängte sich langsam der Verdacht auf, daß es ungefähr so viele rechtmäßige Hedger in der Landwirtschaft, den Währungen und anderen Termingeschäften gab, wie Besitzer von Rennpferden, die ihre Investments dadurch sicherten, daß sie gegen ihren eigenen Stall wetteten – was natürlich heißt, so gut wie keine. Was es statt dessen gab, war ein gigantisches Wettspiel, das als Sicherungsgeschäft getarnt war.

Ich selbst hatte an der Börse Anleger getroffen, die ihre Portefeuilles sicherten, indem sie Puts oder Calls kauften, dann aber sehr bald mehr Puts und Calls kauften, als sie zum Hedgen brauchten, und schließlich vom Put- und Callgeschäft gänzlich verschlungen wurden und die Aktien ganz und gar vergaßen. Dasselbe ist vielleicht mit Firmen wie Salomon Brothers passiert, die damit begannen, Terminkontrakte auf Anleihen zu kaufen, um ihre hauseigenen Anleihenportefeuilles zu sichern, aber schon bald kräftig nur um der Spekulation willen mit Terminkontrakten auf Anleihen spekulierten.

All das diskutierte ich mit Lester Telser, einem Wirtschaftsprofessor an der Universität von Chicago und bekanntem Experten für den organisierten Markt für Terminkontrakte. Er zweifelte etwas daran, daß die Gewinne aus den Termingeschäften die sozialen und ökonomischen Kosten überwiegen. Wenn der Markt für Termingeschäfte in seiner derzeitigen Zusammensetzung eine so wichtige Absicherung für die großen Unternehmen darstellte, warum schwankte dann die Popularität verschiedener Kontrakte so stark und warum würden manche gar nicht mehr gehandelt? Wenn das Sicherungsgeschäft wirklich so wichtig für das Wohl der Industrie wäre, warum könnten dann so viele Industrien ausgezeichnet ohne es überleben? Das sind meine theoretischen Fragen, nicht seine.

Ich kontaktierte außerdem Jim Stone, den ehemaligen Vorsitzenden der Commodity Futures Trading Commission, derjenigen Behörde, die das Geschäft reguliert. Herr Stone hedge seine negative Meinung nicht ab. „Der Handel mit Warenterminkontrakten ist schlicht und einfach ein legalisiertes Glücksspiel", war eine seiner Bemerkungen. Eine weitere lautete: „Das Wachstum hat in der letzten Zeit nachgelassen, weil die Gierigen sich zur Zeit sehr verschlissen haben." Eine andere: „Diese Märkte sind wie ein Abendessen. Die Speisenden sind die Händler, die Arbitrageure, die Broker. Sie verfüttern den Kleinanleger, der als Essen fungiert." Herr Stone schloß damit, indem er die „gierigen Akademiker" verteufelte, denen hohe Gebühren bezahlt würden, damit sie zu dem Schluß kamen, daß Termingeschäfte einen nützlichen wirtschaftlichen Zweck hätten – was sich in ihrem eigenen Fall natürlich bewahrheitete.

Herr Epstein hatte erwähnt, daß Kongreßabgeordnete und andere VIPs jedesmal, wenn sie nach Chicago kämen, $ 1.000 verdienen würden, nur dafür, daß sie mit ihren Wagen an der Terminbörse vorbeifuhren. Ob dies allerdings dazu beitrug, den

Kongreß davon zu überzeugen, daß Termingeschäfte einen ökonomischen Zweck erfüllen würden, konnte er nicht mit Sicherheit sagen.

Eine weitere beliebte Theorie über den Markt war, daß Terminkontrakte in direktem Bezug zu den zugrundeliegenden wirklichen Waren stünden, zum Beispiel zu wirklichen Eiern, wirklichen Schweinen, wirklichem Gold. Aus meiner begrenzten Erfahrung heraus bezweifelte ich dies ebenso. Die Leute, die ich beim Sojabohnenhandel gesehen hatte, würden damit weitermachen, noch lange nachdem die letzte bekannte Sojabohne zu Tofu verarbeitet worden war. Nach ein paar Tagen in Chicago ist die Beziehung zur physischen Realität revidiert. Man beginnt, als Händler zu denken und verliert das Interesse an realen Objekten. Im Saal der zwei Börsen beobachtete ich sehr genau, daß die Händler fast nie aufsahen, um den Kassakurs – gleich welcher Ware, mit der sie handelten – zu überprüfen.

Sie haben sicherlich von der Person gehört, die Zwiebel-Terminkontrakte kaufte und plötzlich 20 Wagenladungen Zwiebeln vor ihre Haustüre geliefert bekommt. Obwohl dies gelegentlich passiert, ist die Geschichte irreführend. Ein eingeschworener Terminkontrakthändler würde wahrscheinlich nicht bemerken, ob Zwiebeln vor seiner Haustüre liegen oder nicht. Er wäre in seine Computerausdrucke vertieft, um herauszufinden, ob er ein Plus oder ein Minus gemacht hat.

Ich überprüfte diese Erkenntnisse mit den Leuten vom Pressebüro, die mich daran erinnerten, daß ohne echte Sojabohnen keine Möglichkeit der Abwicklung bestünde, und damit Millionen von Dollar in Sojabohnen-Terminkontrakten bedeutungslos seien. Ich fand, daß darin auch Vorzüge lägen. Eine echte Sojabohne war eine Bedrohung, die am Verfallstag über die Köpfe derjenigen Händler gehalten werden konnte, die sich vor ihren Verpflichtungen drücken würden. Indem sich das Geschäft weiter kultiviert, wird die Bedrohung durch eine echte Sojabohne weniger notwendig.

Ich wurde ebenfalls über die neuesten Fortschritte hinsichtlich der Ausmerzung von Betrügereien und Mißbrauch informiert, die der Durchschnittsspekulant in den Warenterminmärkten erleidet. Industrie und Regierung haben sich hier zusammengeschlossen, um mit vereinten Kräften für einen faireren Handel zu sorgen. Ehrlich gesagt konnte ich kaum glauben, daß irgend jemand nicht schlafen konnte, weil er über einen Markt nachdachte, auf dem 80 bis 90 Prozent der Teilnehmer sowieso ihr ganzes Geld verloren – aber es gab Jahrestreffen und die Commodity Futures Trading Commission gab häufig neue Regularien heraus.

Die CFTC wurde 1975 gegründet, um die 82 verschiedenen Warenterminkontrakte, die an acht verschiedenen US-Börsen gekauft und verkauft wurden, zu überwachen und gleichzeitig sicherzustellen, daß ein Großteil der Spekulanten ihr Geld auf ordentliche, vernünftige und effiziente Weise verlor. Ich besuchte die CFTC in Washington in ihren neuen Büroräumen in der Nähe der OTC-Zentrale. Am Ende einer Halle, hinter Flaggen und dem Bild des Präsidenten, sah ich ein oder zwei Menschen umherwandeln.

Während ich darauf wartete, mit Nick Memoli zu sprechen, einem Ökonomen, der dem Stab angehörte, fiel mir eine Broschüre mit dem Titel „Commodity Futures Trading Commission: Die ersten 10 Jahre" in die Hände. Sie war wie ein guter Detektivroman aufgebaut und vermittelte einen besseren Überblick über das Termingeschäft als irgend etwas anderes, das ich bisher gesehen hatte.

„Off and Running" hieß das erste Kapitel, in dem es um die Eröffnung der neuen CFTC mit 240 verwirrten Angestellten ging, die aus anderen Agenturen transferiert worden waren. Während sich diese Angestellten in ihren vorübergehenden Büros im Erdgeschoß einrichteten, wurden Terminkontrakte im Wert von $ 572 Milliarden gehandelt, die sie regulieren sollten. Diese Menschen sollten über die Lizenzvergabe für 22.000 Broker, Handelsberater, Warenterminhändler, die im Pool zusammenarbeiteten, und Parketthändler bestimmen. Sie mußten einen ökonomischen Zweck für Dutzende von neuen Terminkontrakten finden.

Außerdem mußten sie gegen Jack Savage vorgehen. Aufgrund einer früheren Gefängisstrafe wegen Briefbetrugs und einer vom

Gericht verfügten Sperre für den Handel mit Wertpapieren und Anleihen war Herr Savage aus Chicago die erste Person, die man nicht für geeignet hielt, um Warenterminkontrakte zu verkaufen. Herr Savage war ein Beispiel für die Anziehungskraft der Warentermingeschäfte, die der CFTC-Vorsitzende William Bagley als „eine der schlimmsten lüge-am-Tag-und-hau-ab-in-der-Nacht-Operationen der Finanzwelt" bezeichnete.

Im Mai 1976, kurz nachdem die Agentur ihre Räume bezogen hatte, kam es zur Kartoffelkrise. Die New York Mercantile Exchange, eine Ostküstenversion der Börsen, die ich beschrieben habe, benachrichtigte die Regierung von Mißständen beim Kartoffelkontrakt von Maine. Offensichtlich waren nicht genügend theoretische Kartoffeln vorhanden, um die theoretischen Kartoffellieferungen zu decken. Um dieses Problem anzugreifen, wandte sich die CFTC an ihre hauseigenen Rechtsanwälte, Prüfer und Ökonomen. Wo die Rechtsanwälte, Prüfer und Ökonomen die Extra-Kartoffeln herzauberten, darüber bin ich mir nicht im klaren, aber die Krise war zu jedermanns Zufriedenheit gelöst. Zumindest bis zum folgenden Jahr, als es eine zweite theoretische Kartoffelmißernte gab.

Nachdem 170 gerichtliche Vorladungen ausgegeben und etwa 200 Personen zu den fehlenden Kartoffeln befragt worden waren, ging die CFTC gerichtlich gegen neun Händler auf der Kaufseite, fünf Händler auf der Verkaufsseite und die Kartoffelbörse selbst vor. Dann wurde die Aufmerksamkeit auf Kaffee umgelenkt. Zwei Kaffeehändler besaßen 82 Prozent der Kaufpositionen und es war auf der ganzen Welt nicht genügend Kaffee vorhanden, um deren „C" (für Kaffee) -Kontrakte mit Fälligkeit September 1976 zu decken. Physische Kaffeetrinker konnten sich während einer physischen Knappheit auf physischen Tee umstellen, aber in den Termingeschäften gab es keine solche Zuflucht. Später konspirierten dann der Frost in Brasilien, Flutwellen in Kolumbien, ein Erdbeben in Guatemala und der Bürgerkrieg in Angola gemeinsam gegen die Kaffeekontrakte, so daß es 1977 drei weitere theoretische Kaffeemißernten gab.

1977 studierte die CFTC das Hedginggeschäft. Das war vielleicht ein taktischer Fehler. Nach einer Umfrage unter den Farmern fand die Agentur heraus, daß Farmer normalerweise keine Sicherungsgeschäfte tätigen – ein unangenehmes Ergebnis, wie ich bereits erwähnt habe. Um das wiedergutzumachen, wies die Studie darauf hin, daß 30 Prozent der Farmer mit einem Jahreserlös über $ 10.000 die Terminkontraktkurse als Geschäftsbarometer verfolgten – wonach die Terminkontrakte letztlich doch noch für irgend etwas nützlich waren. Später definierte die CFTC das Sicherungsgeschäft neu und unterschied zwischen dem regulären Sicherungsgeschäft und dem „bonafiden Sicherungsgeschäft". Ich habe mir den Unterschied immer wieder durchgelesen und ihn immer noch nicht verstanden.

1976 verfogte die CFTC-Crew die Hunt-Brüder aus Texas, weil diese das Limit für Spekulationspositionen in den Sojabohnenkontrakten verletzt hatten. Daß die Hunts schon mit den Sojabohnen Schwierigkeiten machten, bevor sie mit Silber Schwierigkeiten machten, wissen die wenigsten. Die CFTC zwang die Hunts zu $ 500.000 Geldstrafe und sperrte sie für zwei Jahre vom Sojabohnenhandel aus – obwohl sich die Agentur im Fall von Nelson Hunt etwas erweichen ließ und ihm gestattete, sich weiterhin zumindest im bonafiden Sicherungsgeschäft zu engagieren. Vielleicht trieb ja die Sojabohnensperre die Hunt-Brüder in das Silbergeschäft.

Ein Jahr später richtete die CFTC all ihre Aufmerksamkeit auf einige Probleme mit den Londoner Warenoptionen. Dort waren offensichtlich Horden widerwärtiger Schieber aufgetaucht. Einer der widerwärtigsten, laut Broschüre, war Herr James Carr. Offensichtlich hatte Herr Carr Optionen verkauft, die nicht ordnungsgemäß registriert waren – obwohl das schwer zu sagen war, da er sich nicht damit belastet hatte, Buch zu führen. Er wurde in Boston gefangengenommen. Fünf Tage später gab das FBI bekannt, daß Herr Carr gar nicht Herr Carr sei, sondern ein entlaufener Schwerverbrecher, der verschiedene Decknamen benutzt hatte.

1978 legte William Bagley, der ursprüngliche Vorsitzende der CFTC, sein Amt nieder. Er kommentierte dies damit, daß nach den verständlichen Startproblemen nun inzwischen alles reibungslos vonstatten gehe.

1979 gab es aus den bekannten, stets wiederkehrenden Gründen Schwierigkeiten mit dem März-Weizen. Der Weizen der Terminkontrakte überstieg den vorhandenen, lieferbaren Vorrat. Es gab ähnliche Notfälle mit Kartoffeln, Kakao und Kaffee. Die CFTC griff erneut ein, um den illegalen Verkauf von Optionen zu stoppen, fuhr damit fort, verschiedene Fälle der Mais-, Weizen- und Kartoffelmanipulation zu verfolgen und erhob Anklage gegen die Kaffeemanipulatoren.

Aus dem Getreideembargo von 1980 ergaben sich abermals die üblichen Schwierigkeiten.

Seither hatte es einige beherzte Versuche gegeben, Broker und Fondsspekulanten zu lizensieren, Händler zu überprüfen, Manipulatoren zu überwachen, Betrügern Einhalt zu gebieten und die illegalen Waschküchen auszurotten, während der Markt für Termingeschäfte sich verzehnfacht hatte.

Dazwischen überprüfte die CFTC weiterhin in allen Einzelheiten eine lange Liste mit Anträgen auf Zulassung neuer Terminkontrakte und Optionen, um über deren ökonomischen Zweck zu entscheiden. Als ich Herrn Memoli, den Ökonomen des Stabs, dazu befragte, sagte er, daß er sich nicht erinnern könne, daß die Agentur jemals einen Kontrakt abgelehnt hätte.

In Zukunft wird es also demnach wahrscheinlich noch mehr Termingeschäfte geben. Der NASDAQ-100 Terminkontrakt, der S&P-OTC-Einzelindex, der US-Dollar-Index, Kakao-Optionen, Orangensaft-Optionen, Optionen auf europäische Währungseinheiten, Yen-Optionen, Dreimonats-Schatzwechsel-Optionen, Kupfer-Optionen und langfristige Optionen auf den Öffentliche Anleihen-Index wurden bereits genehmigt. Auf dem Vormarsch sind Treasury-Repos, Treasury-Strips, der Euroanleihen-Index, ein Informationsverarbeitungs-Index, der Petroleum-Index, der S&P-Hightech-Index, der Gebrauchsgüter-Index, der *Financial Times*-100-Aktienindex, der Gebrauchsgüter-Aktienindex, der Japan-Aktienindex, der Comex-Aktienindex, der Kanada-Marktindex, der PSE-Technologie-Index und der NYSE-Beta-Index;

außerdem den Eigenheim-Neubauten-Terminkontrakt, den Einzelhändler-Neuwagenverkäufe-Terminkontrakt, den Fünfjahres-US-Treasury-Index, den Earnings-Index, den Future-Price-Index und den Index auf Mais mit hohem Fruktosegehalt. Diese Liste habe ich von Herrn Memoli bekommen.

Es gibt übrigens auch einen Schiffsfracht-Terminkontrakt. Vielleicht gibt es bald auch Terminkontrakte für Regenfälle, für die Vorwahlen der Demokraten und die Krankenhaus-Belegungszahlen.

26

Mein ethisches Dilemma

Ohne Warentermin-Kontrakte, aber immer noch in Chicago, überprüfte ich meinen Fortschritt. Bis Mitte Juli hatte ich in meinem Lind-Waldock-Depot $ 265 Gewinn gemacht; dazu kamen die $ 400 aus den Aktienindex-Optionen, die ich dank Herrn Crawford schon vor einiger Zeit gekauft hatte. Diese $ 715 waren der einzige Gewinn, den ich bis zum heutigen Tage verzeichnen konnte. Außerdem hatte ich die Hälfte meiner Angstrom-Aktien mit einem Verlust von $ 700 verkauft – womit ich mich also mehr oder weniger glattstellte.

Inzwischen besaß ich nach wie vor die 53 Gillette-Aktien zu $ 88 pro Stück – ein Gewinn von $ 450 – und die übriggebliebenen 2.500 Angstrom-Aktien, die jetzt nur noch 85 Cents pro Stück wert waren – ein Verlust von $ 2.100. Alles in allem war ich mit $ 1.650 im Minus.

Ich beschloß, mich auf die geringen positiven, wenn auch wundersamen Resultate aus meinem Chicago-Handel zu konzentrieren. Obwohl diese $ 265 nicht einmal meine Hotelrechnung deckten, beschloß ich, mich weiter in Chicago herumzutreiben und nach dem nächsten cleveren Schritt Ausschau zu halten, den es zu tun gab. Es dauerte nicht lange, bis ich fündig wurde.

Ich hatte Nachrichten von zu Hause erhalten, daß Herr Bermont, der Broker meiner Frau, ihr empfohlen hatte, so bald wie möglich Loews-Aktien für ihr eigenes Depot zu kaufen. Ein Investitionsgenie namens Laurence Tisch, der Loews kontrollierte, benutzte seine Firma, um Aktien von CBS zu einem Schleuderpreis zu erwerben. Herr Tisch vollführte noch andere clevere Handlungen zugunsten der Loews-Aktionäre. Die Aktie wurde zum Kurs von ungefähr $ 60 gehandelt und würde mit Sicherheit bis Ende des Sommers auf $ 80 ansteigen.

Ich hätte die Aktie kaufen können, aber da ich zum überzeugten Kurzfrist-Trader geworden war, interessierten mich nun die Optionen. Ich fragte bei den lokalen Quellen nach und war entzückt zu erfahren, daß Loews-Optionen zusammen mit Hunderten ähnlicher Chancen im neuen Gebäude auf der Rückseite des im Art Deco-Stil gehaltenen Board of Trade gehandelt wurden. Hierbei handelte es sich um individuelle Aktienoptionen, im Gegensatz zu den Optionen auf die Aktienindex-Futures, die ich auf den Rat des Astrologen gekauft hatte.

Persönlich hatte ich seit dem früheren Fiasko, auf das ich mich in Kapitel 1 bezogen hatte, nichts mehr mit Optionen auf individuelle Aktien zu tun. Aber nachdem ich die guten Nachrichten über Loews erhalten hatte und noch dazu dem Ort so nahe war, an dem die Loews-Optionen gehandelt wurden, fühlte ich mich verpflichtet, den Versuch zu wagen.

Andere Faktoren erweckten meinen Wunsch nach schnellem Gewinn. Meine Frau würde mich in Kürze in Chicago besuchen. Am Telefon sagte sie, daß sie über meinen Erfolg in den Warenterminmärkten begeistert sei. Da sie über den allgemeinen kläglichen Zustand meines Restdepots nicht Bescheid wußte – von der Geringfügigkeit des Erfolges in den Warenterminmärkten ganz zu schweigen –, dachte ich, daß ein gelungener Deal mit Loews die Situation vielleicht verbessern könnte, bis sie hier eintreffen würde.

Genauer gesagt, da meine Frau selbst von Loews gehört hatte, war es unklug für mich, dies zu ignorieren. Würde ich es ignorieren, dann würde Loews sicherlich 20 Punkte steigen und sie würde mich fragen, wie ich das nur verpassen konnte. Würde Loews fallen, wäre ich zu einem gewissen Maße geschützt, da Loews ursprünglich ja die Idee ihres Broker gewesen war.

Es gab nur ein Problem. Ich fand heraus, daß Loews im Grunde eine Tabakfirma war. Sie war zwar noch in viele andere Dinge involviert – wie zum Beispiel das Betreiben von Kinos – wie das bei normalen amerikanischen Konglomeraten der Fall ist, aber im Grunde ging es um Tabak. Vor Jahren hatten meine Frau und ich uns gegenseitig versprochen, daß wir niemals in eine Tabakfirma investieren würden. Ich möchte mich nicht in Gefühlsduselei verlieren, aber ihr erster Mann starb an Lungenkrebs.

Als ich meine Frau am Telefon über Loews und den Tabak aufklärte, bereitete das ihrem Interesse an der Aktie ein Ende. Inzwischen hatte ich aber für die Option Feuer gefangen.

Das war die Art eines ethischen Dilemmas, die es heikler denn je machte, zu investieren. Man mußte nicht nur etwas finden, das einem Geld einbrachte, sondern es mußte auch noch etwas sein, das einem nicht im Magen liegen würde. Je mehr man über irgendein Unternehmen erfuhr – seine Verwicklung in Atomgeschäfte, Verteidigungsverträge, Mißhandlung von Frauen und Minderheiten, zwielichtige Geldbeschaffung oder Verkäufe nach Südafrika –, desto geringer wurde die Wahrscheinlichkeit, daß man es ertragen könnte, damit assoziiert zu werden.

Wie viele profitable Gelegenheiten aus ethischen Gründen verpaßt wurden, konnte ich mir gar nicht vorstellen. Ich habe das nicht erwähnt, weil es selbstgefällig klingt, aber während meines gesamten Vorhabens hatte ich mit der Union Carbide-Aktie geliebäugelt. Aus Respekt für die Opfer von Bhopal hatte ich mich dazu gezwungen, zu widerstehen. Die Aktie hatte sich inzwischen verdreifacht. Ich betrachtete die Gewinne, die ich nicht machte, oft als eine Art konjunktiven Beitrag zur Bhopal-Sache.

Ich war entschlossen, mich von IBM fernzuhalten, aus Sympathie für die Schwarzen in Südafrika, da IBM zu Beginn meines Vorhabens noch aktiv in dem Land tätig gewesen war. Da IBM als Aktie keine Fortschritte gemacht hatte, war ich froh, daß ich die Courage gehabt hatte, ihr zu widerstehen. Einer meiner früheren Broker empfahl mir einmal Philip Morris zu $ 60, und ich verzichtete darauf, dort mein Geld zu verdoppeln – ich hoffe, daß die Opfer des Zigarettenkonsums dies ebenfalls würdigen werden. Das bringt mich zu meinem guten Rat Nummer 21:

»Je mehr eine Aktie steigt, desto moralischer fühlst du dich, weil du sie nicht gekauft hast.«

Vor Jahrhunderten existierte so etwas wie eine moralische Investition nicht. In jenen stark vereinfachenden Tagen galt Geld an sich als unmoralisch, und es gegen Zinsen zu verleihen, war ipso facto eine Sünde. Sogar in den 20er Jahren gab es wenig moralische Unterscheidungen hinsichtlich der Aktien, da die Wall Street ein bekanntes Räubernest war und es egal war, welche Aktie man besaß. An der Börsen zu handeln war nicht viel besser, als um Geld Karten zu spielen. In jenen Jahren debattierten Colleges und Universitäten darüber, ob sie die zwielichtigen Spenden von den Rockefellers und anderen Räuberbaronen akzeptieren sollten. Zwangsläufig stimmten sie jedoch zu. Die meisten wurden durch Kaiser Vespasians Antwort, die er den Kritikern wegen seines Monopols auf öffentliche Toiletten entgegenhielt, getröstet: pecunia non olet – „Geld stinkt nicht".

Erst in den 30er Jahren wurden Aktienportefeuilles im weiteren Rahmen von der Allgemeinheit als respektabel akzeptiert. Von da ab wurden die Aktien in unterschiedliche Moral-Stufen eingeteilt. Religiöse Institutionen waren die ersten, die auf diese Unterscheidungen hin handelten. Gewisse katholische Diözesen würden nicht in Geburtenkontrolle-Aktien investieren, protestantische Konfessionen lehnten es ab, Alkohol-Aktien zu halten, Anhänger der Christian Science hielten sich von Medizinaktien fern. Schließlich bekannten die Gewerkschafts-Rentenfonds Farbe und vermieden Aktiengesellschaften, die die Gewerkschaften ausmerzen wollten.

Erst in den frühen 70er Jahren begann eine große Anzahl von Individuen, moralisch zu investieren. Das ereignete sich, als die Ex-Hippies, Radikalen und Protestierer zu Geld kamen. Viele, die Trustfonds geerbt oder andere stattliche Geldquellen erworben hatten, weigerten sich, unmoralische Firmen zu unterstützen. Sie beschränkten sich nicht auf einzelne ethische Gegenstände wie Geburtenkontrolle oder Alkohol, sondern suchten vielmehr nach Investitionen, die in jeder Hinsicht moralisch waren. Im Vergleich zum Mittelalter haben wir somit eine Drehung um 180 Grad vollzogen, denn damals galt der Begriff „moralische Investition" als Oxymoron.

Fast jeder, der begann, irgendwo eine Grenze zu ziehen – gegenüber Atomenergie, Zigaretten, Frauenrechten oder dem Militär – endete schließlich damit, mehrere Grenzen auf einmal zu ziehen. Angesichts soviel vernichtender Information über so viele Firmen, und so vielen Firmen, die sich zu Konglomeraten zusammenschlossen, war es keine einfache Aufgabe, eine sympathische Investition zu finden. Einige wenige offene Fonds begannen, sich auf ethische Auswahlen zu spezialisieren. Drei der größten waren zum damaligen Zeitpunkt: Pax World Fund of Portsmouth in New Hampshire (keine Alkohol-, Tabak-, Glücksspiel- und Waffenaktien), der Calvert Fund of Washington, D.C. (keine Alkohol-, Tabak-, Atomenergie- und Waffenaktien, keine Firmen, die Handel mit Südafrika betrieben, keine Umweltsünder und Gewerkschaftsgegner) und die Pioneer Group of Boston (kein Alkohol, Tabak oder Südafrikaengagement).

Moralische Geldmanager begannen, professionell ausgewählte, sozial aufgerasterte Depots anzubieten. Es gab Geldmarktfonds, geprägt von sozialem Bewußtsein, wie zum Beispiel einer aus der Calvert-Gruppe, der der Kontamination durch amerikanische T-Bills aus dem Weg ging. Statt dessen floß deren Kapital in Freddie Macs, Fannie Maes, Kleinunternehmerkredite, Büroausstattung, Wasserkraftenergie, regionales Bankwesen und Naturgas. Es gab Börsenbriefe, die sich durch ihr soziales Bewußtsein auszeichneten, wie zum Beispiel *The Clean Yield* und *Good Money*, die beide in Vermont herausgegeben wurden.

Viele, die auf diese systematisch moralische Art investierten, entwickelten auch das Bedürfnis, moralisch zu konsumieren. Leute, die in bester Absicht damit begannen, hatten bald nichts mehr, worin sie ihr Geld investieren konnten, und nichts mehr zu essen oder zu trinken. Diesbezüglich werden Sie mich nie dabei erwischen, chilenische Weintrauben oder Pflaumen zu kaufen. Meine Frau kauft keine deutschen Autos. Mein Freund Phil Stanford sagte mir, daß ihm jemand empfahl, keinen portugiesischen Wein zu trinken, aber er konnte sich nicht erinnern, weshalb. Nachdem der Film „Z" herauskam, schworen wir uns, nie wieder Ouzo zu trinken. Eigentlich hatten wir sowieso noch nie Ouzo getrunken. Ich verzichtete auf nichtgewerkschaftlichen Salat – was zum Glück Eisbergsalat war – gerade zu der Zeit, als es in wurde, auf Endiviensalat umzusteigen.

So war ich ganz zufällig ein ethischer Investor und auch ein ethischer Konsument. Während Loews mich in Gewissensnöte brachte, erinnerte ich mich an ein Interview, das ich einmal mit Rian Fried geführt hatte, einem der Herausgeber von *The Clean Field*. Das Interview hatte mit dem jetzigen Projekt nichts zu tun, stellte sich jedoch als relevant heraus.

Herr Fried war ein lebhafter, intelligenter moralischer Detektiv mit Schnurrbart, der wie Hercule Poirot für seine ethischen Investitionen von der Industrie gefürchtet und geliebt wurde. Während eines Mittagessens in Northampton, Massachusetts, erzählte er mir von seiner Freude über die Entdeckung von Makeln bei Firmen, die unter ethischen Investoren beliebt sind. Zum Beispiel erwähnte er die IBM-Schreibmaschinen bei Franklin Research, eine Investmentfirma mit sozialem Bewußtsein, die niemals eine IBM-Aktie anrühren würde.

Er sagte, daß er jede Woche Stunden damit verbringe, Handelszeitschriften auf der Suche nach obskuren Tatsachen durchzublättern. Er ertappte Lotus – ein ethischer Favorit, da er nicht an das Militär verkaufte – dabei, indirekt an das Mililitär zu verkaufen, durch eine andere Firma, die an Zenith verkaufte, welche dann wiederum an das Militär verkaufte. Er ertappte eine weitere ethisch populäre Computerfirma auf frischer Tat: bei der Produktion einer Hard Disk, die einen atomaren Angriff überstehen würde! Warum stellte diese Firma eine solche Diskette her, wenn sie nicht an einige militärische Einheiten verkauft würde, die hofften, während des Dritten Weltkriegs auf dem laufenden zu bleiben?

Ich erinnerte mich an Herrn Frieds Worte: „Ich kümmere mich nicht darum, was irgend jemand erzählt. Sie benutzen vielleicht einen GE-Fernseher, und GE hat mit Atomwaffen zu tun. Sie wollen vielleicht, daß man einen Sony kauft, aber Sony hat mit dem amerikanischen Arbeismarkt nichts am Hut.“

Wer wäre also als Ansprechpartner besser geeignet, um die ethische Frage der Loews-Option zu lösen, als Herr Fried. Tatsächlich hatten wir Optionen diskutiert. Zuerst hatte ich ihn gefragt, ob es in Ordnung sei, eine unethische Aktie leerzuverkaufen – mit anderen Worten, auf ihren Niedergang zu wetten. Herr

Fried war sich nicht sicher: „Wenn sie eine Aktie leerverkaufen, dann wollen sie, daß das Ding fällt, um sie für das, was die Firma getan hat, zu bestrafen. Das ist in Ordnung. Aber gleichzeitig profitieren sie dann aus dieser üblen Sache.“

Dann hatte ich gefragt: Wenn eine Aktie unethisch ist, ist es dann in Ordnung, eine Option zu kaufen? Er sagte, daß er glaube, daß das in Ordnung sei. Eine Option lag einen Schritt von der Aktie entfernt, was im Fall einer Tabakfirma bedeutete, daß sie einen Schritt vom Tabak entfernt war.

Indem ich mir diese Konversation vergegenwärtigte, kam ich zu dem Schluß, daß ich Loews-Optionen mit gutem Gewissen kaufen könnte. Diese Optionen wurden gleich hinter dem Gebäude des Board of Trading verkauft, nur ein paar Blocks von meinem Hotel entfernt.

27

Eine Kraftprobe mit Loews

Der zentrale Markt für Wertpapier-Optionen wurde 1973 eröffnet, im kleinen Kreis hatte man sie jedoch bereits seit mehr als einem Jahrhundert gehandelt. Call-Optionen – gemeinsam mit verschiedenen Warrants und anderen Mätzchen, die als „gesicherte Privilegien“ bekannt waren – existieren beinahe so lange, wie es Wertpapiere gegeben hat. Tatsächlich waren Call-Optionen 1870 unter den Investoren beliebter, als sie es 1970 waren, bevor der neue Markt sich etablierte.

Die Put-Optionen waren eine Spitzfindigkeit jüngeren Datums, aber sogar sie lassen sich mindestens bis in die Ära von Russell Sages zurückführen, dem Tycoon des 19. Jahrhunderts, der von Puts profitierte. Irgenwo las ich, daß der Räuberbaron Daniel Drew, im Jahre 1872 50.000 Puts auf Erie-Aktien kaufte. Nach dem Feuer von Chicago zahlten sich viele Putkontrakte sehr gut aus, da die Aktien, mit denen sie zusammenhingen, an Wert verloren. Bedenken Sie, kaufen Sie einen Put, dann wollen Sie, daß die Aktie fällt. Kaufen Sie einen Call, dann wollen Sie, daß die Aktie steigt.

Nach der Korrektur von 1929 gerieten Wertpapier-Optionen in einen schlechten Ruf und wurden beinahe von der Regierung verboten. Bis zur großen Eröffnung der Chicago Board Options Exchange, einer unabhängigen Institution, die sich aus dem Chicago Board of Trade herausentwickelt hatte, wurde das Geschäft 40 Jahre lang von einer obskuren Clique aus Put und Call-Brokern fortgeführt.

Wie viele große Erfindungen ergab auch diese sich aus Glück, Voraussicht und Zufall. Erstens hatte sich die rivalisierende Mercantile Exchange bereits Terminkontrakte auf Auslandswährungen ausgedacht, was eine einfallsreiche Gegenreaktion vom Board of Trade erforderte. Zweitens war es Winter, und die Händler in den Landwirtschaftspits langweilten sich. (Das ist die inoffizielle Version, die mir Herr Epstein erzählte. Die offizielle lautet, daß „die Getreidemärkte nach neuen Wegen der Diversifizierung suchten.“)

Es dauerte zwei Jahre, um die Securities and Exchange Commission zu überzeugen, ein Pilotprogramm für den Handel von Wertpapier-Optionen zu genehmigen. Am 26. April 1973 wechselten 911 Call-Optionen auf 15 verschiedene Aktien ihre Besitzer – in einer kleinen Raucherlounge abseits vom Hauptsaal des Board of Trade. Ich konnte die Lounge nicht ausfindig machen, aber es soll eine Gedenktafel geben, die an diese Kitty Hawk der Spekulanten erinnert.

Die Reaktion auf den zentralisierten Optionenhandel war so enthusiastisch, daß es die Organisatoren überraschte. Milliarden von Dollar wurden bald in diesen Markt investiert. Innerhalb einer Dekade zog die CBOE von der Raucherlounge in ein eigenes neues Gebäude um, das an die Rückseite des Board of Trade angefügt war wie ein gigantischer Hochhaus-Schuppen. Als ich die CBOE besuchte, verkaufte sie Puts und Calls auf 140 verschiedene Wertpapiere, wobei andere Börsen als eine Art Selbstverteidigung ebenfalls in das Optionengeschäft eingestiegen waren. Tatsächlich führte der Erfolg der Wertpapier-Optionen zur Erfindung der Aktienindex-Optionen, die ich bereits beschrieben habe, und ebenso der Vieh-Optionen, Schweinebauch-Optionen und Lebendschwein-Optionen, die ich gekauft hatte.

Da Lind-Waldock keine Wertpapier-Optionen ausführte, löste ich dort mein Konto auf und rief meine vertrauenswürdige, alte Prudential-Bache-Brokerin Frau Garrett an. Zuerst informierte ich sie, daß ich in Chicago war. Dann verkündete ich so eindringlich wie möglich: „Ich möchte einige Loews-Optionen kaufen. Die Aktie steigt auf 80.“ Sie schien trotz allem, was sich bisher zwischen uns ereignet hatte, von meinem Zutrauen beeindruckt zu sein. „Wissen sie etwas über Loews?“ fragte sie. Ich fragte mich, ob sie andere Kunden anrufen und ihnen Loews empfehlen würde, sobald ich auflegte.

Die Loews-Aktie wurde zu etwa $ 65 pro Stück gehandelt. Eine September $ 75 Call-Option gab mir das Recht, bis zum Fälligkeitstermin Mitte September – ungefähr zwei Monate später – hundert Aktien zu je $ 75 zu kaufen. Sollte die Aktie auf $ 80 steigen, dann wäre die Option $ 500 wert.

Frau Garrett sagte, bei den derzeitigen Kursen würde jede dieser Optionen $ 150 kosten. Ich kaufte zehn davon zu einem Gesamtbetrag von $ 1.605,47. Dadurch war der größte Teil meines Bargeldes, das noch im Prudential-Bache-Konto verblieben war, aufgebraucht.

Inzwischen wußte ich genug, um zu realisieren, daß ich ebenso Optionen verkaufen konnte, die ich nicht besaß, und die Einnahmen auf dem Papier meinem Konto gutgeschrieben bekäme. Ich hatte das mit Mais getan, indem ich 5.000 Scheffel an Cargill verkaufte. Dasselbe kann durch den Verkauf eines Puts erreicht werden, in diesem Fall, des September $ 70-Loews-Puts. Theoretisch bedeutete dies, daß ich einer anderen Person das Recht anbot, mir die Aktie zu je $ 70 jederzeit bis Mitte September zu verkaufen. Von der praktischen Seite her betrachtet, bedeutete es, daß bei einem Preis von $ 400, den mir Frau Garrett für diese Puts genannt hatte, ein Verkauf von zehn Puts für mich eine unmittelbare Gutschrift von $ 3.990,33 bedeutete.

Die Gutschrift für die zehn Puts über $ 3.990,33 minus die $ 1.605,47 Schulden für die zehn Calls bescherten mir einen entzückenden Gewinn von $ 2.384,86, der meine Frau mit Sicherheit beeindruckt hätte, wenn sie zufällig den Kontoauszug der Maklerfirma gesehen hätte. (Eigentlich mußte stets ein ausreichendes Guthaben auf dem Konto vorhanden sein, um den Wert der Puts jederzeit zu decken. Frau Garrett sagte, daß meine Gillettes und Angstroms diesen Zweck ersatzweise erfüllen würden.)

Einen Call zu kaufen, während man gleichzeitig einen Put verkauft, ist ein exquisiter Schachzug, den Frau Garrett als eine Form von Arbitrage bezeichnete, nämlich als einen „Bull Spread“. Unabsichtlich hatte ich Herrn Ritcheys Millionendollar-Methoden angenommen – die eine Investition gegen die andere ausspielen – und es auf meine eigene kleine Situation angewendet. „Falls das zu meinen Ungunsten ausgeht, dann weiß ich, daß ich genug von der Sache habe“, scherzte ich Frau Garrett gegenüber, davon überzeugt, daß so etwas niemals passieren konnte.

Nachdem ich meine „Bull-Spread"-Position eingerichtet hatte, arrangierte ich durch die Presseabteilung und ihren liebenswerten Direktor Hank Nothnagel einen Besuch der Options Exchange. Wertpapier-Optionen wurden in Pits gehandelt, sehr ähnlich denen bei Mais oder Sojabohnen, und zwar im größten Börsensaal der Welt, rund 15.000 Quadratmeter groß. Herr Nothnagel sagte, daß es in diesem Gebäude mehr Computerbildschirme gebe als an irgendeinem anderen Ort, ausgenommen der NASA. Die vorhandenen Telefone hätten für eine amerikanische Durchschnittskleinstadt ausgereicht. Die Computer und andere elektronische Gegenstände gaben soviel Hitze ab, daß der Börsensaal keinerlei Heizung benötigte, auch nicht im strengsten Chicagoer Winter. Tatsächlich mußte das ganze Jahr über die Klimaanlage eingeschaltet bleiben.

Die Pits selbst waren nicht größer als die meisten Aufzüge, mit Optionen auf jeweils drei oder mehr Aktien, die darin gehandelt wurden. An der Loews-Pits sah ich vier oder fünf der üblichen Babyfaces. Sie standen schimpfend und tobend da, während Kauf- und Verkaufsorders wie Spielkarten aus Metall vor ihnen gehandelt wurden. Jedesmal wenn der Kurs für eine Option stieg oder fiel, wurde ein neuer Satz Karten ins Spiel gebracht, und es gab weitere Aufregung. Die Orders kamen aus dem ganzen Land, viele von Kleinanlegern wie Ihnen und mir. Wenn Sie Ihren Broker beauftragen, eine Option für Sie zu kaufen oder verkaufen, dann ist dies der Ort, an dem die Transaktion endet.

Diese Händler schienen wohlhabender als ihre Duplikate in den Schweine- und Maispits zu sein, vielleicht lag das an all der Liquidität, die hereinfloß. Einige Minuten lang wurde ich von Herrn O'Hara mit Blicken durchbohrt. Er trug Slipper ohne Socken, ein gestreiftes Poloshirt und eine Jacke, die nicht dazupaßte. Er war überschwenglich, sogar übermütig, als er sich Puts und Calls schnappte. Während einer Flaute sagte er mir, daß er seit zwei Jahren für sein eigenes Konto arbeitete, ohne sich beklagen zu können. „Wo sonst könnte ein junger Mann mit $ 40.000 ankommen und sein eigenes Geschäft eröffnen, außer an einem Würstchenstand?"

Herr O'Hara machte mich mit einem Händlerkollegen namens Tony Vesh bekannt und sagte, daß Herr Vesh ein „Scalper" sei. Beinahe gab es darüber einen Streit. „Ich bin kein Scalper", sagte Herr Vesh. „Ich halte an meinem ‚Leg' inzwischen viel länger fest. Das weißt du." Ein „Leg", so stellte sich heraus, war eine Seite eines Options-Spreads, so wie der meinige. Ich fragte Herrn O'Hara nach seiner Meinung, wohin der Loews-Kurs gehen würde, und er schien es weder zu wissen noch sich darum zu kümmern. Seine Philosophie war einfach: „Kaufe billig und verkaufe saftig." Um das zu erreichen, vertraute er auf dieselben komplizierten mathematischen Formeln, die Herr Gressel in New York anwendete, Frau Quattrocki bei den Schweine-Optionen und auf einem viel höheren Niveau Herr Ritchey im oberen Stockwerk.

Als ich mich laut fragte, ob es für einen Amateur wie mich möglich sei, sie im Optionenspiel zu schlagen, brachen sowohl Herr O'Hara als auch Herr Vesh in schallendes Gelächter aus. „Unmöglich", sagte Herr O'Hara. „Wir sind hier unten und bekommen die ersten Moneten auf alle Gewinne." Sie sahen sich selbst als Aasgeier, die sich an den einfachen Tips labten, während sie ihren Konkurrenten die Knochen und Knorpel überließen oder eben das, worum sie sich beim Verzehr nicht gekümmert hatten. „Ihr Jungs könnt das riskante Zeug bekommen", sagte Herr O'Hara. Was meine Loews betraf, so stellte sich das als eine traurige Prophezeiung heraus.

Loews erlebte einen Einbruch, der sowohl schwer als auch unerwartet war. Anstatt auf $ 80 hinaufzusurren, stürzten sie auf $ 50 ab. In einer einzigen Sitzung fiel der Kurs um $ 4 und löschte buchstäblich den Wert meiner Calls aus. Währenddessen wurden die Puts, die ich verkauft hatte – und schließlich wieder zurückkaufen müssen würde – teurer und teurer. Dies ereignete sich alles in der Woche, als meine Frau in Chicago eintraf.

Ich versuchte, Loews zu ignorieren und mich auf unsere Streifzüge durchs Art Deco-Viertel zu konzentrieren. Das war schwierig, beinahe unmöglich. Die Dinge wurden noch verzwickter, als ich bei unserer Rückkehr ins Hotel eine dringliche Nachricht von

Frau Garrett in unserem Fach vorfand. Darauf stand etwas von einer „Nachschußpflicht“. Zum Glück hatte meine Frau die Nachricht nicht gesehen.

Ich zerknüllte die Nachricht so schnell wie möglich und kehrte später alleine in die Hotellobby zurück, um Frau Garrett von einem Gebührentelefon aus anzurufen. „Sie sind jetzt in Schwierigkeiten“, sagte sie. „Sie müssen mehr Geld einzahlen, um ihre Verkaufspositionen zu decken.“ Zum Absturz von Loews kam hinzu, daß Frau Garretts gesamte Buchhaltungsabteilung meine Angstrom-Aktien nun einheitlich als wertlos betrachtete. Sie sagte, sie würde mich decken und solang wie möglich Zeit schinden, wofür ich sehr dankbar war. Sie hinterließ bei mir den starken Eindruck, daß ich am besten sofort Geld schicken sollte.

Hier muß ich ein weiteres peinliches Geständnis machen: Ich ließ $ 4.000 vom gemeinsamen Haushaltskonto überweisen, ohne meiner Frau jemals etwas davon zu sagen. Tatsächlich hoffe ich, daß ich gerade nicht im Zimmer bin, wenn sie diese Zeilen einmal liest. Ich möchte sie hiermit daran erinnern, daß ich es irgendwie wieder gutmachen werde, daß ich $ 2.000 aus der Auflösung des Lind-Waldock-Kontos wieder zurückbuchen werde – und daß sie das Buch ja noch nicht zu Ende gelesen hat.

Selbst als ich zusätzliche $ 4.000 aufgebracht hatte, erhielt ich eine weitere dringende Nachricht über eine nochmalige Nachschußpflicht. Um solche fürchterlichen Nachrichten zu vermeiden, schlug ich meiner Frau vor, das Hotel zu wechseln, da unser Zimmer zu klein sei. Da ich sorgfältig darauf geachtet hatte, keine neue Adresse oder Telefonnummer im alten Hotel zu hinterlassen, blieb ich für kurze Zeit von weiteren pinkfarbenen Zetteln aus Frau Garretts Büro verschont. Zwei Tage lang ignorierte ich meine Sorgen und konzentrierte mich auf das Wrigley-Gebäude und die kunstvollen Metallarbeiten, die die Tür des Carson Pirie Scott-Kaufhauses säumten. Ich versuchte so zu tun, als ob Loews, die Börse, Prudential-Bache und Frau Garrett niemals existiert hätten.

Schließlich hielt ich es nicht mehr länger aus. Nach einer besonders verheerenden Sitzung mit einem Dow Jones Average, der um 45 Punkte gefallen war, rief ich Frau Garrett von einer Telefonzelle aus an und lieferte mich ihrer Gnade aus. „Ich kann nicht mehr Geld schicken", sagte ich. „Dann müssen wir die Puts zurückkaufen", beteuerte sie. „Wir haben keine andere Wahl." Ich glaube, ich habe mich niemals schlechter gefühlt, aber ich sagte ihr, sie solle tun, was getan werden müsse. Es kostete mich $ 8.429,10, um die 10 Loews September $ 70-Puts zurückzukaufen. Wenigstens würden mich nun keine Nachschußaufforderungen mehr verfolgen.

28

Häusliche Veränderungen

In schlechterer Verfassung denn je kam ich aus Chicago zurück. Der Angstrom-Verlust wurde von den einigen Tausendern in den Schatten gestellt, die ich in nur wenigen Tagen mit den unglückseligen Loews-Optionen verloren hatte. Gott sei Dank verdiente meine Frau mit ihren Immobilien weiterhin ein anständiges Einkommen und hatte auch die Kinder gut versorgt, während ich immer tiefer in dieses Loch gefallen war. Auch wenn sie nicht einmal die Hälfte meiner Probleme kannte – ich war mir derer nur zu gut bewußt. Diese Selbst(er)kenntnis hatte profunde Auswirkungen auf das Verhalten zuhause.

In Zeiten, in denen es zumindest auf dem Papier Gewinne gegeben hatte – in meinem Fall ging das zurück bis zu den ersten Wochen meines Unternehmens –, ist der Anleger in der Familie von uncharakteristischer Großzügigkeit erfüllt und tut verdächtige Dinge wie zum Beispiel Champagner kaufen, die Familienmitglieder zum Einkaufen ermutigen und sie in Restaurants ausführen, die normalerweise die Grenzen des Budgets weit überschreiten. Diese Anfälle von Freigiebigkeit verwirren die Familienmitglieder, die an die knausrige Sparsamkeit des Investors gewöhnt sind. Ich erwähnte an früherer Stelle, daß ich während des kurzen, aber glücklichen Hochs von Angstrom zusätzliche Weihnachtsgeschenke gekauft hatte. Natürlich war die Familie diesen Geschenken gegenüber mißtrauisch und wunderte sich, ob ich den Verstand verloren hatte.

Diese Freigiebigkeit dauert nur so lange an wie die Gewinne, und dann gibt es ein böses Erwachen. Der Investor hat nicht nur große Investitionsverluste erlitten, sondern er hat ebenso hohe Kreditkartenrechnungen angesammelt, in der Erwartung von Gewinnen, die sich neuerdings in Nichts aufgelöst haben. Das ist eine beängstigende Erkenntnis, die den Investor veranlaßt, sich in die Ecke ökonomischer Sparmaßnahmen zu kauern und ihn in einen Pfennigfuchser verwandelt.

So wanderte ich zum Beispiel nach meinem Rückzug aus Chicago im Haus umher, drehte die Lichter aus und murrte über die Stromrechnung. Ich beschwerte mich über die 15 Cents, die man bezahlen muß, wenn man die Auskunft anruft, und legte das Telefonbuch auf dem Eßtisch aus, so daß wir es alle benutzen konnten. Außerdem ließ ich meine halbwüchsige Tochter den Ölwechsel für das Auto bezahlen, das wir gemeinsam benutzten.

Es kam so weit, daß ich die Kühlschranktür öffnete und brüllte: „Du hast zuviel Brokkoli gekauft“, oder: „Wir haben noch genug Reis“, oder: „Warum werden drei neue Salatköpfe gekauft, wenn einer im Gemüsefach verfault?“ Ich zählte die Gewürze, bemerkte, daß Oregano dreifach vorhanden war und beschwerte mich: „Jedesmal wenn ein Einkauf gemacht wird, kauft jemand Oregano.“

Wenn man sich Sorgen über eine Oregano-Verdopplung macht, ist das ein sicheres Zeichen für Anlagesorgen. Weitere Zeichen sind ein plötzliches Interesse am Energiesparen, die Wasserrechnung oder die monatliche Abfallrechnung in Frage zu stellen, sich über gierige Wohltätigkeitsvereine zu beschweren und die Kinder ihre Briefmarken selbst bezahlen zu lassen – was sich alles in meinem guten Rat Nummer 22 zusammenfassen läßt:

»Je größer die Summe, die du verloren hast, desto kleiner die Summen, die dich beunruhigen.«

Ich hoffte, meine Familie würde meine Sparsamkeitskampagne ernst nehmen, aber das tat sie nicht. Sie wußte die ganze Zeit, daß meine moralische Standpauke bezüglich des Brokkolis etwas mit den Dingen, die sich in Chicago ereignet hatten, zu tun haben mußte. Ohne daß ich es ahnte, hatte sie bereits vor Monaten herausgefunden, daß meine Stimmungen mit den Aktienkursen sanken und stiegen. Tatsächlich konnte sie aufgrund der Anzahl an Haushaltseinkäufen, die ich unterstützt oder verdammt hatte, beinahe den Dow Jones vorhersagen.

Jedenfalls war ich wieder zuhause, mit meinen völlig schiefgelaufenen Loews im Kopf, und ich fühlte mich schlechter und schlechter. Plötzlich verspürte ich den Drang, ganz und gar aus dem Markt auszusteigen. Am 29. Juli rief ich Frau Garrett an und teilte ihr mit, alles zu verkaufen, die Gillette, die Angstrom und was auch immer von meinen Optionen übrig war, wobei mir die Preise völlig egal waren.

Einen Tag später fand ich heraus, daß ich für die restlichen Angstrom-Aktien $ 2.146,91 bekommen hatte (ein Verlust von $ 2.824,66 gegenüber den ürsprünglichen Kosten); $ 4.535,96 für Gillette (ein Gewinn von $ 308,72); und ich hatte die 10 Loews-Calls für $ 895,40 verkauft (ein Verlust von $ 710,07). Insgesamt war es ein schrecklicher Tag. Von den $ 14.700, die ich seit dem vorhergegangenen Dezember in den Markt investiert hatte, blieben mir noch ungefähr die Hälfte, also $ 7.577 übrig.

Dennoch machte mich dieser kostspielige Ausstieg sonderbar glücklich! Ich war sogar glücklicher als zu dem Zeitpunkt, an dem ich damals mit einem tatsächlichen Gewinn von $ 265 das Warenterminkonto geschlossen hatte. Wenn es heißt, daß der Kleinanleger sich darüber freut, Geld zu gewinnen, und darüber depremiert ist, Geld zu verlieren, so ist das eine grobe Vereinfachung. Nach meiner Erfahrung wäre ich nur allzu entzückt gewesen, eine Aktie mit Gewinn zu verkaufen, wenn der Aktienkurs von da an nicht weiter gestiegen wäre. Wäre der Kurs höher gestiegen, dann hätte ich mich deprimiert und dumm gefühlt, weil ich zu früh verkauft hatte. Tatsächlich war ich sehr viel glücklicher darüber, viel Geld mit einer Sache zu verlieren, die sogar noch weiter fiel, als einen kleinen Gewinn mit einer Sache zu machen, die weiter stieg. Das war das große Mysterium des Investments.

„Sie hätten unseren Marktexperten Larry Wachtel hören sollen“, sagte mir Linda Garrett am Tag, als wir verkauften. „Er ist noch nie pessimistischer gewesen. Hörte sich an, als würden wir in eine Depression hineinrutschen.“ Ich sagte, daß ich stolz darauf sei, nicht mehr dabeizusein. Dann fügte sie hinzu: „Aber wenn Leute wie sie alles verkaufen, dann ist das ein sicheres Zeichen, daß der Markt hochgehen wird.“

Die letzte Bemerkung beeindruckte mich im Nachhinein, und dabei war ich erst seit zwei Tagen ausgestiegen. Ein Vorteil des kurzfristigen Tradings – meiner neuen Spezialität – war: hatte man einmal erkannt, wie schnell man verloren hat, wußte man ebenfalls, wie schnell man das Geld wieder zurückgewinnen konnte. Ein Langzeitabfall in den Kursen braucht vielleicht Jahre, um sich wieder zu korrigieren. Aber ein Verlust in Optionen konnte schon mit der nächsten Position wieder ausgeglichen werden.

Ich wußte, daß ich meine Strategie ändern mußte, und so tat ich es. In Chicago hatte ich Loews-Calls gekauft und gleichzeitig Loews-Puts verkauft. Da dies zu meinem Verlust geführt hatte, beschloß ich, etwas Konservativeres zu versuchen: einen „im-Geld-Call" zu kaufen und einen „aus-dem-Geld-Call" dagegen zu verkaufen. Ich werde nicht versuchen, Ihnen diese Strategie zu erklären, da Sie, sollte ich es überhaupt fertigbringen, besser daran täten, nichts davon zu wissen. Aber Sie sehen, wieviel ich gelernt hatte. Ich konnte mich nicht länger als amateurhaften Optionsspieler betrachten.

Ich suchte in der Zeitung nach einer bestimmten Art von „im-Geld" gegen „aus-dem-Geld"-Spread, der $ 200 oder weniger pro Kontrakt kosten und vielleicht $ 500 pro Kontrakt einbringen würde. Die einzige Möglichkeit zu verlieren wäre, falls beide Optionen „aus-dem-Geld" enden würden, was nur während einer sehr schwerwiegenden Korrektur oder Baisse passieren konnte. Abgesehen davon hatte Herr Wachtel bemerkt, daß die Mehrheit der Anleger immer noch auf Hausse spekulierte. Wir hatten die meiste Zeit des Jahres einen großartigen Markt gehabt. Außerdem schwor ich mir, beim geringsten Anzeichen einer Abwärtsbewegung auszusteigen.

Als ich Frau Garrett wieder anrief, erwähnte ich meinen kürzlichen Totalverkauf nicht, und sie kam auch nicht darauf zu sprechen. Wir führten eine normale Unterhaltung, so als ob mein Verhalten vollkommen normal wäre.

Eine der Optionen, die meinen neuen Anforderungen entsprach, war ironischerweise Loews. Da war ich nun dabei, etwas zurückzukaufen, das ich gerade verkauft hatte, was mein Vertrauen in die neue Vorgehensweise bewies. Ich beauftragte Frau

Garrett, acht Loews-September 65-Calls zu kaufen – die mich $ 3.621,88 kosteten – und acht Loews-September 70-Calls zu verkaufen – was mir ein Guthaben von $ 1.402,41 einbrachte. Sie sagte nichts über den eigenartigen Zufall, daß ich genau die Optionen, die mich vom Markt vertrieben hatten, nun wiedererwerben wollte.

Ich beauftragte sie außerdem, zehn Budweiser-September 55-Calls zu einem Preis von 3.509,63 zu kaufen und zehn Budweiser-September 60-Calls für eine Gutschrift von $ 895,40 zu verkaufen. Alles in allem kosteten mich diese Transaktionen $ 4.733,70.

Einige Tage nachdem ich meine neuen Positionen erstanden hatte, wartete ich in einer Autowerkstatt auf meinen reparierten Wagen und rief Frau Garrett an, um unseren Fortschritt zu überprüfen. Der Markt war heute Morgen beachtlich gefallen. Das waren schlechte Nachrichten für meine Strategie. Die „im-Geld"-Seite meiner beiden Spreads näherten sich bedrohlich dem „aus-dem-Geld"-Punkt, an dem ich mir versprochen hatte, zu verkaufen.

„Ich denke, wir sollten den Budweiser-Spread verkaufen", sagte ich zu Frau Garrett. „Die Dinge laufen in die verkehrte Richtung." „Bud verkaufen?" antwortete sie. „Sind sie sich sicher? Wir bewerten Bud positiv." Das war das letzte Fitzelchen Rat, das ich jemals von ihr angenommen habe. Ich erspare Ihnen die Einzelheiten, aber ich schloß mein Prudential-Bache-Konto eine Woche später und sagte Frau Garrett, sie solle mir einen Scheck über den Restbetrag zusenden. Von den insgesamt $ 14.920,13, die ich anfänglich investiert hatte, blieb ein Scheck über $ 3.296,56 übrig. Ein entmutigendes Ergebnis, aber ich versuchte, mich auf die $ 265 zu konzentrieren, die ich in den Warenterminmärkten verdient hatte.

War dies das Ende? Natürlich nicht. Der nächste Schritt war, einen neuen Broker zu finden. Anstatt Zeit mit Interviews zu verschwenden, ging ich direkt zum örtlichen Büro von Dis-Com Securities, einer Do-it-yourself-Maklerfirma, die sogar niedrigere Kommissionen als Charles Schwab verlangte.

29

Auf der Suche nach einer Prognose

Während ich versuchte, angesichts der neuesten Rückschläge ruhig zu bleiben, analysierte ich die Situation und erkannte, daß ich etwas versäumt hatte. Egal wie positiv irgendein Wertpapier sein mochte, so mußte der Kurzfrist-Trader doch die Stimmung des Marktes, in dem er sich bewegte, immer genauestens beobachten. Ein positiver Markt zieht beinahe alles mit in die Höhe, wohingegen ein Abwärtsrutsch einen Rückschlag für jedes Wertpapier bedeutet. Ich kam zu dem Schluß, daß ich, wenn ich meine Kurzfrist-Strategie fortsetzen wollte, ein besseres Verständnis für den Charakter des Gesamtmarktes entwickeln müßte. Besonders für die Optionenspieler war das Timing entscheidend für jeglichen Erfolg.

Die allgemeine Marktrichtung vorherzubestimmen war die Arbeit einer weiteren Gruppe von Experten, den Prognostikern. Prognostiker wurden von großen Maklerfirmen angestellt, um die Zukunft der Zinsraten, der Wertpapierkurse und der Wirtschaft als Ganzes abzuwägen. Obwohl nicht alle Prognostiker Ökonomen sind, werden doch auch viele der 60.000 Ökonomen im Land aufgefordert, Prognosen abzugeben.

In dem Bewußtsein, daß ich mir Fehler wie die letzten nicht mehr leisten konnte, begann ich ein intensives Heimstudium dessen, was die verschiedenen Prognostiker gesagt hatten. In einer einzigen Woche, in der ich so viele von ihnen wie möglich im Fernsehen verfolgte, hörte ich von der Börse als psychiatrisches Problem („verloren und ohne Zielrichtung"), als Footballspiel („den geheimen Spielzug auflösen"), als Magenbeschwerden („krampfhaft bemüht, neue Gewinne zu verdauen") und als Wettervorhersage („steigender Druck und mögliche Schauer"). Eine Reihe von Experten sagte, daß der Markt sich wie folgt verhalten würde: „Korrigierend", „pausierend", „gemächlich", „anhäufend", „überkauft" und „müde". Andere bemerkten, daß er „konsolidierte", „sich in einer schlechten Stimmung befand",

„Kongreßentscheidungen abwartete“ oder „seine Grenzen überschritten hatte“, „die Nachrichten nicht berücksichtigte“, „den nächsten Fortschritt antizipierte“, „einen Sorgenberg erklomm“ und „sich mit einem Rückgang selbst reinigte.“

Da ich es schwierig fand, zu interpretieren, was dies alles im einzelnen bedeuten sollte, unternahm ich eine sorgfältige Überprüfung früherer Aussagen und Prognosen, die mehr oder weniger als Staubfänger in einer Ecke unseres Schlafzimmers gelegen hatten. Zufällig stammten diese von den Prognostikern von Drexel Burnham Lambert, der Firma, welcher der Broker meiner Frau angehörte, der Gott sei Dank nach wie vor ihr Geld gut angelegt hatte. Indem ich mir Drexels Prognosen nochmals durchlas, hoffte ich, ein Gefühl für das Vokabular und die allgemeine Methode, nach der Prognostiker vorgingen, zu bekommen.

Es sollte erwähnt werden, daß die Drexel-Experten damals, als ich meine Odyssee am Anfang des großen Bullenmarktes von 1986 begann, eine zurückhaltende und sogar negative Prognose für Aktien abgaben. Im Dezember 1985 hatten sie noch nicht vorhergesehen, daß sich in Kürze ein unglaublicher Wachstumsschub ereignen würde. Statt dessen machten sie sich Sorgen, daß die Wirtschaft Dampf machen würde, was aus irgendeinem Grund die Börse in eine Depression jagen würde. Daß eine vitale Wirtschaft schlecht für die Börse sein würde, war die erste einiger Kuriositäten, die ich in dem Drexel-Stapel entdeckte. (Bald erfuhr ich, daß die Börse sich selbst in der Regel einen Schritt voraus war, so daß sie während einer schlechten Wirtschaftsperiode optimistisch auf eine gute ausblicken konnte, aber während einer guten Wirtschaftsperiode nur einen sich bereits nähernden Rückschlag antizipieren konnte.)

Im Dezember 1985, bei einem Dow Jones Average von 1.450, erhielten die Drexel-Kunden einen Bericht mit dem Titel *Überblick*, der erneut davon ausging, daß das „Potential für weitere Rückgänge der Zinssätze gering sein dürfte“, da es unwahrscheinlich war, daß die Fed die Zinssätze lockern würde. Was die Fed tat, war ein wichtiges Element der Prognose, wie ich bereits früher erwähnte. Derselbe Bericht erwähnte, daß viele Leute auf

Hausse spekulierten, was ein weiteres schlechtes Zeichen für Wertpapiere sei.

Zwei Monate später und 200 Dow Jones-Punkte höher, am 24. Februar, hatte der neueste Drexel-Bericht keine andere Erklärung für das beeindruckende Wachstum, als es als „ungestüm" zu bezeichnen. Statt dessen waren die Prognostiker nervös und warnten die Kunden vor „der Möglichkeit höherer Zinssätze und Gewinnmitnahmen", welche die Aktienkurse fallen lassen würden.

Während Februar-März brachte Drexel eine aktualisierte Fassung mit dem Titel *Mehr Fakten* heraus. Die Prognostiker erwähnten keinen der oben zitierten Negativaspekte, sondern listeten diesmal die neuen Gründe für einen Optimismus hinsichtlich des Marktes auf. Diese Auflistung beinhaltete eine „aufstrebende Wirtschaft" und die Beobachtung, „das Geschäftsklima ist gut." Das war doppelt kurios, da die Gründe für den Optimismus die gleichen waren wie die Gründe für den Pessimismus, der drei Monate vorher geboten worden war. Das gefürchtete wirtschaftliche Dampfmachen, das die Leute offensichtlich dazu veranlaßt hatte, Aktien zu verkaufen, würde nun irgendwie eine neue Kaufwelle stimulieren.

Am 3. März erhielten die Leser den *Konstruktiven Ausblick*, in dem zu lesen stand, daß die kürzliche Erholung der Anleihen durch die Herabsetzung des Diskontsatzes angeregt worden war. Es handelte sich dabei um genau die Herabsetzung, deren Ausführung die Prognostiker bezweifelt hatten. Die Inflation, die sie zu einem früheren Zeitpunkt vorhergesagt hatten, wurde nun bald als „unter strenger Kontrolle" bezeichnet, mit keinerlei sichtbaren Anzeichen einer Rezession. Der Dow Jones hatte damit geantwortet, daß er auf 1.692 gestiegen war.

Am 10. März verkündete Drexel unter dem Titel *Konsolidierungsphase*: „Wir haben das Gefühl, daß die Gründe für die Hausse intakt sind", obwohl ich nach der chronologischen Überprüfung der Prognosen nicht genau sagen konnte, welche Gründe dies gewesen waren.

Im Juli-August machte Drexel einen „Verkaufsdruck" für den Fall der Aktienkurse verantwortlich, zusammen mit der Tatsache, daß sich die „Inflation im Absterben“ befand und die Wirtschaft „schleppend verlief“. Diese schleppende Wirtschaft, die ursprünglich als Ursache für den Anstieg des Marktes gesehen worden war und dann später als Ursache für sein Fallen, war offensichtlich erneut die Ursache dafür, daß er nochmals fiel. Ein ökonomischer Aufschwung, der erst vor kurzem noch ein Baissezeichen war, wurde nun heftig als Hausse antizipiert.

Im August-September-Rundbrief wurde diese Position nochmals umgedreht: Der ökonomische Aufschwung wurde für ein Baissezeichen gehalten, während die schleppende Wirtschaft mit niedriger Inflation erneut auf Hausse hindeutete.

In der Ausgabe *Ausbildung von Zuversicht* vom 29. September erfuhren wir dann, daß die Kurse stiegen, da die „weitverbreitete Angst vor der Inflation“ – die vormals zurückgewiesen wurde – „etwas abgemildert“ wäre, während am 6. Oktober in der Ausgabe *Anspannung* die konfuse Wirtschaft und die daraus resultierende fehlende Inflation gemeinsam die Ursache für das Abfallen der Kurse darstellten.

Es zieht wahrscheinlich niemand die Möglichkeit in Betracht, daß jemand auf die Idee kommt, all diese Berichte im Nachhinein auf einmal zu lesen, was mich zu meinem guten Rat Nummer 23 bringt:

»Ein Prognostiker sollte niemals zurückblicken.«

Sicherlich hatten mich die Verflechtungen und Frontwechsel der Drexel-Berichte ins Schleudern gebracht. Soviel hatte ich mir zusammengereimt: Eine gute Wirtschaft war gut für die Börse, eine schleppende Wirtschaft war schlecht für die Börse, und umgekehrt. Weiter deuteten niedrige Ölpreise auf eine Hausse an der Börse hin, zumindest solange, bis höhere Ölpreise auf eine Hausse an der Börse hindeuteten. Da die Börse die Dinge, die sie bereits kannte, „abzog“, während sie das Unbekannte antizipierte, hatte es keinen Sinn, zu weit vorauszudenken. Und da die gegenwärtigen Verhältnisse sich so schnell veränderten, nützte es auch nichts, diese zu analysieren. Denken Sie daran, wenn Sie die neueste Prognose einer Maklerfirma aufschlagen und entdecken, daß deren jahrelanges „tobendes Deflationsszenario" über Nacht zu einem „tobenden Inflationsszenario" geworden war. Es konnte wirklich nicht so einfach sein, denn andernfalls würden diese Maklerfirmen nicht riesige Stäbe von Menschen und Computern beschäftigen, um diese Dinge herauszufinden.

Inmitten meiner Zweifel und Verwirrung, die durch das Überprüfen der Prognosen entstanden, dachte ich an Henry Kaufman. Wenn man einen Blick auf die ökonomische Zukunft wirft, warum sollte man nicht direkt zum König der ökonomischen Prognostiker, dem berühmten Sprecher von Salomon Brothers gehen, zu dem Mann, dessen Reden die Titelseite der *New York Times* gestalteten und dessen Prognosen Weltmärkte bewegten? Anstatt weiter mit Informationen aus zweiter Hand herumzuwursteln, beschloß ich, etwas Geld für eine weitere Reise nach New York auszugeben. Dort konnte ich Herrn Kaufman treffen, seine kurzfristige Prognose einholen und dann, was auch immer mir noch geblieben war, in einigen sorgfältig ausgewählten Calls oder Puts anlegen, wo ein großer Schachzug alles wiedergutmachen konnte.

Ich war wieder in das Appartment meines Freundes in New York zurückgekehrt und bereitete mich darauf vor, Herrn Kaufman zu treffen, als mir ein erstaunlicher Waschzettel aus einer Zeitschrift in die Hände fiel: „Astrologe prophezeite den 88-Punkte-Fall." Die Meldung bezog sich auf Herrn Crawford, den Astrologen, den ich damals im März in Saccos Coffeeshop getroffen hatte. Offensichtlich hatte er die letzte brutale Korrektur, die mich aus den Optionen, aus Prudential-Bache und aus Anlagewerten von über $ 4.000 herausgetrieben hatte, antizipiert!

Viele Leute werden sagen, man könne doch Henry Kaufman nicht mit Arch Crawford vergleichen. Herr Kaufman ist der Starökonom von Salomon Brothers und ich nahm an, daß er für seine Meinung wenigstens $ 1 Million im Jahr plus Versicherung verdiente. Herr Crawford, das wußte ich, verdiente mit seiner Meinung beträchtlich weniger. Aber bevor ich begann, an einem Interviewtermin mit Herrn Kaufman zu arbeiten, hatte ich vor, mich mit Herrn Crawford zu treffen. Tatsächlich rief ich ihn sofort an, nachdem ich den Waschzettel in der Zeitschrift gefunden hatte.

Was mich am meisten an dem Artikel beeindruckte, war, daß Herr Crawford offensichtlich ganz genaue Aussagen gemacht hatte. Andere Prognostiker, die ich verfolgt hatte, versuchten genaue Aussagen durch Wörter wie *wahrscheinlich*, *Szenario* oder *in einem gewissen Rahmen* zu vermeiden, aber Herr Crawford bestimmte nicht nur die exakte Woche, in der der Markt fallen würde, sondern auch den Umfang des Abfalls.

Der Astrologe war bereit, sich mit mir in seinem Lieblings-Coffeeshop zu treffen, aber er erschien nicht. Ich rief ihn nochmals an und er sagte, ich müsse den Termin falsch verstanden haben. Ich bestand darauf, daß er den Termin falsch verstanden habe, was für einen Astrologen eine sehr gefährliche Sache ist. Jedenfalls vereinbarten wir einen neuen Termin.

Herr Crawford trug dasselbe blaue Baumwollhemd, dieselben Cordsamthosen, dieselben dicken Brillengläser mit Drahtgestell, hatte immer noch rötliches Haar und die Gesichtszüge eines Appalachen und machte immer noch den Eindruck eines unterbezahlten Professors während seines Ferienjahrs. Und wieder bestellte er Tee ohne Koffein.

Ich gratulierte ihm zu der wunderbaren Prognose und sagte, ich wünschte, ich hätte früher davon gewußt. Er sagte mir, daß ich früher davon gewußt hätte. Er erinnerte mich daran, daß er mir seit unserem ersten Treffen seinen Börsenbrief *Crawford Perspektiven* zugesandt habe. Es handelte sich um das zweiseitige, kopierte Teil, das ich offensichtlich immer mit der Ramschpost weggeworfen hatte.

„Bei all den Dingen, die ich lesen mußte“, entschuldigte ich mich, „schätze ich, daß ihr Börsenbrief in dem Haufen verlorenging.“ Daß ich seine Prognose direkt in meinen Händen gehalten hatte, ohne es zu wissen, war eine traurige Erkenntnis. Herr Crawford versuchte mich aufzuheitern, indem er mir anbot, zu seinem Apartment zu eilen, das gleichzeitig als Büro diente, um mir eine weitere Ausgabe zu besorgen. Ich bot ihm an, mit ihm zu eilen, um seinen Arbeitsplatz zu sehen. Er lehnte ab, genauso wie er es bei unserem letzten Treffen getan hatte, denn er beteuerte, daß die Wohnung immer noch unordentlich sei. Nach ein paar Minuten kam Herr Crawford mit einer Ausgabe vom 30. August 1986 zurück, maschinengeschrieben und kopiert auf einfarbigem grauen Papier. Die Überschrift lautete:

KURZFRISTIGES VERKAUFSSIGNAL
IN DIESER WOCHE!!
LANGFRISTIGES VERKAUFSSIGNAL WEITER INTAKT!!

Der darauffolgende Text beschrieb eine „gefährliche massive Top-Umkehrformation“ und den allgemein kläglichen Zustand des Marktes. „Man hat die Öffentlichkeit mit dem Gedanken beschwichtigt, daß jegliche Korrekturen auch weiterhin begrenzt sein werden“, hieß es da. „Ohne Zweifel werden sie auf dem gesamten Weg abwärts Aktien kaufen – dieselben Aktien, die sie frustriert hatten, weil sie sie während des gesamten Aufstiegs verpaßt hatten ...“ So lautete die Präambel zur ebenso kläglichen Verfassung des Himmels, die sich aus dem Neumond in der späten Nacht zum Donnerstag, einer Konjunktion der Sonne mit Merkur am Freitag, dem 5., und dem rechten Winkel, den Jupiter am Samstag, dem 6., gegenüber Uranus einnahm, ergab. Zwei fürchterliche Konfigurationen würden sich am Montag, dem 8., sowie am Mittwoch und Donnerstag, dem 10. und 11., ereignen. Darunter stand der eindeutige Ratschlag von Herrn Crawford:

Halten Sie zwischen dem 3. und 11. September Ausschau nach dem Top dieser Bewegung, wobei die höchste Wahrscheinlichkeit für einen Rückgang zwischen dem 4. und 8. liegt. Steigen Sie in dieser gefährlichen Zeit komplett aus Longpositionen aus und wechseln Sie in Shortpositionen. Wir wollen für die nächsten paar Wochen keine Aktien besitzen. Im September könnten wir einen Absturz um hundert Punkte an einem Tag erleben ... In der Hoffnung auf einen letzten Vorstoß in neue Höhen in der kommenden Woche ent-

ledigen wir uns all unserer Aktien und bereiten uns auf die Extreme eines frühen Frostes vor. SEIEN SIE AUF DER HUT!

Er hatte zwar von 100 Punkten gesprochen und der tatsächliche Abfall lag bei 88. Es war trotzdem äußerst beeindruckend. In sechs Monaten hatte er mindestens zwei akkurate Prognosen gemacht. Zusammen mit dem Börsenbrief hatte er einen Chart mitgebracht, der einer historischen Zeitlinie ähnelte und seine bemerkenswerten Aufzeichnungen bis zurück ins Jahr 1977 zeigte. Für einen unabhängigen Echtheitsnachweis lud er mich erneut ein, Dan Dorfman, einen bekannten Wall Street-Reporter, zu kontaktieren.

Ich war kurz davor, Herrn Crawford zu bitten, mir seine nächste Prognose zu verraten, aber meine Besonnenheit veranlaßte mich, diesem Impuls zu widerstehen. Welcher Art sein Vorschlag auch wäre, ich würde wahrscheinlich investiert haben, und ich entschied, daß es idiotisch wäre, sich nur aus astrologischen Gründen wieder in den Markt hineinzustürzen, wo ich doch den langen Weg auf mich genommen hatte, um zu hören, was der König der Prognostiker, der höchst anerkannte und weithin befolgte Herr Kaufman zu sagen hatte. Als ich bei Herrn Crawford erwähnte, daß ich versuchte, den großen Ökonomen zu sprechen, antwortete der Astrologe: „Oh ja, Henry. 1982 habe ich mein Kaufsignal drei Tage vor ihm ausgegeben."

Mit Herrn Kaufman zu sprechen war gar nicht so einfach wie mit Herrn Crawford zu sprechen. Herr Kaufman lebte wahrscheinlich in Manhattan, aber ich war mir darin nicht hundertprozentig sicher. Seine private Telefonnummer war nicht registriert und Herr Crawford meinte, er hätte Henry noch niemals in Saccos Coffeeshop gesehen.

Ich rief Herrn Kaufman bei Salomon Brothers an und wurde mit einem Angestellten aus der Public Relations-Abteilung verbunden. Ich hatte schon Glück, bei diesem Versuch wenigstens mit Herrn Brophy sprechen zu können. Nachdem ich erklärt hatte, daß ich einige tolle Sachen über Herrn Kaufmans Prognosen gehört hatte, sagte Herr Brophy, daß es für mich vielleicht möglich sei, ein Interview zu bekommen; aber bevor ich einen formalen Antrag stellte, wäre es sinnvoll, wenn ich Herrn Kaufmans Reden lesen würde. Er stellte mir ein kleines Paket mit einigen davon zusammen, die bis 1981 zurückreichten.

Dieses Paket wurde für mich bei Adams and Rinehart hinterlassen, einer Public Relations-Agentur, die Herrn Brophy vertrat, der seinerseits wiederum Herrn Kaufman vertrat. Während ich die Unterlagen durchblätterte, fragte ich mich insgeheim, was Herr Kaufman wohl über den 30. August 1986 vorhergesagt hatte, dem Tag, an dem Herr Crawford sein planetarisches Verkaufssignal veröffentlicht hatte. Die Rede, die Herr Kaufman zwei Tage zuvor bei einem Federal Reserve-Treffen in Jackson, Wyoming, gehalten hatte, kam dem Datum am nächsten. In jener Rede machte Herr Kaufman einige wenige vorsichtige Beobachtungen – wie zum Beispiel, daß das US-Defizit nicht plötzlich verschwinden würde, daß unsere Führer nicht wüßten, was sie tun sollten, daß das Finanzwesen neu definiert werden müßte und so weiter – aber diese Aussagen waren weit davon entfernt, die unmittelbare Gefahr aus den beiden Konstellationen Sonne in Konjunktion mit Merkur und Jupiter im Quadrat zu Uranus zu erkennen, die Herr Crawford zu seinem Ratschlag geführt hatten, alle Aktien zu verkaufen.

Nicht, daß Herr Kaufman bestimmte Aktien erwähnt hatte. Herr Kaufman wurde nicht dafür bezahlt, ein Börsen-Timer zu sein. Was er statt dessen tat, war, einen Gesamtkurs der Wirtschaft offenzulegen, der die Aktien und Anleihen direkt beeinflußte.

Da ich in der Jackson-Rede keinerlei Anzeichen für eine Prognose gefunden hatte, ging ich zurück bis zur ersten Rede in meinem Paket, die vom 22. April 1981 stammte. Neben vielen allgemeinen Aussagen über „zyklische Muster“ und derartige Dinge, fand ich eine eindeutige Prognose. Herr Kaufman war überzeugt, daß die Zinssätze steigen würden. „Man kann mit Sicherheit sagen, daß sie die derzeit herrschenden Grenzen in allen Fälligkeiten um ein Beträchtliches übersteigen werden“, so seine eigentliche Aussage.

Als ich diese Aussage mit den Ergebnissen verglich, stellte ich fest, daß die vorherrschende Rate für langfristige Anleihen zum Zeitpunkt von Herrn Kaufmans Rede 20 Prozent erreicht hatte und die Zinssätze von da an fielen. Ich sage dies mit allem nötigen Respekt, aber Herr Kaufman schien sich geirrt zu haben.

Jeder Prognostiker kann sich von Zeit zu Zeit irren und aus dem Ansehen, das Herr Kaufman genoß, schloß ich, daß ihm das nur äußerst selten passierte. Leider fehlte in meinem Paket die berühmte Rede, in der er eine Umkehr der Zinssätze für 1982 korrekt prognostizierte. In meinen Unterlagen gab es ein großes Loch zwischen der irrtümlichen Prognose vom April 1981, aus der ich bereits zitierte, und der Rede, die Herr Kaufman auf einer Konferenz zum finanziellen Ausblick im Februar 1984 in New York hielt. Dort prognostizierte er erneut, daß „kurz- und langfristige Zinssätze in naher Zukunft steigen werden." Am 4. Mai 1984 erklärte er einer Gruppe texanischer Banker, daß die Zinssätze „sensationell steigen würden" und warnte davor, daß die Fed sehr bald „gezwungen wäre, auf die Warnsignale der Inflation zu reagieren."

Im Nachhinein ist natürlich alles einfacher, aber wir wissen nun, daß die Zinssätze nicht höher, sondern niedriger wurden, daß es keine Warnsignale der Inflation gab, und daß die Fed sich nicht der Geldverknappung widmete, sondern eigentlich genau das Gegenteil tat. Trotz eines geringen Anstiegs der Zinssätze in der Mitte des Jahres ging der allgemeine Trend nach unten. Gerade zu der Zeit, als Herr Kaufman seine Behauptungen gegenüber den texanischen Bankern machte, begannen die langfristigen Anleihen zu steigen und die Renditen zu fallen.

Im Oktober 1984 hielt Herr Kaufman eine weitere Rede auf der jährlichen Anleihenkonferenz im New Yorker Hilton. Hier gestand er zwar nicht ein, daß ihm die deutliche Erholung bei den Anleihen und der Rückgang der Zinssätze seit Mitte des Sommers entgangen war, jedoch erklärte er bis ins letzte Detail die Gründe, weshalb diese Ereignisse stattfanden. Er nannte diese Anstrengung „Zinssätze – die zyklische Perspektive." Am Ende warnte er nochmals, daß niedrigere Zinssätze ein „angenehmes

Zwischenspiel" seien und höhere Sätze mit Sicherheit folgen würden.

Wiederum ist es einfacher, im Nachhinein zu bewerten, aber wir erkennen nun, daß das Jahr 1985 niedrigere Zinssätze, eine schleppende Wirtschaft und mehr Fusionen und Akquisitionen brachte, als irgend jemand sich vorstellen hätte können. Herr Kaufman blieb leider bei seiner alten Geschichte. Am 22. Mai 1985 sagte er in einer Rede in New Orleans erneut den Abfall der Zinssätze, die Wiederbelebung der Wirtschaft und so weiter voraus. Mitten in jenem Sommer erklärte er der schweizerisch-amerikanischen Handelskammer in Zürich, daß die Anleihen ihre besten Tage bereits gesehen hatten und die Fed schon bald den Geldvorrat verknappen und die Zinssätze anheben würde.

Wie wir wissen, tat die Fed die meiste Zeit des Jahres 1986 das Gegenteil; Anleihen erholten sich und Zinssätze fielen. Im September dieses Haussejahres hielt Herr Kaufman einen Vortrag über die sechs Hauptursachen des längsten und konsequentesten Zinssatzrückgangs der Nachkriegsgeschichte. Und wieder erwähnte er nirgendwo, daß ihm die letzten drei oder vier Jahre davon entgangen waren und/oder weshalb. Er schloß so voller Überzeugung mit der Aussage, daß uns die Wirtschaft mit kräftigem Wachstum davonlaufen und die Anleihen sich weiterhin erholen würden, als hätte er diese Meinung schon die ganze Zeit vertreten.

Nachdem ich meine Hausaufgaben in punkto Reden erledigt hatte und neugierig war, wie Herr Kaufman sich in jedem Punkt, in dem Herr Crawford nach eigenem Bekunden richtig lag, geirrt haben konnte, rief ich Herrn Brophy an und bat nochmals um einen Interviewtermin mit seinem Chef. Herr Brophy erklärte, daß Herr Kaufman sehr beschäftigt und viel zu Vorträgen unterwegs wäre. Ich versuchte mir vorzustellen, warum. Dann erinnerte ich mich daran, daß auch ich den weiten Weg auf mich genommen hatte, um Herrn Kaufman zu lauschen. Herr Brophy schlug vor, daß ich ihn in ein oder zwei Tagen zurückrufen solle.

Als ich das tat, fragte mich Herr Brophy, ob ich Herrn Kaufmans Buch gelesen hätte. Ich wußte nicht, daß er jemals ein Buch geschrieben hatte, aber ich sagte zu Herrn Brophy, daß ich noch nicht die Gelegeheit gehabt hätte, eine Ausgabe zu ergattern. Herr Brophy erklärte, daß das Buch viele der Fragen, die ich vermutlich stellen würde, beantwortete, so daß es sinnlos wäre, Herrn Kaufmans Zeit zu verschwenden, bevor ich es nicht gelesen hätte.

Herr Brophy schickte mir freundlicherweise noch am gleichen Tag per Kurier eine Ausgabe. Der Titel lautete: *Interest Rates, the Markets, and the New Financial World,* und ich verbrachte den Abend damit im Bett. Es beinhaltete einige exzellente Analysen unserer Staatsschuldenprobleme und Kreditprobleme, aber ich überflog all diese Abschnitte und vertiefte mich in das Kapitel über Prognosen. Hier gab es eine detaillierte Beschreibung der drei Male, die Herr Kaufman gute Prognosen abgegeben hatte – alle von 1982 oder früher. Es gab nicht eine einzige Bemerkung zu der Verluststrähne, über die ich mir eine Erklärung erhofft hatte.

Früh am nächsten Morgen rief ich Herrn Brophy an und erklärte, ich hätte das Buch gelesen, aber einige Fragen seien offen geblieben. Er arrangierte ein Telefoninterview mit Herrn Kaufman – das Beste, was er für mich tun konnte.

Herr Kaufman hatte eine angenehme Telefonstimme, klang aber etwas verschnupft. Ich versuchte, ihn mit der Frage, wie viele Leute ihn bei Salomon Brothers beim Erstellen der Prognosen unterstützten, etwas aufzuwärmen. Er sagte, daß 350 Personen einiges an professionellem Input beitragen würden, daß aber die letzte Entscheidung, ob Zinssätze steigen oder fallen würden, bei ihm liege.

So behutsam wie ich nur konnte, fragte ich nach der Genauigkeit dieser letzten Entscheidungen insgesamt. Sofort kam Herr Kaufman auf den großen Umschwung im August 1982 zu sprechen, den er korrekt prognostiziert hatte. Er erinnerte ebenso daran, daß er im Mai 1983 „korrekt eine Baisse prognostiziert hatte.“ Als ich ihn über den Zeitraum von 1984 bis 1986 befragte, gab er unumwunden zu, daß es dort einige Probleme gegeben hatte. Ich notierte mir schnell folgende Sätze: „Ich erkannte die wirtschaftliche Verlangsamung nicht“, „ich dachte, die Wirtschaft würde sich erholen", „im Nachhinein erkenne ich, daß es sich nicht um eine typische zyklische Lage handelte", „Elemente der Diskontinuität" und „ein sich rapide veränderndes Finanzwesen." Er bat mich, mir vorzustellen, wie schwierig es sei, in der Mitte des Häuserblocks zu stehen und zu raten, was um die Ecke kommen werde.

Er bestätigte, daß er nach wie vor an der Spitze der Forschungsabteilung von Salomon Brothers stehe und immer noch eine große Nachfrage nach seinen Prognosen bestehe, so daß sein Ruf nicht gelitten habe. Er sagte, daß sein kürzlicher Rücktritt vom Amt des Vizevorsitzenden im Verwaltungsrat von Salomon Brothers nichts mit irrtümlichen Prognosen zu tun habe. Es handle sich hier um einen Wechsel im Management, der sich zum Teil aus einer hausinternen Unstimmigkeit über die Wertigkeit von Junk Bonds ergeben habe.

Es liegt mir fern, einen intelligenten, hochangesehenen Ökonomen herabzusetzen. Daß Herr Kaufman auch während seiner zurückliegenden Verluststrähne eine große Zuhörerschaft und ein großes Gehalt erzielte und auf allen Titelseiten zu finden war, beweist nur, daß das Prognostizieren ein schwieriges Geschäft ist, in dem Irrtümer alltäglich sind und weitgehend toleriert werden. Aus den Unterlagen in meinem Paket bemerkte ich, daß er kaum zweimal in derselben Stadt oder vor derselben Gruppe gesprochen hatte. Ich bezweifle, daß es sich hierbei um eine vorsätzliche Politik handelte, aber an seiner Stelle würde ich das gleiche tun.

Verlassen wir Herrn Kaufman, während er den weiteren Fall der langfristigen Zinssätze prognostiziert sowie eine weiterhin schleppende Wirtschaft, die fortgesetzte Lockerung durch die Fed und ein geringes Inflationsrisiko im Jahre 1987. Vielleicht konnte man daraus ja eine potentielle konträre Strategie ableiten – nämlich shorte Herrn Kaufman –, allerdings hatte ich inzwischen eine klare Präferenz für den Astrologen entwickelt. Obwohl ich die ganze Zeit dagegen gekämpft hatte, war es mir unmöglich, die Tatsache zu ignorieren, daß 350 Helfer und die Ressourcen einer der größten Firmen an der Wall Street solch extreme Fehlkalkulationen produzierten, daß es nicht einmal Astrologen oder Dartspieler schlechter hätten machen können, wenn sie es versucht hätten. Doch ich möchte nochmals darauf hinweisen, daß ich dies als den Ausdruck eines Wahns, der dem allgemeinen Versuch einer ökonomischen Prognose innewohnt, bezeichnen möchte und nicht als irgendein Defizit insbesondere der vorab genannten Prognostiker.

Ich rief Herrn Dorfman an, um eine Bestätigung für Herrn Crawfords Genialität was die Prognose der Marktrichtung betraf, zu erhalten, nur um festzustellen, daß Herr Dorfmann nicht mehr so gut auf den Astrologen zu sprechen war. „Es gab eine Zeit, da brachte er sagenhafte Werte", sagte der Wall Street-Reporter. „Ich pries ihn in meiner Kolumne an. Dann merkte ich, daß er seine Meinung täglich zu ändern schien. Es wurde so schlimm, daß ich die Prämisse akzeptieren mußte, daß Herr Crawford nicht sehr gut ist."

Sogar nachdem ich diese bitteren Neuigkeiten vernommen hatte, hätte ich Herrn Crawfords Meinung höher geschätzt als die von Herrn Kaufman, und tatsächlich rief ich den Astrologen an, um ihn nach seinen neuesten planetarischen Prognosen zu fragen. Das Problem war, daß Herr Crawford gerade etwas durcheinander war. „Wenn der Markt in den nächsten zwei Tagen fällt, dann gebe ich ein Kaufsignal", sagte er. „Das würde für zwei oder drei Wochen gelten. Aber wenn der Markt steigt, gebe ich ein kurzfristiges Verkaufssignal. Wenn wir dann eine bessere Basis ausbilden, werde ich ein uneingeschränktes Kaufsignal erteilen." Hier schlug ich die Hände über dem Kopf zusammen und machte mich auf die Suche nach Ivan Boesky.

30

Meine Insider-Informationen

Da ich kein Vertrauen mehr hatte, zu entscheiden, welche Richtung der Markt einschlagen würde, was wiederum kurzfristige Vorhersagen unmöglich machte, lief meine letzte Reise nach New York Gefahr, zu einer weiteren Geld- und Zeitverschwendung zu werden. Nur weil ich es für den allerletzten Ausweg hielt, zog ich eine Rettung durch den berühmten Anleger Herrn Boesky in Betracht, von dem ich hoffte, ihn mit einem etwas klareren Kopf und beiden Beinen auf dem Boden der Tatsachen stehend anzutreffen. Während der ganzen Zeit, in der ich Geld verloren hatte, wurde Herr Boesky von der *Wall Street Week* bis hin zu meiner Schwiegermutter einstimmig als Champion der Aktienauswähler gehandelt. Meine Schwiegermutter hatte mir gesagt: „Wenn du über Aktien schreibst, warum solltest du dann nicht mit einem Mann sprechen, der erfolgreich ist und etwas von seiner Arbeit versteht?" Das hatte auf mich die gleiche Wirkung, als ob sie unverblümt gesagt hätte: „Ivan Boesky verdiente 400 Millionen Dollar mit dem gleichen Zeitaufwand, den es dich gekostet hat, 10.000 Dollar zu verlieren."

Herr Boesky gehörte zu einer Elitegruppe von Investoren, die als Risikoarbitrageure bezeichnet wurden. Diese Leute kauften Aktien von Firmen, die offensichtlich Kandidaten für eine Übernahme waren, da Übernahmeangebote gewöhnlich völlig unabhängig von den Marktkonditionen große Kurssprünge nach sich ziehen. In einigen Fällen drohten die Risikoarbitrageure, die Firmen selbst zu übernehmen, eine Aussicht, die vom Management bis zum Ladentisch Verteidigungsmaßnahmen verursachte, welche die Aktienkurse oft noch weiter in die Höhe trieben. Hier konnte ein Optionenspieler mit den richtigen Informationen in kurzer Zeit riesige Gewinne realisieren, ohne sich dabei an Gesamtmarktvorhersagen aufzureiben.

Meine Verbindung zu Herrn Boesky lief über meinen Schwager. Mein Schwager arbeitete für einen New Yorker Restaurantgroßlieferanten, der an Herrn Boesky Kaviar und Lachs in riesigen Mengen verkaufte. Das ist möglich, wenn man so erfolgreich ist wie Herr Boesky. Ich sagte meinem Schwager, daß ich Herrn Boesky gerne zur Geschichte der Börse interviewen würde, aber offen gesagt habe ich gelogen. Tatsächlich wollte ich einen guten Tip über eine Firma, die kurz vor einer Übernahxme stand, oder irgendeine Aktie, die ganz sicher in Kürze hochschnellen würde.

Das war kurz bevor Herr Boesky erwischt und des Insiderhandels für schuldig befunden worden war. Vor seinen Schwierigkeiten mit dem Gesetz wurden Herrn Boeskys Informationen für ebenso gesetzmäßig gehalten wie jedermanns Informationen – nur für viel wertvoller.

„Du solltest versuchen, ihn am Morgen zu erwischen", sagte mein Schwager. „Ich habe gehört, daß er in seinem Winnebago-Wohnmobil mit Satellitenschüssel auf dem Dach von Westchester hereinfährt und bereits Millionenwerte an Aktien gekauft hat, bevor er den Fluß überquert und in Manhattan ankommt." Mein Schwager hinterließ eine Nachricht für Herrn Boesky, aber der rief nicht zurück. Das, so sagte mein Schwager, sei ungewöhnlich.

Ich ging zu Herrn Boeskys Bürogebäude auf der Fifth Avenue, um ihn vielleicht persönlich zu erwischen, aber es standen Sicherheitsbeamte an den Aufzügen. Dann suchte ich nach einem Keller, um herauszufinden, ob ich in Herrn Boeskys Büroabfall stöbern konnte. Ich hoffte, einen Fetzen Papier zu finden, der einen Hinweis auf seine Aktionen geben würde, aber ich konnte um den ganzen Häuserblock herum keinen Keller oder irgend etwas, das einem Abfalleimer ähnlich sah, entdecken. In diesem teueren Viertel New Yorks schien der Abfall von selbst zu verschwinden.

Da ich kein Glück hatte, Herrn Boesky zu treffen oder wenigstens seine Hinterlassenschaften zu untersuchen, beschloß ich das zu tun, was mir als Nächstbestes erschien. Ich pirschte mich an einige seiner Konkurrenten heran. Dies waren andere sogenannte Risikoarbitrageure einer angesehenen Firma, die mich baten, ihre Namen aus dieser Sache herauszuhalten. Ich dachte mir für sie das Pseudonym Troutman aus.

Es war nicht einfach, in den Raum von Troutman zu gelangen, in dem die Risikoarbitrageure, die mit Herrn Boesky konkurrierten, ihren Handel trieben. Zuerst mußte ich einen Freund eines anderen Freundes kontaktieren, einen angesehenen Wall-Street-Analysten, der zu Troutmans Grauer Eminenz geworden war. Leider wollte er nur darüber sprechen, was mit den Märkten nicht stimmte. Ich wollte einen profitablen Hinweis, während er das Ende der Moral an der Wall Street beklagen wollte. Er schwelgte in Erinnerungen über die gute alte Zeit, als die Leute noch an Aktien festhielten, als sie ihre Positionen noch mit einem gesunden Vertrauen in den Markt auswählten, als sie „investierten" anstatt „spekulierten". Es war ein düsteres Bild, das er entwarf, das sage ich Ihnen. Einige der Notizen, die ich mir machte, beinhalten Sätze wie „alles ist zum Verkauf", „keine Ehre unter den Dieben", „es zählt der schnelle Profit" und „jeder will Insider-Informationen." Am meisten beängstigte mich seine „Theorie vom noch größeren Idioten."

„Das ist die gegenwärtige Situation", sagte meine Quelle. „Die Leute kaufen Aktien, nicht weil sie an sie glauben, sondern weil sie annehmen, daß ihnen ein noch größerer Idiot mehr dafür bezahlen wird, als sie selbst bezahlt haben. Es war einmal so, daß die breite Masse der noch größere Idiot war, aber jetzt sind es die Portefeuillemanager selbst. Wer verkauft an wen, wenn die Institutionen die Märkte kontrollieren? Die großen Institutionen sind sich selbst der noch größere Idiot.

Ich versuchte, so verständnisvoll wie möglich mit dem Kopf zu nicken, während ich meine Ohren für eine winzige Zusatzinformation spitzte, mit deren Hilfe ich eine verläßliche kurzfristige Investition tätigen konnte. Die einzige nützliche Sache, die ich hörte, tauchte in einem Telefongespräch auf, das die Graue Eminenz von einem Freund erhielt, der Centronics Data Computer empfahl. Ich wollte aber keine Centronics Data Computer-Optionen kaufen, weil ich einen Centronics-Drucker besaß, der nicht anständig funktionierte.

Nach dieser deprimierenden Diskussion erklärte ich meiner neuen Bekanntschaft, daß ich gerne einige Arbitrageure kennenlernen würde, und er führte mich in den Raum, in dem die Programmhändler arbeiteten. Das waren Leute, die Aktienpakete kauften und die entsprechenden Aktienindexfutures verkauften oder Aktienindexfutures kauften und die entsprechenden Aktienpakete verkauften und dabei die Kursschwankungen ausschlachteten. Genauso wie es Herr Ritchey mit Anleihen und anderen Waren tat. Millionen von Dollar flossen in den Programmhandel und die Entscheidungen wurden von Computern getroffen. Da ich nicht über Millionen von Dollar verfügte, war der Programmhandel nur von akademischem Interesse, und ich informierte meinen Führer, daß ich es vorziehen würde, Risikoarbitrageure zu besuchen, die in Übernahmesituationen investierten.

Schließlich war ich zu dem Chef der Risikoarbitrageabteilung durchgedrungen, einem Mann, den ich Orton nennen werde. Ich fand, daß Orton beunruhigend brilliant war, wie jemand aus einem Yiddischen Varieté. Er erzählte mir, daß er ein ehemaliger Parketthändler sei, der beschlossen hatte, daß „die 1/8s und 1/4s keine Bedeutung mehr hatten."

Das bedeutete für ihn, daß die kleinen Profithäppchen nicht mehr aufregend waren, was an der Wall Street nicht in die Rente, sondern zu einer Promotion führt. Orton stieg zum Manager des 400 Millionen Dollar Risikoarbitrage-Portefeuilles bei Troutman auf.

Als mich Orton in den Verkaufsbereich eskortierte, bemerkte ich eine britische Flagge an der Decke, fünf Standuhren und eine Computerreihe, die von zwei Männern und zwei Frauen bedient wurde. Ich hörte so genau hin, wie ich nur konnte, aber niemand erwähnte eine Aktie. Orton scheuchte mich sofort in ein verglastes Büro, das an den Handelsraum angrenzte, der mich an einen Wartesaal für werdende Väter auf einer Entbindungsstation erinnerte. Ich konnte die Bemerkungen der Risikoarbitrageuere von meiner Seite des Glasverschlags aus nicht verstehen, aber ich versuchte, von ihren Lippen zu lesen.

In der Ecke des Raums stand ein Stuhl aus Sackleinen, der die Form eines Baseballhandschuhs hatte. Auf dem Tisch vor uns lag ein Computerausdruck über all die Aktien, in die Orton und seine

Leute derzeit investierten. Ich wollte einen Blick darauf werfen, hatte aber das Gefühl, daß es unhöflich sei, zu schnüffeln. Da lag es, ein Haufen potentieller Gewinne, nur wenige Zentimeter von meinen Fingerspitzen entfernt. Ich starrte auf die Ausdrucke, während Orton ein Telefongespräch führte.

„Meine Mutter", sagte er, als er den Hörer auflegte. „Meine Mutter fragt mich nach einem Aktientip, sagt, sie wolle Aktion haben. Dann gebe ich ihr einen Aktientip, die Aktie fällt um ein paar Punkte, und sie ruft mich an, um sich zu beschweren. Was soll das? Die soll mich doch kreuzweise ..." Diese Rede hielt er, während er aufgeregt im Zimmer umherrannte und wutentbrannt auf einem Riesenbatzen Kaugummi kaute.

Ich fragte Orton, ob er seine Ideen mit Kollegenarbitrageuren austauschte, besonders mit Ivan Boesky. „Wir rufen uns an", sagte er. „Natürlich rufen wir uns an. Nehmen sie Viacom. Vielleicht kann ich einige Jungs anrufen und herausfinden, wer die Aktie kauft. Ich rufe vielleicht einen der Kumpels bei Goldman Sachs an, und er verrät mir eventuell – oder auch nicht –, wer Viacom kauft. Oder ich frage vielleicht einen der Händler im Börsensaal. Die meisten Firmen haben die gleichen Floortrader – also was soll's?

Nehmen sie CBS. Ich war gerade mit einem Typen beim Abendessen, der sagte, die würden in einem Jahr auf $ 180 steigen. Sie liegen jetzt glaube ich bei $ 125. Solches Zeug hören sie die ganze Zeit. Die Sache ist nur, lohnt es sich?

Manchmal kann man herausfinden, was in einer speziellen Situation abläuft – zum Beispiel, was Boesky macht. Manchmal kauft er Aktien, nur um den Rest von uns zu überzeugen, daß er auf dieser Seite der Aktie steht. Inzwischen verkauft er insgeheim über eine andere Firma, so daß es sich herausstellt, daß wir von ihm kaufen. Ich spreche nicht direkt mit Boesky. Ich spreche nicht direkt mit Boesky-Leuten. Es ist unmöglich, das zu tun. Die scheinen sich sehr abzuschotten."

Durch die Wände des Außenraumes hörte ich, wie jemand „31 5/8" brüllte, und Orton stand auf, verabschiedete sich und nahm den Computerausdruck mit. Ein Ersatzmann, den ich Graham nennen werde, wurde geschickt, um die Diskussion fortzusetzen. Graham fuhr mit einem Beispiel fort, weshalb Risikoarbitrage ein heikles Geschäft und zu kompliziert für einen Amateur sei.

Er erzählte mir eine lange Geschichte darüber, was mit der Aktie von Anderson Clyton passiert sei, einer Firma, die kürzlich „im Spiel" war, wie es die Arbs nennen, wenn sie interessiert sind. Die Familienbesitzer von Anderson Clayton hatten verkaufen wollen, und es gab einige Cliquen, die um die Kontrolle boten, was die Aktie zu einem perfekten Kandidaten für eine Risikoarbitrage machte. Für Troutman war der eigentliche Kauf der Aktie noch der geringste Aufwand. Sie schickten Anwälte, um gewisse rivalisierende Bieter gerichtlich zu belangen. Sie heuerten Schätzer an, um die Aktie zu bewerten, sie analysierten Handelsmuster, spitzten ihre Ohren für Tratsch darüber, wer was macht, und nachdem alles gesagt und getan war, wußten sie immer noch nicht exakt, was vor sich ging. Der ganze Aufwand führte zu einem Gewinn von $ 9 pro Aktie, da sie die Aktie bei $ 56 gekauft und zu $ 65 verkauft hatten.

Was Graham betonen wollte, war, daß man nicht erwarten konnte, eine Aktie zu kaufen und dann abzuwarten, daß sie steigt. Man müßte sich sehr daran beteiligen, und selbst dann gab es keine Garantie.

Nachdem Graham mit seiner Geschichte fertig war, steckte einer seiner Kollegen mit einer aufregenden Nachricht den Kopf zur Tür herein. Er war gerade aus einem Flieger ausgestiegen, wo er gehört hatte, wie eine Frau, die in der Nähe saß, jemandem erzählte, daß Holiday Inn übernommen werden würde. Er hatte gerade den Quotron gecheckt, und tatsächlich war die Holiday Inn-Aktie um sechs Punkte gestiegen. Das verursachte eine große Geschäftigkeit am Händlertisch und Graham beendete schnell unsere Unterhaltung. Er begleitete mich zur Tür.

So sehr mich auch Grahams Rede über die Komplexität des Anderson Clayton-Deals hinsichtlich der Kultiviertheit der Risikoarbitrage hätte beeindrucken sollen, sie wurde vom Holiday Inn-Vorfall unterlaufen. Aus diesem schloß ich, daß diese gutinformierten Professionellen auf den gleichen Flugzeugtratsch hörten, den sie und ich belauschen würden. Und daß sie genauso darauf reagierten.

Hier hatte ich also meine große Gelegenheit. Aus dem jubilierenden Tumult, der dem Holiday Inn-Gerücht folgte, zu schließen, schien es sicher zu sein, daß Troutman ein größeres Aktienpaket kaufen würde. Ich war bereit, loszugehen und mein restliches Kapital in Holiday Inn-Optionen zu investieren, als ich noch einen kurzen Halt auf der Toilette in der Troutman-Lobby einlegte. Dort hörte ich, wie zwei gutgekleidete Angestellte über die „Bally-Übernahme" diskutierten. Da ich fest daran glaubte, daß sich eine Nachricht, die ich auf einer Toilette aufgelesen hatte, als wertvoller erweisen würde als die Information, die ich durch ein normales Interview im Büro erhalten hatte, verlor ich augenblicklich das Interesse an Holiday Inn und entschied mich zugunsten von Bally. Es war genau die Art von zufälligem Hinweis, die ich mir von Herrn Boeskys Büro erhofft hatte. Eine Sache, die sich ganz natürlich am Standort der Spekulanten ergab. Ich rief meinen neuen Discount-Broker an und kaufte 10 Bally Mai 22 1/2 Call-Optionen. Das kostete mich $ 2.426,44, und so blieben mir von meinem Originaleinsatz noch ganze $ 800 in bar.

31

Die Wall Street steht Kopf

Das nächste, was ich erfuhr, war, daß Herr Boesky verhaftet wurde, weil er angeblich aufgrund von Insider-Informationen gehandelt hatte, die ihm seine Millionen Dollar einbrachten. Offensichtlich hatten die Leute auf der einen Seite der Chinesischen Mauer – in verschiedenen Fusions- und Akquisitionsabteilungen von Banken und Maklerfirmen – Informationen an die Leute auf der anderen Seite der Chinesischen Mauer durchsickern lassen, und Herr Boesky war der Hauptnutznießer. Da er bereits im voraus von zahlreichen anstehenden Übernahmen und Deals wußte, die die Kurse nach oben katapultieren würden, machte Herr Boesky aus dem Investment eine einfache Sache.

Ich wußte nun, warum er mich nicht zurückgerufen hatte. Er hatte bereits die SEC-Abhörer in der Leitung. Wer weiß, was passiert wäre, wenn sie mich aufgezeichnet hätten, während ich „Geben sie mir einen Tip. Verraten sie mir etwas, egal was, so daß ich mein Portefeuille retten kann" in die Muschel gebrüllt hätte. Denn genauso hatte ich geplant, um seine Gnade zu bitten. Inzwischen sagte mir meine Schwiegermutter: „Zum Glück hast du dich von diesem dummen Mann ferngehalten."

Jeder, der unbedingt mit Herrn Boesky hatte sprechen wollen, wollte ganz plötzlich nichts mehr mit ihm zu tun haben. Er war in universelle Ungnade gefallen. Die gesamte Wall Street war schockiert, und es wurde über eine weitere Anklageschrift gemunkelt. Das beunruhigte mich sehr. Was wäre, wenn ich im Bally-Deal ebenfalls aufgrund von Insider-Informationen gehandelt hatte? Schließlich hatte ich es auf einer Toilette und von zwei Spielern aus dem gleichen Spiel, an dem auch Herr Boesky teilgenommen hatte, belauscht. Das wäre ein passendes Ende für meine Unternehmung: der einzige Insiderhändler, der sein ganzes Geld verloren hat.

Um potentielle Probleme zu verhüten, bevor diese auftauchten, rief ich das Büro der Securities and Exchange Commission in

New York an und wurde zu Herrn Anthony von der Abteilung Gesetzesauslegung durchgestellt. Ich hatte schon früher mit ihm über den Verkauf von Aktien auf einem Flohmarkt gesprochen, aber ich glaube nicht, daß er sich daran erinnerte. Diesmal – und ohne meine Hand vor den Hörer zu halten – bat ich ihn, „Insiderhandel“ in Bezug auf Informationen, die man an öffentlichen Plätzen belauscht, zu definieren. Zu meiner großen Überraschung erklärte er, daß es überhaupt keine richtige Definition für den Insiderhandel gab.

„Wir sagen immer, genauso wie man Pornographie erkennt, wenn man sie sieht, erkennt man Insiderhandel, wenn man ihn sieht“, sagte er.

Da ich mir noch nicht sicher war, etwas dergleichen gesehen zu haben, kehrte ich zu meinem neuen Freund Orton, dem Risikoarbitrageur zurück, um die jüngsten Ereignisse mit ihm zu diskutieren. Unter dem Einfluß der zurückliegenden Boesky-Enthüllungen war Orton sprachlos – aber nur, weil er die Grippe hatte. Zwischen Hustenanfällen erzählte er mir, daß das gesamte Investmentgeschäft am Tag nach Herrn Boeskys Anklage transformiert wurde. „Das Spiel ist aus“, sagte Orton. „Wir haben wieder eine pre-Deal-Situation. Es ist wieder wie in den 70ern. Die Leute sprechen nicht mehr miteinander.“

Orton erklärte, daß seine eigene Firma, Troutman, in der Woche, als die Übernahmeaktien aufgrund der Boesky-Nachrichten fielen, ein Drittel der Jahresgewinne verloren hatte. Er wolle sich aber nicht beschweren. „Viele Firmen haben einen ganzen Jahresgewinn verloren“, sagte er.

„Wenn man das im Nachhinein betrachtet, so scheint die ganze Wall Street wirklich übergeschnappt zu sein“, sagte er. „Das glaube ich wirklich. Ich bin in diesem Geschäft aufgewachsen, und sogar ich hatte nicht bemerkt, wie eng die Fusions- und Akquisitionsabteilungen mit manchen Arbitrageuren zusammenarbeiteten. Unter diesen Gaunern gab es keine Ehre. Das Geschäft war voll von Leuten, die ihren Verstand verloren hatten.

Am Boesky-Tag schwang das Pendel den ganzen Weg von rechts bis weit hinaus nach links. Plötzlich sind wir wieder bei den alten Methoden angelangt. Es wird eine Menge Entlassungen geben, eine Menge Rechtsstreite, wesentlich weniger Deals und wesentlich weniger Geld. Bisher dachte sich niemand etwas dabei, anderen Leuten zu erzählen, was man über eine bestimmte Aktie gehört hatte. Jetzt würde ich nicht einmal mehr meinem besten Freund etwas erzählen."

„Wie sieht es mit Bally aus?" flüsterte ich. „Was haben sie über Bally gehört? Gibt es Leute, die deswegen in Schwierigkeiten geraten?"

„Sie meinen die Donald Trump-Übernahme?" lachte er. „Die alte Kamelle? Irgendwann im letzten Jahr machte Trump einen Plan für Bally. Sie haben das sicherlich in der Zeitung gelesen. Vor kurzem gab es einige Gerichtsverfahren und es wurde spekuliert, daß Trump wohl seine Hände wieder von Bally läßt. Das ist keiner unserer Deals."

Da hatten wir die Bescherung! Ich hatte Bally-Optionen auf Insider-Informationen hin gekauft, die eigentlich uralt und jedem bekannt waren. Ich war eingestiegen, gerade als die Übernahmeleute ausstiegen. Als ich mit Orton dasaß, fühlte ich mich, als ob ich durch einen Dschungel gewandert wäre, eine wunderbare alte Ruine entdeckt hätte und zurückgerannt wäre, um meine Entdeckung hinauszuposaunen – nur um zu erfahren, daß ich die Rückseite des Machu Picchu gesehen hatte.

Während ich dies schreibe, sind meine Bally-Optionen noch am Leben. Sie laufen erst in zwei Monaten aus, so daß noch alles mögliche passieren könnte. Die Aktie wird für $ 20 gehandelt. Sollte sie auf $ 40 steigen, würde sich mein Geld verdoppeln und ich als Gewinner nach Hause fahren. Sollte sie das nicht tun, dann habe ich den größten Teil meiner $ 14.000, die ich in den vergangenen Monaten in dieses Abenteuer investiert hatte, plus minus ein paar hundert Dollar verloren – Flugtickets, Taxis, Essen und andere Ausgaben nicht eingerechnet.

Ich kam aus New York zurück und gab bereitwillig zu, daß mir die guten Ideen ausgegangen waren, vom Geld ganz zu schweigen. Ich hatte gehofft, bei einem Abendessen mit Frau Jenrette, der Expertin von Bridgewater Securities, etwas über den Anleihenmarkt zu lernen, aber als ich im Büro anrief, wurde mir mitgeteilt, daß Frau Jenrette umgezogen sei und keine neue Adresse hinterlassen hatte. Nachdem ich mein Vertrauen in Prognostiker – Herrn Crawford ausgenommen – verloren hatte, zuviel gelernt hatte, um noch einem Makler zu trauen, einem Strom von Analysten, Marktberatern, Portefeuillemanagern und Saalhändlern gefolgt war, konnte ich nur noch jeden bewundern, der an der Wall Street Erfolg hat. Um dort Geld zu machen, muß man entweder sehr viel mehr oder sehr viel weniger wissen, als ich es tat.

Ich sollte erwähnen, daß das Portfolio meiner Frau bei Drexel Burnham Lambert sich in den Monaten, in denen ich unterwegs gewesen war, um mit meinem eigenen Konto zu spekulieren, unter der Obhut von Richard Bermont weiterhin gut entwickelt hatte. Ihre Gewinne machten den größten Teil meiner Verluste wieder gut. Tatsächlich vermutete ich, daß wir beide zusammen uns für das vergangene Jahr mehr oder weniger glattgestellt hatten. Das ist einer der Gründe, weshalb ich immer noch zu Hause wohnen darf.

Das bringt mich zurück zu meinem guten alten Sparbuch und der Centrust-Bausparkasse. Wenn ich so darauf zurückblicke, hätte ich $ 1.200 Zinsen eingesteckt, wenn ich meinen gesamten Einsatz von Anfang an bei der Bank und in Ruhe gelassen hätte. Das ist an sich nicht sehr beeindruckend, aber zu dem Kapital, das ich dann nicht ausgegeben hätte, hinzuaddiert, stünde ich jetzt mit einem beeindruckenden Betrag von $ 15.200 da, die Art Gewinn, von dem ein Kleinanleger nur träumen kann. Sollten Sie sich jemals bescheuert fühlen, weil Sie nicht in einem großen Haussemarkt mitgemischt haben, dann denken Sie an mich und an meinen guten Rat Nummer 24:

»Wenn du dir das Vermögen betrachtest, das du vielleicht verloren hättest, dann mußt du zugeben, daß du eigentlich bereits reich bist.«

POSTSKRIPTUM

Der schwarze Montag 1987

Am 19. Oktober 1987 fiel der Dow Jones um 508 Punkte. Der größte Absturz in der Geschichte der Börse löschte jeglichen verbleibenden Gewinn aus, der sich im Depot meiner Frau bei Drexel Burnham angehäuft hatte, und eliminierte dadurch die Diskrepanz zwischen meiner eigenen kläglichen Leistung, die ich in diesem Buch beschrieben habe, und ihrer.

Wer hätte vermuten können, daß die Welt von Freitag, den 16., auf Montag, den 19., um eine Billion ärmer sein würde. Oder daß sich Menschenmassen vor den Büros der offenen Fonds ansammeln würden, um wie nervöse Zuschauer einer Palastrevolution auf neue Nachrichten zu warten? Man war sich unter den Wissenden im allgemeinen darüber einig gewesen, daß es in ein oder zwei Jahren vielleicht Schwierigkeiten geben könnte und der clevere Anleger wüßte, wann er auszusteigen hätte.

Am Freitag schenkte ich dem Markt keine besondere Aufmerksamkeit, doch am Abend informierte mich meine Frau, daß sie im Radio gehört hatte, daß er um kolossale 100 Punkte gefallen war. Das war besonders beunruhigend, da wir den Abend gemeinsam mit einer reichen Freundin verbrachten, die bereits vor einem Monat ausgestiegen war. Nichts ist schlimmer, als schlechte Finanznachrichten in einer Millionenvilla zu erfahren, deren Besitzerin soeben reicher geworden ist.

Es wurde ein nervenaufreibendes Wochenende, und die Telefone standen nicht still. Immer wieder riefen Leuten an, die sich gegenseitig versicherten, daß das Schlimmste vorbei sei.

Es wurde Montag, und mein siebter Sinn für Unglücke zog mich in das örtliche Thomson McKinnon-Büro, wo die Rentner den Tag damit verbrachten, den Quotron über ihren Köpfen zu beobachten. Der Markt war noch nicht einmal eine Stunde geöffnet, und es gab bereits niederschmetternde Nachrichten: Der Dow war um ungefähr weitere 100 Punkte abgesackt, und einige Aktien hatten noch nicht einmal eröffnet. Der überaus heftige Verkauf konnte nicht länger mit der normalen Routine in Einklang gebracht werden. Die Rentner, die für gewöhnlich sehr gesprächig waren, saßen wie versteinert da. Wenn Sie sie gesehen hätten, hätten Sie meinen können, daß es sich um die Fans der Heimatmannschaft handelt, die beobachten, wie die Gastmannschaft noch kurz vor Spielschluß ein Tor schießt.

„Glauben sie, es wird umschlagen?" fragte ein Mann in einem Jogginganzug. Ungefähr eine Stunde lang beobachteten wir ein spezielles Echozeichen – „F" für „Ford" – wie es wieder und wieder auf dem Bildschirm auftauchte, während die Hoffnungen des Mannes mit jedem Auf und Ab stiegen und fielen, als ob er einen verwundeten Vogel anfeuern würde. „Schauen sie", rief der Mann einige Male, „F ist fest, F steigt wieder", und dann fiel F, und er sackte deprimiert in seinem Stuhl zusammen.

Ich ging zurück nach Hause, um zu erfahren, was in den Financial News Networks berichtet wurde. Zur Mittagszeit war der Markt um 250 Punkte gefallen. Einer der großen Unterschiede zwischen diesem Crash und dem, der 1929 die Große Depression einleitete, war, daß man vom eigenen Schlafzimmer aus verfolgen konnte, wie sich der jetzige ereignete.

Die Nachrichtensprecher der FNN, von denen ich viele für distanzierte, aber wichtige Investmentverbündete gehalten hatte, schienen aufgewühlt und durcheinander zu sein. Während sie weiterplapperten, fragte mich meine Frau, was sie tun sollte. Die Tatsache, daß sie mich fragte, war ein weiterer Beweis für die totale Panik, in die die Anleger hineingeraten waren.

Ich bemerkte, daß zumindest die Kurse auf dem Tickerband im Fernsehen nicht so schlecht aussahen, aber dann erwähnte einer der Ansager, daß das Tape zwei Stunden im Rückstand sei, so daß keiner der Preise auf dem neuesten Stand war. Ich legte mich aufs Bett und beobachtete so oder so die Fortentwicklung. Ich rannte zum Kühlschrank, um mir ein Bier zu holen, was ich normalerweise niemals trinke.

Ungefähr eine Stunde später setzte ich mich ins Auto und fuhr zu Thomas McKinnon zurück. Inzwischen war der Markt um 350 Punkte abgefallen, aber das Publikum hatte sich aufgeheitert.

Düster bei Minus 200, heiter bei Minus 350 – es war die Ungeheuerlichkeit, die sie über den Schockzustand hinaus in eine Art idiotische Verwirrung versetzte. Wir alle begannen Gefallen daran zu finden, zu verkünden, wie schlecht es steht, besonders gegenüber jedem Neuankömmling, der nur hereinkam, um sich hinzusetzen. „Wissen sie, wie schlecht es steht? Wissen sie wirklich, wie schlecht es steht? 350 Punkte!" Kurz darauf würde dieser Neuankömmling dieselben Nachrichten freudestrahlend an den Nächsten weitergeben.

Ich eilte wieder nach Hause und verbrachte die letzte Stunde mit Fernsehen – nicht die Financial News Networks, sondern eine Spielshow – während ich Myers Rum direkt aus der Flasche trank. Am Abend des 508-Punkte Sturzes erhielten wir besorgte Anrufe aus dem ganzen Land, ähnlich denen, die wir bekommen, wenn eine Hurrikanwarnung den Sprung in die überregionalen Nachrichten schafft. Mein Vater erinnerte mich daran, daß sein Vater durch eine riesige Nachschußpflicht an jenem fatalen Oktobertag im Jahre 1929 vom Millionär zum Bettler wurde. Meine Freunde wollten von mir mehr Ratschläge hinsichtlich der Ereignisse, und wie üblich gab ich ihnen Antworten, als ob ich Bescheid wüßte. Ich fragte mich, ob sich die Nachrichtensprecher, die gezwungen waren, Antworten zu geben, ebenso lächerlich fühlten wie ich.

Unsere reiche Freundin, die schon vor Monaten ausgestiegen war, rief an, um uns mitzuteilen, daß all ihre reichen Freunde, die noch nicht ausgestiegen waren, ihre Postitionen nun hielten und nur ein Narr in dieser Panik aussteigen würde.

Während des späten Abends bis in die frühen Morgenstunden hinein saßen wir vor dem Fernseher und sahen uns einen Bericht nach dem anderen über einstürzende Märkte auf der ganzen Welt an, bis wir davon überzeugt waren, es sei an der Zeit, auszusteigen, um zu schützen, was auch immer meiner Frau noch geblieben war. Bis zum Morgen hatte meine Frau alle ihre Wertpapiere verkauft – fast zum niedrigsten Kurs natürlich. Am darauffolgenden Tag waren die Zeitungen voll mit Moralpredigten darüber, wie dieser Crash ein passendes Ende für unsere nationale Verschwendungssucht sei, für junge millionenschwere Händler an der Wall Street, für das Leihen und Kaufen im Ausland.

Aber von einer menschlicheren Ebene aus betrachtet – wie beeinflußte der Schwarze Montag die verschiedenen Broker, Händler und Investoren, deren Bekanntschaft ich während meiner Odyssee als Kleinanleger gemacht hatte? Was hatten sie am Tag des 508 Punkte-Absturzes getan? Linda Garrett hing in ihrem Prudential-Bache-Büro am Telefon, um nervöse Klienten zu beruhigen. Die Makler waren genauso nervös. Von Frau Garrett hörte ich erstmals die Nachricht über den verärgerten Anleger Arthur Kane, der an diesem einen schlimmen Tag Millionen verloren hatte und seinen Ärger dadurch ausdrückte, daß er den Filialleiter des örtlichen Merrill Lynch-Büros mit einem eilig gekauften Revolver erschoß. Er verwundete auch seinen Makler und erschoß sich dann selbst. Ganz im Stil einer echten Miami-Story stellte es sich später heraus, daß Herr Kane eigentlich jemand anderes war, dem eine neue Identität zugestanden worden war, weil er sich zu einer früheren Betrügerei im Norden schuldig bekannt hatte. Woher ursprünglich sein Investitionskapital stammte, blieb unklar.

Chuck Epstein, der Sprecher von Lind-Waldock, der mich freundlicherweise in Chicago umhergeführt hatte, war inzwischen an die New York Futures Exchange gegangen und hatte das Ganze vom Börsensaal aus beobachtet. „Es war frenetisch“, sagte er. „Alle Orders kamen von einer Seite herein.“ (Herr Epstein meinte, daß alle gleichzeitig auf den fallenden Markt setzen wollten.) „So etwas habe ich noch nie gesehen.“

William Hayes, der Analyst, der mich zum Mittagessen in die New York Stock Exchange mitgenommen hatte, verbrachte den Tag im Büro seiner Spezialistenfirma und nahm den Preissturz gelassen hin: „Natürlich hatte ich keine 508 Punkte erwartet. Vieles hatte dabei mit dem Netzwerk, das sofort über die ganze Welt gespannt wurde, zu tun. Und man muß auch bedenken, daß einige echte Käufer an diesem Tag eingestiegen sind.“

Jeff Zaret, einer der Junghändler an der Chicago Mercantile Exchange, die ums Überleben kämpften, war zwischenzeitlich in die oberen Stockwerke gezogen und hatte sich mit der Handelsabteilung einer großen japanischen Bank verbündet. „In den globalen Märkten stecken riesige Möglichkeiten", hatte er gesagt. Am Tag des Debakels suchte er seinen alten Schlupfwinkel wieder auf, die S&P-Pit, und freute sich, nicht mehr dort zu arbeiten: „Ich sah verstörte Gesichter. Viele der Jungs waren in gehobener Stimmung, das ist wahr, aber die meisten von ihnen machten lange Gesichter. Die Mehrheit der Jungs schaute furchtbar aus."

Donald Trump, der New Yorker Tycoon, dessen Fast-Übernahme von Bally ich für eine geniale Insider-Information gehalten hatte, verkündete der Welt, daß er seit Monaten aus dem Börsengeschäft ausgestiegen sei – wahrscheinlich sogar schon zu der Zeit, als ich in seine vermeintliche Machenschaft investiert hatte. Andere Übernahmespekulanten einschließlich Boone Pickens und Sir James Goldsmith warfen ebenfalls ein, daß auch sie mit intakten Gewinnen aus dem Markt ausgestiegen waren. Viele der prominenten Milliardäre, die für Kleinanleger eine Inspiration im überstürzten gierigen Ansturm auf den Reichtum darstellten, hatten ihre Positionen offensichtlich aufgelöst – wodurch sie alle ihr Geld behielten und der Rest von uns für seine Gier bestraft wurde.

Al Frank, der geniale Herausgeber des *Prudent Speculator* hatte eine Diät gemacht und sehr viel Gewicht verloren, was sich parallel zum schwindenden Einfluß seines Portefeuilles abzuspielen schien. In seinem wöchentlichen FNN-Kurzinterview sah er dünner und auch nüchterner aus als je zuvor, aber er besaß immer noch einen Sinn für Humor. Was er über diesen Markt gelernt habe, fragte der Nachrichtensprecher. „Ich lernte wie man es schafft, Nachschußaufforderungen zu erhalten", sagte er.

Robert Prechter Jr., der Wellentheoretiker von Elliott, der seine zwar völlig unlogische, aber offensichtlich effektive Zick-Zack-Prognosenmethode weiterführt, riet seinen Kunden beim Höchststand, jetzt aus dem Markt auszusteigen. Offensichtlich hatten die Techniker und Chartisten diesen Kollaps besser eingeschätzt als die Fundamentalisten.

Martin Zweig, ein anerkannter Marktbeobachter und Autor des beliebten Buches *Die Börse im Griff*, verkaufte ebenfalls zur richtigen Zeit seine Wertpapiere und stellte auf Bargeld um.

Ich versuchte, meinen Freund Orton in seinem Risikoarbitragebüro anzurufen, aber er rief mich nie zurück, und die Nachricht, daß insbesondere seine Firma in einer einzigen Woche 44 Millionen Dollar verloren hatte, weckte in mir die Idee, daß er vielleicht nicht zu einer Unterhaltung aufgelegt sei.

Daniel Gressel, der Terminmarkthändler, mit dem ich einen entzückenden Abend verbracht hatte, um herauszufinden, ob er nun Geld verloren oder gewonnen hatte, war nach Hongkong umgezogen, wo seine Frau Claudia für das *Wall Street Journal* arbeitete. Da ich wußte, daß die gesamte Hongkonger Börse vorübergehend geschlossen worden war – wobei Millionen von Dollar in ausstehenden Terminkontrakten in Gefahr waren –, befürchtete ich das Schlimmste für Herrn Gressel. Seine Frau informierte mich, daß er angefangen hatte, für eine britische Investmentfirma zu arbeiten. Seine eigenen Handelsergebnisse kommentierte sie nur mit: „Er lebt noch."

Der Computer von Battery March Financial in Boston hatte offensichtlich den Großteil seiner Konkurrenz von rivalisierenden Firmen mit über Hunderten von bezahlten Analysten ausgestochen. Dean LeBaron berichtete mir, daß der Computer den S&P-Index während des gesamten Jahres um ein „paar Prozentpunkte" übertroffen habe und die Battery March-Gewinne sogar während des Crashs um ein paar Punkte weniger gefallen waren, als der Markt als Ganzes. Das war zwar ein geringer, aber doch bedeutungsvoller Trost.

Die einzigen wahren Gewinner in einem 508 Punkte-Absturz waren die Leerverkäufer. Stoß-sie-ab!-Jim Chanos gab zu, daß während des ganzen Jahres und für die Hälfte des Haussemarktes „das Leben ziemlich grimmig gewesen war", aber jetzt, wo alle anderen grimmig waren, war er an der Reihe, sich zu freuen. „Ich möchte die Dinge nicht in Zahlen ausdrücken", sagte er, „aber es geht mir wunderbar. Übrigens bin ich nach wie vor ein reiner Leerverkäufer. Ich glaube, der Haussemarkt ist tot, vorbei."

Wenn man doch nur – man stelle sich das einmal vor – alle Aktien auf die jüngsten Worte aus dem Munde des Ökonomen Henry Kaufman hin verkauft hätte. Einige Tage vor dem Crash, am 9. Oktober, um genau zu sein, war Herr Kaufman mit einer zuversichtlichen Erklärung auf einer Titelseite erschienen. Die alten Hasen unter den Kaufman-Beobachtern hätten dies als ein sicheres Zeichen für einen drohenden Schicksalsschlag erkennen sollen:

Eine optimistische Anmerkung wurde vom Vermögensverteilungskomitee von Salomon Brothers unter der Führung von Starökonom Henry Kaufman ausgesprochen, der am Donnerstag prognostizierte, daß der weltweite Haussemarkt trotz der jüngsten Korrekturen bis in das Jahr 1988 hinein anhalten werde. Kaufmans Ausblick beinhaltet steigende Zinssätze und ein erhöhtes Inflationsrisiko bei zunehmendem Wirtschaftswachstum. Höhere Firmenerträge als erwartet werden den Druck durch die steigenden Zinssätze überwinden.

Der Burnham Lambert-Börsenbrief vom 19. Oktober – exakt der Tag des Crashs – betrachtete die neuere Abwärtswende kurzerhand als „eine dramatische Überreaktion auf klägliche Handelsdaten“ und gab vertraulich zu, daß „die wirtschaftlichen Verhältnisse gut seien ... die Zunahme des Gewinnwachstums erst begonnen habe“. Hier hatten wir ein weiteres Zeichen, das auf die mit Sicherheit großen Schwierigkeiten, die vor uns lagen, hinwies.

Wenn sich nur einer die Mühe gemacht hätte, den neuesten Börsenbrief meines alten Freundes, des Marktastrologen Arch Crawford, zu lesen, dessen Vorhersagen ich weiterhin ignoriert hatte. Am Tag nach dem Schwarzen Montag las ich in einer Finanzkolumne von Dick Davis mit dem Titel „Einige Marktanalysten sahen den Crash kommen“:

Indem er sich einer Kombination aus technischen, fundamentalen und astrologischen Faktoren bedient, hat Arch

Crawford mit seinen „Crawford Perspektiven" aus New York einige treffsichere Marktsignale gegeben. Anfang August sagte er: „Unser langfristiges Verkaufssignal ist in Stein gemeißelt. Steigen Sie alle bis zum 24. August aus dem Markt aus. Von diesem Zeitpunkt ab erwarten wir einen fürchterlichen Crash." Der 24. August markierte im Dow das Hoch von 2.722. Crawford bleibt pessimistisch ...

Zu spät habe ich mich entschieden, auf Crawfords Rat zu hören. Meine Frau und ich haben beschlossen, nie wieder an die Börse zu gehen. Ein Entschluß, der wahrscheinlich bis kurz vor dem Ende der nächsten Haussephase anhalten wird – bis dahin haben wir dann zweifellos wieder einen neuen vielversprechenden Aktienmakler engagiert.

Das Wörterbuch eines Narren

KLEINANLEGER – der geborene Verlierer

HAUSSE – steigender Markt; der Zeitpunkt, wenn die Aktien Ihres Nachbarn zulegen

BAISSE – fallender Markt; der Zeitpunkt, wenn Sie all das, was Sie vielleicht durch Zufall während einer Hausse verdient haben, verlieren

KORREKTUR – kurzfristige Abwärtsbewegung in einem ansonsten steigenden Markt; Wunschdenken des Anlegers während einer Baisse

ERSPARNISSE – was auch immer Sie besaßen, bevor Sie es investierten

ERFOLGREICHER ANLEGER – Lügner

PORTEFEUILLEMANAGER – Experte, der die riesigen Geldsummen offener Fonds und Rentenfonds investiert; eine Person, die hoch dafür bezahlt wird, den Marktdurchschnitt zu unterbieten

INSIDER-INFORMATIONEN – etwas, von dem Sie sich wünschen, man würde es Ihnen mitteilen; was alle anderen bereits gehört haben

FIRMENANALYSTEN – Personen, die die Aussichten einer Firma studieren, zukünftige Gewinne vorhersagen usw.; Experten, die den Aktionären die Dinge sagen, von denen die Banker möchten, daß sie sie erfahren; Experten, die den Kleinaktionären die Dinge sagen, von denen die Großaktionäre wollen, daß sie sie erfahren: Experten, die der Firma sagen, was sie bereits weiß

FUSIONEN UND ÜBERNAHMEN – zwei Möglichkeiten,

Firmen zusammenzuschließen; zwei erprobte Methoden, verschiedene profitable Unternehmen in einen großen Verlierer zu verwandeln

NEUSTRUKTURIERUNG – eine Firma von innen umwandeln, um den Wert für die Aktionäre zu vergrößern; die größten Fehler verstecken

ENTFLECHTUNG – eine Firma stößt ihre Tochterunternehmen ab; all die Nieten aus den letzten Fusionen und Übernahmen wieder loswerden

HEBEL – eine große Investition mit einer geringeren Geldmenge kontrollieren; mehr wetten, als man sich zu verlieren leisten kann

MARGIN – Geld von der Maklerfirma leihen, um Aktien oder Anleihen zu kaufen; Geld leihen, um die Brooklyn Bridge zu kaufen

LANGFRISTIG ORIENTIERTER KLEINANLEGER – geduldiger Narr; jemand, der zu einem früheren Zeitpunkt hätte verkaufen sollen

KURZFRISTIG ORIENTIERTER KLEINANLEGER – ungeduldiger Narr; jemand, der bis zu einem späteren Zeitpunkt hätte halten sollen

LEER-/SHORTVERKAUF – geliehene Aktien oder geliehene Warenterminkontrakte verkaufen, in der Hoffnung, sie später zu einem niedrigeren Kurs zurückkaufen zu können; etwas verkaufen, das Ihnen nicht gehört – im Alltag ein Verbrechen

BROKER/MAKLER – Verkäufer für Aktien, Anleihen, offene Fonds usw; jemand, der niemals pleite machen wird

FUTURESKONTRAKT – Kontrakt, durch den man eine Sache an einem späteren Zeitpunkt zu einem heute vereinbarten Preis kaufen kann; eine Vereinbarung, durch die eine Partei riesige Mengen von etwas, das ihr nicht gehört, an eine andere Partei verkauft, die hofft, daß dieses Etwas niemals geliefert wird; eine Vereinbarung, bei der die eine Partei immer das ganze Geld bekommt

KONSERVATIVE INVESTITION – ein mühsames Glücksspiel

KONTRÄRE STRATEGIE – in der Hoffnung auf spätere Gewinne in Dinge investieren, die zum aktuellen Zeitpunkt unbeliebt sind; genau zu dem Zeitpunkt gegen den Strom schwimmen, wenn alle anderen ebenfalls beschlossen haben, das zu tun

FINANZIELLE SICHERHEIT – ständige Zuwendungen, die Versicherungsgesellschaften, Broker, Geldmanager und andere durch die Finanzindustrie erhalten

GELDMANAGER – Experte, der Ihre finanziellen Angelegenheiten regelt; jemand, dem Sie eine hohe Gebühr dafür bezahlen, damit Sie künftig weniger Geld haben, das geregelt werden muß

KONSERVATIVER GELDMANAGER – Geldmanager, der am meisten für seine oder ihre Dienste berechnet

RECHNERISCHER GEWINN – nicht realisierte Gewinne; die Art von Gewinn, die man gelegentlich macht; die bereits einige Male ausgegeben wird, bevor sie wieder verschwindet

HEISSE AKTIE – eine Aktie, die jeder kauft; so bezeichnet Ihre Maklerfirma jede Aktie, die sie verkaufen will

GELDMENGE M-1 – ein populäres Maß für die Geldmenge, die sich im Umlauf befindet; eine Zahl, die die Federal Reserve Bank erfunden hat, damit sie ignoriert wird

INFLATIONÄRE PERIODE – Zeitraum, in dem Dinge mehr wert sind als das Geld, und man mehr vom letzteren hat

DEFLATIONÄRE PERIODE – Zeitraum, in dem Dinge weniger wert sind als das Geld, und man mehr vom erstgenannten hat

PROGNOSTIKER – Experte, der die Entwicklung der Wirtschaft, der Zinssätze usw. – all der Dinge, die den Markt beeinflussen werden – prognostiziert; ein bezahlter Ratefuchs

FUNDIERTE INVESTMENTENTSCHEIDUNG – eine wilde Vermutung

SICH GLATTSTELLEN – wie man der Familie, Freunden und Nachbarn einen Verlust darstellt

CALL-OPTION – das Recht, eine Aktie an einem späteren Zeitpunkt zu einem Kurs zu kaufen, der heute vereinbart wird (Käufer hofft, die Aktie wird zwischenzeitlich steigen); die Chance, etwas später für viel mehr zu kaufen, als es eigentlich wert ist

PUT-OPTION – das Recht, eine Aktie an einem späteren Zeitpunkt zu einem Kurs zu verkaufen, der heute vereinbart wird (Käufer hofft, die Aktie wird zwischenzeitlich fallen); die Chance, etwas später für viel weniger zu verkaufen, als es eigentlich wert ist

BULL-SPREAD, BEAR-SPREAD, STRADDLE USW. – Puts und Calls oder Optionen und Futures in verschiedenen Kombinationen kaufen, um das Risiko zu vermindern oder den möglichen Gewinn zu vergrößern; gutes Geld schlechtem hinterherwerfen

HEDGER – Person, die Termingeschäfte und Optionen dazu benutzt, um das Geschäftsrisiko zu verringern; unbekanntes Individuum, imaginärer Charakter

ARBITRAGEUR – Person, die die gleiche Sache zu unterschiedlichen Kursen gleichzeitig kauft und verkauft und sich dadurch einen risikofreien Gewinn sichert; eine Person, bei der Ihr ganzes Geld landet

RISIKOARBITRAGE – bei maximalem Gewinn und minimalem Risiko in offensichtliche Übernahmesituationen investieren; sein Glück aufgrund der neuesten Gerüchte hin versuchen

TECHNISCHER ANALYST – Person, die glaubt, daß die Marktaktionen selbst den zukünftigen Marktkurs prognostizieren können; irregeführtes Individuum

CHARTIST – eine Art technischer Analyst, der Charts liest; Schlangenlinienbeobachter, Totemanbeter

FUNDAMENTALIST – Person, die glaubt, daß die Gewinne, der Zutand von Firmen usw. zukünftige Aktienkurse bestimmen werden; irregeführtes Individuum

IRRATIONALER MARKT – ein Markt, der nicht das tut, was Sie wollen; jeder Markt

Nehmen Sie den leichten Weg ...
01 90 88 99 98* Die Neuer Markt-Hotline mit B. Förtsch. Alle Termine, Gerüchte und Neuemissionen.
01 90 77 66 55 Aktionärs-Line mit B. Förtsch. Aktuelles rund um Börse und Aktien.
01 90 77 66 50 Optionsschein-Line mit Karsten Kagels. Täglich der heißeste Optionsschein.
01 90 77 66 51 Infotech-Line mit Alfred Maydorn. Neues zu Technologie-Aktien.
01 90 88 77 66* Astro-Line von Arch Crawford. Markttechnik und astrologische Aspekte.
01 90 77 81 11 Börse Inside-Line. Aktien weltweit.
01 90 78 78 72 Östbörsen-Line mit Andreas Männicke. Die Märkte im Osten Europas.
01 90 88 77 64* Trend-Line mit Dipl.-Phys.Thomas Gebert. Was macht der DAX?
01 90 78 78 76 Crash-Line mit J. A. Saiger. Besteht die Gefahr eines Crashs?